「地域力」で立ち向かう人口減少社会

小さな自治体の地域再生策

熊谷文枝 著

ミネルヴァ書房

は じ め に

　日本が人口減少社会に突入してから久しい。出生数よりも死亡者数が多く，継続して人口が減少し，少子高齢化社会になっている。2017年9月15日現在，65歳以上の高齢者人口は推計3514万人（総人口の27.7%）に上った（総務省2017）。

　また，厚生労働省が公表した「2016年人口動態年計」（厚生労働省2017）によると，2016年に国内で生まれた日本人の子どもの数は97万6979人であった。統計を取り始めた1899年以降，年間の出生数が初めて100万人を下回った。第二次ベビーブームが終わった1974年から減少傾向が続く背景には，親世代自体の人口減少がある。

　一方，死亡数は130万7765人の戦後最多で，出生数から死亡数を引いた自然減は33万786人の過去最大の減少幅となった。2016年の合計特殊出生率（TFR）は1.44で，前年より0.01下回っている。前年より下がるのは2年ぶり。つまり，人口維持に必要とされる2.08には遠く及ばず，やはり人口減少に歯止めがかからない。

　昨今の急激な少子化の理由の一つが，生涯未婚者の急増である。結婚したくても出来ない若者も少なくなく，50歳まで一度も結婚しない人，つまり生涯未婚率割合は，男女ともに年々急増している（2015年男23.4%，女14.1%，社人研2017a表6-23）。若者の雇用安定と，子どもを産み育てやすい環境の整備は，引き続き緊急課題である。本書各章でも，婚姻率が人口増減率に有意な要因であることを都道府県別，および市町村別に実証している。

　人口減少は日本の津々浦々で一律に起きているわけではない。本書で紹介する日本の人口減少社会の現状は，同一県内でも，市区町村別に大きな差異があり，多様である。また，たとえ人口減少が顕著でも，特色あるプログラムを展開し，地域再生・活性化に結び付けている自治体もある。これらの成功事例により従来の手法にこだわらず，各自治体固有の地域力を知り，それを将来に向けて活かす未来志向が，地域再生には最も必要である。つまり人口減少自体は「地方の衰退（あるいは消滅可能性都市，増田2014）」には必ずしもつながらない

ことを本書では示す。

　問題の核心は，今に始まったことではない。表現は異なるものの，地方再生，地方活性化，地方創生，地域おこし，まちづくり，などが目指す方向性は，みな同じで，その意味するとことは一貫している。つまり，「東京一極集中」あるいは「大都市圏人口集中」を是正し，「地域社会」を全国的に広めることである。それは，1972年田中角栄政権が打ち出した「日本列島改造計画」に始まる。しかし，現在までの所，全体的解決にはいたっていない。

　本書では，あえて「創生」ではなく，「再生」を用いる。初代地方創生大臣を務めた石破茂衆議院議員は，「夢よもう一度という発想はもう通用しない」と述べている（石破2017, 40-41頁）。たしかに，従来のように公共事業と企業誘致での地域活性化に頼ることはできない。しかし，情報社会の今，ICT（情報コミュニケーション技術）を活用した新しい手法で，「消滅可能性自治体」が見事に「再生」を果たし，活性化している例がいくつも報告されている。そのような地方自治体に注目しつつ本書の筆を進めていく。その意味で，「地域再生」とした。

　むしろ地域再生には，「人口減少が著しい」といった一見マイナス要因でも，地域の資源をプラス志向に転換する積極性こそが求められる。それは，地域に確固たる「自分たちの町文化」を創り出すことにつながる。また，プラスであれ，マイナスであれ各市町村に存在する固有の「地域力」を活用することで，「自分たちの町文化」が生まれ，地域社会再生は可能となる。それはまさに『「地域力」で立ち向う人口減少社会』に他ならない。

　そのような肯定的態度で臨むことで，2010年時点で「消滅可能性自治体」と呼ばれた地域も再生は十分可能である。繰り返すが，地域活性化，そして地域再生には，地域住民の意識改革と自主性の確立が必要である。

　本書はこのような視点に基づき展開していく。そして進行する日本の人口減少社会の再生には，各地域独自の資源・地域力の活用が求められる。それは，地域社会が抱える過疎化，少子化，高齢化の問題解決にも通ずる。

　グローバル社会のいま，外国に目を向けるとともに，身近な日本の地域社会

はじめに

にも同じく目を配り正しく理解することが求められる。そして，日本各地域の情報をグローバル社会に発信する力が必要である。人口が減少する日本社会にあって，本書を通して，小さな自治体の地域再生策に思いを馳せつつそれぞれの地域力に気づき，地域の未来に魅力を感じていただく一助となれば幸いである。

2018年3月

著　者

「地域力」で立ち向かう人口減少社会
――小さな自治体の地域再生策――

目　次

はじめに

序　章　地域力からみる人口減少日本の希望——本書の概要……1

第1章　人口減少と地域性——問題提起……5

1　人口減少社会の到来……5

2　2015年国勢調査からみた人口……6
（1）人口減少社会の日本
（2）出生率・死亡率・人口自然増減率の推移
（3）少子高齢社会
（4）人口ピラミッドにみる人口推移

3　都道府県別にみる人口集計速報……12
（1）東京都は総人口の1割以上
（2）2010年国勢調査からみた都道府県の人口増減

4　人口減少と核家族化の同時進行——世帯の状況……14
（1）人口減少と世帯数の増加
（2）人口減少に派生する世帯状況の4つの論点

5　生きつづける地域社会……16
（1）増田レポートの衝撃
（2）2040年の日本の人口

6　地域性——なぜ地域的多様性なのか……18
（1）地域・地域性
（2）五畿七道と日本社会の地域的多様性
（3）地方自治体の誕生と平成の大合併

7　小地域からみる分析の必要性……26
（1）注目される「地域力」
（2）婚姻と人口増減の因果関係
（3）地域力からの地域再生

第2章　オープンデータによる小地域統計——研究の方法……35

1　オープンデータの活用……35

　（1）オープンデータの定義
　（2）オープンの意味
　（3）オープンデータの3つの意義
　（4）オープンデータの5段階とデータ形式
　（5）使用するオープンデータ

2　小地域統計データの抽出……40

　（1）人口減少に影響を及ぼす18の指標
　（2）都道府県別人口増減率と婚姻率の推移
　（3）2013年の市町村別人口増減率と婚姻率

3　2040年の人口増減率……46

　（1）人口減少率の下位9都府県
　（2）人口減少率の上位8県
　（3）都府県の小地域分析
　（4）新しい地域づくりを試みる市町村

第3章　人口増減率と婚姻率——2013年分析と2040年推計にみる……53

1　都道府県・市町村別の2013年分析……53

2　都道府県・市町村別にみる2040年推計人口増減率……57

3　人口の大都市集中の検証——中核4域7県と沖縄県……60

第4章　若者の定住と高齢者の健康対策が課題 …… 63
——2040年推計人口にみる東日本の市町村の地域力

1　東京都と中央区と御蔵島村 …… 63
　　（1）東京都の人口の概要
　　（2）中央区の人口と地域力——商業と住まいの一等地
　　（3）御蔵島村の地域力——若い世代の定住と雇用が課題

2　愛知県と長久手市と東栄町 …… 71
　　（1）愛知県の人口の概要
　　（2）長久手市の地域力——健康長寿と若者の定住が鍵
　　（3）東栄町の地域力——祭りと住民をつなぐNPO

3　神奈川県と川崎市と開成町 …… 79
　　（1）神奈川県の人口の概要
　　（2）川崎市の地域力——雇用・治安・利便性をあわせもつ
　　（3）開成町の地域力——子育て世代が集まる便利な田舎

4　埼玉県と伊奈町 …… 86
　　（1）埼玉県の人口の概要
　　（2）伊奈町の地域力——利便性と住環境を活かす

5　千葉県と印西市 …… 92
　　（1）千葉県の人口の概要
　　（2）印西市の地域力——住みよさ1位の評価

6　市町村ごとで異なる評価と課題 …… 99

第5章　都心に隣接した小さな自治体だからできること …… 101
——2040年推計人口にみる西日本の市町村の地域力

1　沖縄県と中城村 …… 101
　　（1）沖縄県の人口の概要
　　（2）中城村の地域力——村民の定住志向と若い力を活かす工夫

目　次

2　滋賀県と草津市 107
　　（1）滋賀県の人口の概要
　　（2）草津市の地域力──「草津ブランド」を生む市民意識の高さ

3　福岡県と粕屋町 116
　　（1）福岡県の人口の概要
　　（2）粕屋町の地域力──稀にみる高出生率の子育て世代に優しい町

4　大阪府と田尻町 126
　　（1）大阪府の人口の概要
　　（2）田尻町の地域力──人口社会増加率を維持するコンパクトシティ

5　小さな自治体の強み 134

第6章　不便と過疎と豪雪を地域の強みに 137
　　　　──特色あるプログラムを展開する東日本の自治体

1　都会の村民との出会いを生む「シェアビレッジ」──秋田県五城目町 137
　　（1）秋田県の人口の概要
　　（2）なぜ大潟村ではないのか
　　（3）五城目町の地域力と取り組み

2　若者を取り込む「エコツーリズム」「ダムツーリズム」──青森県西目屋村 145
　　（1）青森県の人口の概要
　　（2）西目屋村の地域力と取り組み──若者を取り込むツアーづくり

3　豪雪を活かす「ユキノチカラプロジェクト」──岩手県西和賀町 156
　　（1）岩手県の人口の概要
　　（2）西和賀町の地域力と取り組み──雪の力を利用した温泉と福祉の町

4　子育てするなら東根市──山形県東根市 163
　　（1）山形県の人口の概要
　　（2）東根市の地域力と取り組み──先進的子育て支援

5　不便でも村民がいなくても生まれるアイディア 172

第7章 人がつながるICTで孤島も活性化……177
――特色あるプログラムを展開する西日本の自治体

1 憩いの集落「大豊シャクヤクの会」――高知県大豊町……177
 （1）高知県の人口の概要
 （2）大豊町の地域力と「大豊シャクヤクの会」

2 宗教都市へのインバウンド――和歌山県高野町……183
 （1）和歌山県の人口の概要
 （2）高野町の地域力と取り組み――宗教都市を世界にPR

3 「ないものはない」に学ぶ――島根県海士町……191
 （1）島根県の人口の概要
 （2）海士町の取り組み――借金経営から高校改革への道

4 山林限界集落のドローン特区――徳島県那賀町……201
 （1）徳島県の人口の概要
 （2）那賀町の地域力と取り組み――陸の孤島の集落で自由に買い物

5 人ありき・アイディアありきのICT活用……209

第8章 自治体が消滅する前にできること……215
――マイナス資源をも活かす意識のシフトチェンジ

1 市町村の地域力分析の必要性……215
 （1）人口増減率上位都府県
 （2）人口減少県の取り組み

2 ICT活用のこれからの地域づくり……218
 （1）ドローン活用の地域づくり
 （2）ICTで地域づくり
 （3）クラウドサービス活用の地域づくり
 （4）クラウドファンディング活用のまちづくり
 （5）地域活性化としてのインバウンド

（6）シェアリングエコノミーと地域活性化
　3　地域再生に必要な意識——マイナスの地域力をプラスに……………………243
　　　（1）北海道東川町
　　　（2）東川町の人口増加の理由
　　　（3）単独自立への道と意識改革

おわりに　253
参考文献
人名索引
事項索引

xi

序　章
地域力からみる人口減少日本の希望
―― 本書の概要 ――

　今，日本社会は人口減少が進展している。現在の1億2600万人から，2050年には1億人を割り，2065年には8800万人になると推計されている。その最大の理由は，日本の超高齢社会と少子化である。そしてそれを作り出しているのは未婚（生涯独身）者の急増である。

　出産適齢女性の減少により，日本全国の自治体の半数ほどが「消滅可能性都市」（少子化の進行に伴う人口減少によって存続が困難になると予測されている自治体のこと）（増田2014）のとも言われた。しかし，各地域とその地域力に注目することで地域再生は可能である。従来のように，公共事業と企業誘致によるのではなく，情報社会のICT（情報通信コミュニケーション技術）活用により，新しいタイプの地域再生を実現することが可能になる。

　本書では，第1章に問題提起として日本の人口減少と地域性の現状を要約する。つづく第2章では，本書の研究方法について述べる。研究分析の中心は「オープンデータ」で，市町村レヴェルの「小地域統計」を用いた。次に，各都道府県別に市町村別「人口増減率」の重回帰分析を行った。その結果，多くの都道府県別で，「婚姻率」が「人口増減率」に与える影響が有意であることが分かった。次に，2040年の都道府県別・市町村別推計人口データから，2010年の人口に対する増減率が高い県を抽出した（国立社会保障・人口問題研究所，以下，社人研2013b）。

　そして第3章では，以下の3点を中心に考察する。それらは，①2013年の都道府県・市町村別人口増減率・婚姻率，②2040年（対2010年）の都道府県別・市町村別・推定人口増減率（％），そして，③人口の大都市集中―中核4域7県と沖縄県，である。

次に第4～7章で取り上げるのは，人口減少率が最も低い9県として東京都・愛知県・神奈川県・埼玉県・千葉県（第4章），沖縄県・滋賀県・福岡県・大阪府（5章）。そして人口減少率が最も高い8県として，秋田県・青森県・岩手県・山形県（6章），高知県・和歌山県・島根県・徳島県（7章）である。これら17都府県各々の特色ある市町村の「地域力」を考察する。

　具体的分析方法には，各市町村別統計地図（G-Census），人口ピラミッド，レーダーチャート（EvaCva）を作成し，データの可視化を試みる。その結果，同一県内の市町村別人口増加率・婚姻率の差異・多様性の把握，婚姻と人口減少の地域性および地域力の把握が可能となる。

　最後の第8章では，「ドローン」「ICT」「クラウドサービス」「クラウドファンディング」「インバウンド」そして，「シェアリングエコノミー」といった，近年脚光を浴びる6つの新しいICT・手法を積極的に導入した自治体の施策を考察する。そしてまとめとして，人口増加と地域づくりに成功した北海道東川町を考察する。旭川市と隣接する東川町は，国道，鉄道，そして上水道の「3つの道」がない町として知られる。そのマイナスの地域力を逆手に取り，プラスに転換する意識改革を実施したことで人口増加につなげた例である。

　他にも，各章で紹介する市町村を見ると，大都市，中小都市，限界集落それぞれ，人口減少・少子高齢化対策，地域おこしに力を注いでいることが分かる。

　また過疎化，少子高齢化問題を抱えながらも，特色ある試みをもつ自治体例として，五城目町（秋田県）の「シェアビレッジ」と「BABAME BASE」，西目屋村（青森県）の「エコツーリズム」と「ダムツーリズム」，西和賀町（岩手県）の「ユキノチカラプロジェクト」，そして東根市（山形県）の「さくらんぼタントクルセンター」「ひがしねあそびあランド」「まなびあテラス」を考察する。いずれの取り組みも，消滅の危機に瀕するレッテルからは考えられないユニークなもので，地元の力，地域力のたまものである。同じく高知県大豊町，和歌山県高野町，島根県海士町，徳島県那賀町は，人口動態の数字は「消滅可能性都市」の範疇に入る。しかし，個々に見ると，情報化社会にふさわしい新たな取り組みを展開し，人の交流が生まれ，地域に活性化をもたらしている。それらの事例から，今日の，そして将来の地域再生には，従来とは異なる新た

な手法導入が必要なことが分かる。

　本書では，人口増減率という見える数字からの判断だけでは地域再生は生まれないということを示す。つまり，人口増減が日本のどこで，そしてなぜ発生するのか。その場所と要因を見つめ直すことが，人口減少化が進む日本の地域再生への指針となる。

　地域再生の第一歩は，住民が，自らの地域を見つめ，その地域力を認識することから始まる。そして，プラスの地域力はもちろんのこと，マイナスの地域力を認識することが地域の課題を提示することにつながり，その後の地域再生成功の分岐点となる。そして住民が地域独自の資源・地域力を活用することは，過疎化・少子化・高齢化社会の活路を見出すことにもつながり，人口減少日本の希望といえる。

　本書は，このような視点に基づき展開していく。そのことを理解され，これからの日本の地域を考える一助にしていただければ幸いである。

　［付記］
　本書出版最終段階の折（2018年3月30日），本書に大きく関連する人口推計が公表された。国立社会保障・人口問題研究所（社人研）「日本の地域別将来推計人口（平成30〔2018〕年推計）――平成27（2015）年～平成57（2045）年」である（社人研2018ｂ）。それは，2015年の国勢調査を基に，2045年までの30年間について，将来の人口を男女5歳階級別に，都道府県別・市区町村別に推計したものである。
　一方，本書で参照した人口推計は，同所2013年公表の2010年国勢調査に基づくものである（社人研2013ｂ）。しかし，両報告書の主旨は一貫し，「今後日本社会の超少子高齢化」が一段と加速するということである。
　本書の目的は，各々の地域自治体の統計値そのものを列挙することではない。本書の題名『「地域力」で立ち向かう人口減少社会――小さな自治体の地域再生策』が示すように，人口増減率推計値を得た上で，各自治体が推進する地域再生策を考察することにある。したがって，最新報告書の推計値を本書に反映することはしなかったものの，その趣旨は本書に組み込まれている。この点をご理解いただきたい。

第1章
人口減少と地域性
——問題提起——

1　人口減少社会の到来

　昨今「人口減少」と言う言葉をよく耳にする。それは，日本の人口が継続的に減少し続ける社会になったことを意味する。

　なぜ，そうなったのであろうか。

　「人口自然増減率」は，「出生率」マイナス「死亡率」から得られるので，人口減少の要因として，3つ考えることができる。

　第一に，出生率の低下（少子化）。

　第二に，死亡率の低下（高齢化率の上昇による）。

　第三に，出生者数が継続的に死亡者数を下回ること。

　次に人口減少社会の問題は，主として3つに大別できる。

　第1に，労働力の減少に伴う問題。つまり，労働力の減少は，国内総生産（GDP）の縮小要因となる。

　第2に，人口の高齢化に伴う問題。即ち，労働力人口減少により，社会の年金および税負担能力が低下する。一方，高齢者の割合が増加し，年金給付や財政支出が増加する。

　第3に，人口密度の希薄化に伴う問題である。それは，都市や地域集落の存立にかかわる深刻な問題となる。人口の都市集中化が起こり，都市機能が低下する。一方，人口流出により地域集落の消滅を引き起こす（松谷2009，松谷・藤正2002）。

　したがって，「人口減少社会」は，「少子高齢社会」によって必然的に発生し

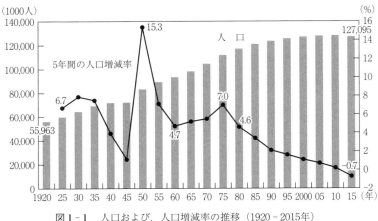

図1-1 人口および，人口増減率の推移（1920-2015年）
出典：社人研（2018a），表1-1より筆者作成。

た問題と言える。そこで，まず人口減少の現状と将来予測を日本社会全体の動向として把握する。本書の主眼は，人口減少を市町村レヴェルの地域力からとらえることである。しかし，ここでは，まず日本社会の全体像を正しく理解することが必須と考える。

2　2015年国勢調査からみた人口

(1) 人口減少社会の日本

　人口減少社会日本の現実は，最新の国勢調査集計データで証明された。
　2016年2月26日，総務省統計局は，平成27年国勢調査・人口速報集計結果を発表した（総務省統計局2016c）。またそれに対し，日本はもとより，海外の多くのメディアの注目を集めることとなった。[1]
　2015年の国勢調査結果で最も衝撃的な事実は，人口減少社会が現実となった点にある。1920年の第1回国勢調査以来，初めて人口が減少した（2015年10月1日時点での日本の人口は，1億2710万人で，前回2010年の国勢調査時点から94万7000人減少〔△0.7%〕。図1-1参照）のである。
　これまでの人口増減率の推移をみると，1945～50年は，主として第一次ベ

表1-1 世界各国の人口および，人口増加率（上位20カ国，2015年）

順位	国　名	2015年人口 （100万人）	世界人口に 占める割合（％）	人口増減率（％） 2010－2015	年人口増減率（％） 2010－2015年平均
	世　界	7,349	100.0	6.1	1.2
1	中　国	1,376	18.7	2.6	0.5
2	インド	1,311	17.8	6.5	1.3
3	アメリカ合衆国	322	4.4	3.8	0.8
4	インドネシア	258	3.5	6.6	1.3
5	ブラジル	208	2.8	4.6	0.9
6	パキスタン	189	2.6	11.1	2.1
7	ナイジェリア	182	2.5	14.3	2.7
8	バングラデッシュ	161	2.2	6.2	1.2
9	ロシア	143	2.0	0.2	0.0
10	日　本	127	1.7	-0.7	-0.1
11	メキシコ	127	1.7	7.1	1.4
12	フィリピン	101	1.4	8.2	1.6
13	エチオピア	99	1.4	13.5	2.6
14	ベトナム	93	1.3	5.8	1.1
15	エジプト	92	1.2	11.5	2.2
16	ドイツ	81	1.1	0.3	0.1
17	イラン	79	1.1	6.5	1.3
18	トルコ	79	1.1	8.8	1.7
19	コンゴ民主共和国	77	1.1	17.2	3.2
20	タ　イ	68	0.9	1.9	0.4

出典：United Nations（2017）より筆者作成。

ビーブーム（団塊の世代・1947～49年の3年間に生まれた人）により，＋15.3％と高い増加率であった。しかし，その後は出生率の低下に伴い増加幅が縮小する。1955～60年は大幅に増加率が減少し4.7％となった。その後，第二次ベビーブーム（子団塊の世代）により，1970～75年には＋7.0％と増加幅が拡大した。しかし，1975～80年には増加幅が4.6％と再び縮小した。そして，前述のように，2010～15年には，ついに人口減少（△0.7％）となった（図1-1参照）。

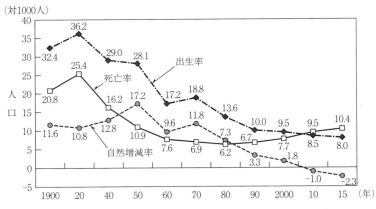

図1-2 出生率・死亡率・自然増減率の長期推移（1900-2015）
出典：社人研（2018a）表12-27，12-28より筆者作成。

減少する日本の人口が世界に占める位置はどうであろうか。

国連の推計によると，2015年の世界人口（年央推計）は，73億4900万人である。各国の人口をみると，中国13億7600万人で最も多く，次いでインド（13億1100万人），米国（3億2200万人）と続く。そして，日本の人口（1億2700万人）は，世界で，10番目である。また，これら20カ国の2010～15年の人口増減率を見ると，人口減少（△0.7％）は唯一日本のみである（表1-1参照）。

（2）出生率・死亡率・人口自然増減率の推移

人口減少を，少し違った角度から考えてみる。

先にも述べたが「人口自然増減率」は，「出生率」マイナス「死亡率」から得られる。

近年日本の出生率の低下と死亡率の上昇の結果，明治以降初めて自然増減率が2005年にマイナスに転じた（図1-2参照）。以降毎年マイナス状態が続いている。また，合計特殊出生率（1人の女性が15～49歳までの間に合計何人の子どもを産むかの確定値，TFR：Total Fertility Rate）は，2005年（1.26）に最低であった。しかしその後緩やかな上昇に転じ，2015年には，1.46になった（厚生労働

省2016b，表2）。また，出生数や出生率は低下傾向を続けている。そのため，死亡率増加と共に，自然増減率はマイナスとなっている。それは，日本で少子高齢社会が進展していることを意味する。

（3）少子高齢社会

「少子高齢社会」は，現今の日本社会を端的に表現する語句である。

日本が高齢化社会（65歳以上の人口割合が全人口の7％を占める）になったのは，欧米先進諸国からだいぶ遅れた1970年であった。ちなみに，高齢社会突入の先頭はフランスが1864年で，ノルウェーが1885年，スウェーデンは1887年と続き，米国は，20世紀半ばの1942年であった（社人研2017a，表2-18）。

しかし，その後日本の「高齢化社会」は世界に比類ない急速な進展をとげた。事実，高齢化率が7％から2倍の14％になるには，わずか24年後の1994年であった。日本社会は，名実ともに「高齢社会」となった。ちなみに，高齢人口割合が14％になったのは，フランスが1979年（115年間），ノルウェーが1977年（92年間），スウェーデンが1972年（85年間）かかっている。また米国はつい数年前の2014年（72年間）になってからと，高齢化の進展速度は日本に比べてゆっくりとしている。

その後も日本社会の高齢者割合は加速しながら増加し，2005年には「超高齢社会」（高齢者の割合が20％を超える社会）となった。ちなみに多くの欧米諸国が超高齢社会に達するのは，これからで，早くて数年先である。

日本の高齢人口割合は，2015年時点で26.7％と，総人口の4分の1を超え，2017年推計は27.7％，さらに，2060年には38.1％，つまり10人中4人と推計されている。一方，年少人口割合は，高齢人口と全く逆とも言える減少状況を示す。それは，日本社会がまさに「少子高齢社会」と呼ばれるにふさわしい状況であることを立証している（図1-3参照）。

（4）人口ピラミッドにみる人口推移

1955年の終わり頃から，第二次ベビーブームの1970年代半ばにかけて出生数が徐々に増加した。したがって，1970年の人口ピラミッドをみると，裾が広が

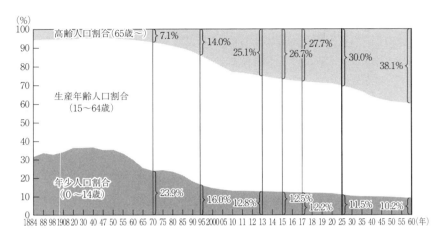

図1-3 人口三区分割合の推移（1884-2060）
出典：社人研（2018a），表2-6，および表2-8を基に，筆者作成。

る「星型」をしている。1970年は，日本社会が高齢化社会に突入した年である。人口ピラミッドでも，底辺が安定し，先端に行くほど人口が少ないことが分かる（図1-4参照）。

出生数は，1973年をピーク（合計209万1983人，男107万7517人，女101万4466人）に再び減少している。そのため，以降の人口ピラミッドは，人口分布のふくらみが2カ所ある「ひょうたん型」に近い形となっている。2カ所のふくらみは，第一次ベビーブーマー・団塊の世代人口計約806万人（267.9万人＋268.2万人＋269.7万人）と，第二次ベビーブーマー・子団塊の世代人口計約816万人（200.1万人＋203.9万人＋209.2万人＋203万人）である。

1990年の人口ピラミッドでは，高齢社会進展の様相は顕著にはみられない。しかし，2010年の人口ピラミッドは，「寸胴型」で，65歳高齢者の割合の増加が著しい。そして，2015年（26.6％），2040年（推計，36.1％）と進むにつれて，高齢化の進展が顕著になる（図1-4参照）。

一方，年少人口（0～14歳人口割合）は，高齢人口と全く逆の減少状況を示している。先にも述べたとおり日本の「少子高齢社会」，そして「超高齢社会」を示している。年少人口割合・生産年齢人口割合・高齢人口割合の推移は，

第 1 章 人口減少と地域性

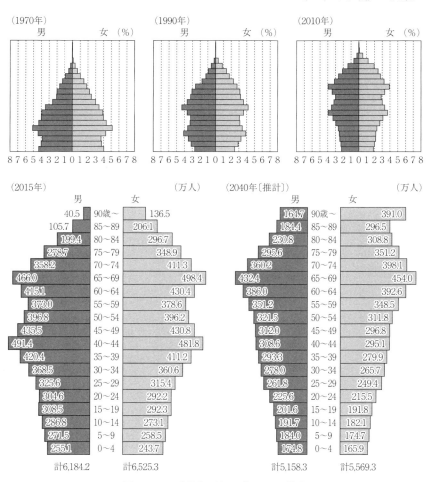

図 1-4　5 歳階級別人口ピラミッド推移

出典：1970，1990，2010年はG-Census（2016），2015，2040年（推計）は社人研（2013a）より筆者作成（2016年9月12日検索）。

表 1-2　人口割合の推移

(％)

	1970	1990	2010	2015	2040
年少人口	24.0	18.2	13.1	12.5	10.0
生産年齢人口	68.9	69.5	63.8	60.8	53.9
高齢人口	7.1	12.0	23.0	26.7	36.1

出典：社人研2018a，表12-12，13，14，19。

表1-2のとおり。

3　都道府県別にみる人口集計速報

　ここでの主題は，2015年国勢調査人口集計速報結果を概観し，人口増減の現状を都道府県別にみることである。言い換えると，どの都道府県で人口が増え，またどこで人口が減少しているかをみることになる。それは，増減の理由を詳細に分析することではない。特定地域の人口増減の分析，即ち増減の理由とその要因等の考察が本書の主題である。したがって，その主題・人口増減の地域による分析は，後の章で詳述する。

(1) 東京都は総人口の1割以上

　総務省統計局発表の「2015年国勢調査人口速報集計結果」(総務省統計局2016c)によると，全47都道府県中上位9都道府県に日本の全人口の半数以上が集中している。

　人口が最も多いのは東京都（1351万4000人，総人口の10.6％）で，総人口の1割以上を占めている。次いで神奈川県（912万7000人），大阪府（883万9000人），愛知県（748万4000人），埼玉県（726万1000人），千葉県（622万4000人），兵庫県（553万7000人），北海道（538万4000人），福岡県（510万3000人）が続く。これら上位9都道府県を合わせると6847万3000人となり，全人口の5割以上（53.9％）を占める。

　また，東京圏（東京都，神奈川県，埼玉県，千葉県）の人口合計は3612万6000人

第1章　人口減少と地域性

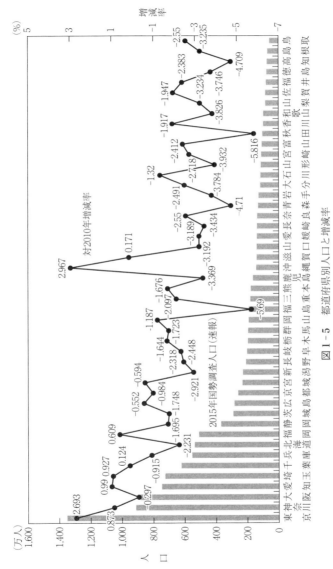

図1-5　都道府県別人口と増減率

出典：総務省統計局 (2016) 表Ⅱ-1より、筆者作成。

(28%)で，約3割の人口が東京圏に集中している。つまり，いわゆる一極集中化が一段と進行している（図1-5参照）。

（2）2010年国勢調査からみた都道府県の人口増減

都道府県ごとの前回2010年国勢調査からの人口増減をみることにする。人口が増加したのは沖縄県，東京都，愛知県など8都県で，39道府県が減少となった。前述の増加数でみると，東京都の人口増加（35万4000人）が最も多かった。一方増加率（対2010年国勢調査）でみると，沖縄県が3.0％（2.3％から3.0％へ0.7％増加）と最も高く，東京都（2.7％），愛知県（1.0％）と続く。人口の増加率が拡大したのは沖縄県と，福岡県の2県のみであった（総務省統計局2016c 表Ⅱ-1，および図Ⅰ-5参照）。

人口減少数をみると，北海道が12万3000人と最も多かった。次いで福島県（11万5000人），新潟県（6万9000人）と続き，39道府県で人口減少となっている。一方，人口減少率は，秋田県（△5.8％）が最も高く，福島県（△5.7％），青森県および高知県（ともに△4.7％）と続く。

なお，前回2010年から今回2015年の国勢調査時にかけて，人口が減少から増加に転じた都道府県は無かった。そして，大阪府が増加から減少に転じている。

4　人口減少と核家族化の同時進行──世帯の状況

（1）人口減少と世帯数の増加

2015年の国勢調査結果をみると，世帯数は5340万3000世帯で，2010年国勢調査時から145万3000世帯が増加（＋2.8％）。世帯数は1960年から増加し続けているものの1975～80年以降は5～7％台の増加率だったが，1995～2010年は4.8％，2010～15年は2.8％と増加率が緩やかになった。

人口が減少する一方，世帯数は増加していることがわかる。当然，1世帯あたりの人員は減少している。20年前の1995年には平均世帯人員2.85人と初めて3人を下回った。それ以降，2015年には前回調査の2.46人から2.38人とさらに減少した（総務省統計局2016c, e, f, 表Ⅳ-2）。

（2）人口減少に派生する世帯状況の4つの論点

　世帯状況は，社人研の2013年1月推計「日本の世帯数の将来推計（全国推計）」（2013a）に詳しい。ここでは，世帯状況が主題ではない。そこで，人口減少に派生する世帯状況の論点を4つ挙げるにとどめる。

①世帯総数の減少と平均世帯人員は減少継続
・世帯総数は2019年をピーク（5307万世帯）に減少に転じ，2035年には4956万世帯まで減り，平均世帯人員は減少（3頁）。
・平均世帯人員は2010年の2.42人から減少を続け，2035年には2.20人となる（3頁）。
②「単独」「夫婦のみ」「ひとり親と子」の割合が増加
・2010～35年の間に「単独」世帯（32.4％→37.2％），「夫婦のみ」世帯（19.8％→21.2％），「ひとり親と子」世帯（8.7％→11.4％）はいずれも割合が上昇する。
・平均世帯人員の減少は，より単純で小規模な世帯の増加がもたらしている。一方，かつて40％以上を占めた「夫婦と子」世帯は27.9％→23.3％に，「その他」は11.1％→6.9％に低下する（3-4頁）。
③世帯主の高齢化が進み，65歳以上の高齢世帯が増加する
・2010～35年の間に世帯主が65歳以上にあたるのは1620万世帯→2021万世帯に，75歳以上は731万世帯→1174万世帯に増加する（5頁）。
・全世帯主に占める65歳以上世帯主の割合は31.2％→40.8％に増加する。また65歳以上世帯主に占める75歳以上世帯主の割合も45.1％→58.1％と増加し，世帯の高齢化も一層進展する（7頁）。
④高齢世帯で増加が著しい「単独」と「ひとり親と子」
・世帯主が65歳以上の世帯のうち，2010～35年の間に最も増加率が高い類型は「単独」世帯の1.53倍（498万→762万世帯）。次いで「ひとり親と子」世帯で1.52倍（133万→201万世帯）（7頁）。
・世帯主が75歳以上の世帯のうち2010～35年に最も増加が高い類型は「ひとり親と子」世帯の1.97倍で，67万→131万世帯。次いで「単独」世帯で

　　　　1.73倍（269万→466万世帯）となる（7頁）。

これら世帯数の状況と予測にも，人口減少社会の進展が強く反映している。
　2015年国勢調査の人口集計結果を市町村別にみる。国勢調査当時の全国1719市町村のうち，1416（82.4％）で人口が減少した。一方，人口が増加したのは303（17.6％）である。人口が増加しているのは，東京都特別区部，政令指定都市およびその周辺市町村を中心とした地域である（総務省統計局2016c，表Ⅲ-1）。
(2)

5　生きつづける地域社会

（1）増田レポートの衝撃

　2013年3月27日公表された社人研の「日本の地域別将来推計人口――平成22(2010)～52(2040)年」報告書は，日本社会に大きな衝撃を与えた。それは，日本が直面する「人口減少」を具体的に示唆したからに他ならない。なお推計の対象は，2013年3月1日現在の1県（福島県）および，1799市区町村（東京23区，12政令市の128区，この他の764市，715町，169村）である（社人研2013b）。

　社人研は，その後2065年までの人口推計を発表した（社人研2017b）。そこでは，人口減少率の上振れ，つまり先の人口推計より人口減少率が低下を予測し，2065年の日本の総人口を8808万人と推計している（前回推計では，2060年の総人口を8674万人としていた）。

　この社人研の2013年の報告書を基に，民間研究機関「日本創成会議」（座長・増田寛也元総務相）（内閣府2013ab，首相官邸2013ab）が立ち上げられた。そして，2014年5月に，同会議の人口減少問題検討分科会が，通称「増田レポート」を発表した（増田2014）。そのレポートによると，2040年までに，若年女性（20～39歳の女性）の流出により，全国で896の市区町村（全国の49.8％）が人口減少による「消滅可能性都市」になるといい，その市町村名を具体的に発表した。そのため，該当する自治体に大きな衝撃を与えた。

　一方「増田レポート」に対する問題点も多く指摘されている。出産適齢期の

若年女性人口の推移による分析の短絡性や，2011年の東日本大震災以降の「ふるさと回帰」「田園回帰」の流れを考慮していない点，そして推計・解釈の問題などである（久繁2010，小田切2014，岩波書店2014，藤山2015，木下2015，飯田他2016など）。

人口減少は避けて通ることができない現実である。しかし，農山村・地域社会では，過疎化・人口減少・少子高齢化問題に早くから取り組んできた。そして，地域社会・コミュニティーに生きる人々の積極的な関わりと共に，地域社会独自の「地域再生」プログラムを発案・実施してきた（NHK2016～2017）。地域に生活する人々の声に耳を傾け，地域を学び，地域の活性化につなげる必要性がある（結城2016）。活性化した地域社会には人口減少があっても人が集まり，住みやすさは衰えにくいと考える。

（2）2040年の日本の人口

「地方消滅」はないにしても，人口減少は着実に進展する。

65歳以上の高齢者割合は，2015年国勢調査では26.6％であった。それから50年後の2065年には38.4％に上昇すると推計されている（社人研2017，2018a 表2-8）。2040年の日本人口は，2010年に比べ，16.2％も減少する（1億2700万人→1億700万人推計）（社人研2013b）。

また2040年には，65歳以上の高齢者は，総人口の3分の1を超える（36.1％）（熊谷2016）。すでにこれまで，65歳以上の高齢者が40％以上を占める自治体は，2010年の87（全自治体の5.2％）から，2014年には，836（同49.7％）に増加した。また，50％を超える自治体（限界集落）は，2010年の9（同0.5％）から，2040年の167（同9.9％）まで増加する。それは，日本全国の自治体の半分で，高齢者の割合が10人中4人を占めることを意味する。そして，高齢者のうち，後期高齢者（75歳以上）の割合が2010年の43.8％から，2040年には全高齢者の57.3％（約6割）に増加する（社人研2013b，39頁，前掲図1-3参照）。

一方年少人口（0～14歳）は，減少の一途をたどる。2010年に全人口の13.1％であったのが，2040年には，10.0％に減少する（熊谷2016）。年少人口の割合が10％未満の自治体は，2010年の192（全自治体の11.4％）から，2040年の

970（同57.6%）にまで増加する（社人研2013b, 37 - 38頁）。

　人口減少社会と少子高齢社会が，生産年齢人口（15～64歳）に及ぼす影響も深刻である。2010年には，5960万人いた就業者（総人口の63.8%）は，2040年には，その4分の1（25.0%）が減少し，4480万人（総人口の53.9%）になると予測されている。日本経済を支える人材が減り，地域経済を担う人口激減の現実が提示されている。

　これらからも明らかなように，日本社会では急速に人口減少が進行する（総務省統計局2016c）。しかし，それは全国一律ではない。なぜなら地方自治体ごとに大きく異なる，日本社会に顕著な地域性が存在するからである。都道府県別多様性はもちろんのこと，同一県内でも地域的多様性が多く見られる。

　例えば，奥多摩町，檜原村など，（熊谷2016）東京都でも，島嶼部以外ですでに限界集落に達している自治体がある。一概に「東京」とひとまとめに大都市としてしまうことも不適切と言う他はない。

6　地域性——なぜ地域的多様性なのか

　地域消滅・地域格差・地域再生・地域力を論ずる論客は多い（飯田他2016, 増田2014, 藻谷2007）。しかし，そのいずれもが，狭い国に潜む「地域的多様性」の存在理由とその意味という，根本的な2つの問題点に言及することなく，論を進めている。

　人口減少の原因となる少子高齢化には，出生率や婚姻率が関わっており，それらは地域差が存在している。その差，即ち地域的多様性を市町村レヴェルでみていくことで，人口減少の理由と地域再生へのヒントを本書では探る。

　日本社会の地域的多様性には明確にしておく2つの点がある。第1は，「地域」とは何を意味するのか。第2は，日本社会に「地域的多様性」をもたらしている原因である。換言すると，なぜ，狭隘な日本の国土に地域的多様性が存在するかと言う疑問である。

　そこで，まずこれらの点について明らかにする。

（1）地域・地域性

第1の「地域・地域性」の定義は，確立されていない。

蒲生は，「各種の形態基準に量または質の差異，特定の分布領域が存在すること」（蒲生1956, 13頁）としている。J. クライナー（Josef Kreiner）は，「地域性」とは，さまざまな地域ごとの個性，地域らしさ，多様なあり方を表す言葉として用いる（クライナー1996, 3頁）としている。また，清水は，「地域性」を日本社会に存在する社会構造の質的差異としている（清水2013, 15頁）。最近の論考でも地域のとらえ方は，確立していない。大都市部・地方部と二別化したり（原2016），「地域ブロック」としてとらえたり（中村2016），あるいは都道府県を分析単位としている（廣嶋2016, 吉田・廣嶋2011）。

（2）五畿七道と日本社会の地域的多様性

第2の日本社会の地域的多様性の原因は，律令制・幕藩体制による日本固有の歴史的経緯による（浅井2007, 28－29頁，熊谷2011, 21－26頁）。

現在の47都道府県の源は，明治時代の廃藩置県（1871年）にまでおよぶ。さらにそれは，日本が中央集権国家として最初に地方を区分した701年の大宝律令を中心とする改革にまでさかのぼる。そして，大区分として，九州から東北までを「五畿七道」に分けた。

1）五畿七道

「五畿七道」とは，歴代の皇居が置かれた大和・山城を中心とする五カ国と，主要な街道を指す。それは，律令制下すでに地方行政区画として成立していた。文化や技術は街道沿いに伝播する。したがって，国は違っても同一街道筋では文化的工芸的作風その他に共通した特徴がみられる（図1-6参照）。

「五畿七道」は，現在の東北地方，近畿地方という呼び方にあたり，北陸や山陰と言う言葉も北陸道や山陰道に由来する。「五畿」（畿内）には以下の5つの国（令制国）が含まれる。つまり，山城，摂津，河内，大和，および和泉である。一方「七道」は，3つの「路」に大別され，その各々には以下に示す「七道」があり，それらの下に国（令制国）が含まれた（浅井2007, 28－29頁）

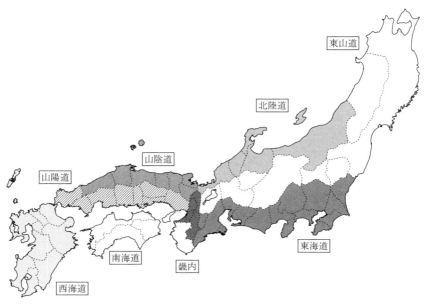

図1-6　五畿七道

出典:「五畿七道地図」http://zyukusanngokusi.gozaru.jp/html/japan/j-map/j-map-name/j-map-division.html
　　（2016年9月19日検索）

（表1-3参照）。

　　七道＝大路＝山陽道
　　　　　中路＝東海道・東山道
　　　　　小路＝北陸道・山陰道・南海道・西海道

2）歴史的経緯

　1871（明治4）年に廃藩置県が断行された。道・国に代わって江戸・大阪・京都の3都市の他重要拠点7カ所に「府」を設置した。また，幕府直轄領を「県」，それ以外の地域は「藩」とし，「府藩県三治制」を敷いた。知府事および知県事が政府から任命され，藩はそれまでの大名が知藩事として統治した。1869年に3都市以外の府が県になり，また，蝦夷地を「北海道」と改称し11の

表1-3　五畿七道-街道・旧国名一覧

	国名（読み）	略号（読み）	現在の都道府県名
（五）畿内	山城（やましろ）	城州（じょうしゅう）	京都府-南部
	大和（やまと）	和州（わしゅう）	奈良県
	摂津（せっつ）	摂州（せっしゅう）	大阪府-北西部・兵庫県-南東部
	河内（かわち）	河州（かしゅう）	大阪府-東部
	和泉（いずみ）	泉州（せんしゅう）	大阪府-南西部
東山道	近江（おうみ）	江州（ごうしゅう）	滋賀県
	美濃（みの）	濃州（のうしゅう）	岐阜県-南部
	飛騨（ひだ）	飛州（ひしゅう）	岐阜県-北部
	信濃（しなの）	信州（しんしゅう）	長野県
	上野（こうずけ）	上州（じょうしゅう）	群馬県
	下野（しもつけ）	野州（やしゅう）	栃木県
	陸奥（むつ）	奥州（おうしゅう）	青森県・岩手県・宮城県・福島県
	出羽（でわ）	羽州（うしゅう）	秋田県・山形県
北陸道	若狭（わかさ）	若州（じゃくしゅう）	福井県-南部
	越前（えちぜん）	越州（えっしゅう）	福井県-北部
	加賀（かが）	加州（かしゅう）	石川県-南部
	能登（のと）	能州（のうしゅう）	石川県-北部
	越中（えっちゅう）	越州（えっしゅう）	富山県
	越後（えちご）	越州（えっしゅう）	新潟県-佐渡島を除く
	佐渡（さど）	佐州（さしゅう）	新潟-佐渡島
東陸道	伊賀（いが）	伊州（いしゅう）	三重県-中西部
	伊勢（いせ）	勢州（せしゅう）	三重県-北部・中部
	志摩（しま）	志州（ししゅう）	三重県-志摩半島
	尾張（おわり）	尾州（びしゅう）	愛知県-西部
	三河（みかわ）	三州（さんしゅう）	愛知県-東部
	遠江（とおとうみ）	遠州（えんしゅう）	静岡県-西部
	駿河（するが）	駿州（すんしゅう）	静岡県-中部
	伊豆（いず）	豆州（ずしゅう）	静岡県-伊豆半島
	甲斐（かい）	甲州（こうしゅう）	山梨県
	相模（さがみ）	相州（そうしゅう）	神奈川県-中部・西部
	武蔵（むさし）	武州（ぶしゅう）	埼玉県・東京都・神奈川県-東部

	国名（読み）	略号（読み）	現在の都道府県名
東海道	安房（あわ）	房州（ぼうしゅう）	千葉県 - 南部
	上総（かずさ）	総州（そうしゅう）	千葉県 - 中部
	下総（しもうさ）	総州（そうしゅう）	千葉県 - 北部・茨城県 - 西部
	常陸（ひたち）	常州（じょうしゅう）	茨城県 - 中部・東部
南海道	紀伊（きい）	紀州（きしゅう）	和歌山県・三重県 - 南部
	淡路（あわじ）	淡州（たんしゅう）	兵庫県 - 淡路島
	阿波（あわ）	阿州（あしゅう）	徳島県
	讃岐（さぬき）	讃州（さんしゅう）	香川県
	伊予（いよ）	予州（よしゅう）	愛媛県
	土佐（とさ）	土州（としゅう）	高知県
山陽道	播磨（はりま）	播州（ばんしゅう）	兵庫県 - 南西部
	備前（びぜん）	備州（びしゅう）	岡山県 - 南東部
	備中（びっちゅう）	備州（びしゅう）	岡山県 - 西部
	美作（みまさか）	作州（さくしゅう）	岡山県 - 北部
	備後（びんご）	備州（びしゅう）	広島県 - 東部
	安芸（あき）	芸州（げいしゅう）	広島県 - 西部
	周防（すおう）	防州（ぼうしゅう）	山口県 - 東部
	長門（ながと）	長州（ちょうしゅう）	山口県 - 北西部
山陰道	丹後（たんご）	丹州（たんしゅう）	京都府 - 北部
	丹波（たんば）	丹州（たんしゅう）	京都府 - 中部・兵庫県 - 中東部
	但馬（たじま）	但州（たんしゅう）	兵庫県 - 北部
	因幡（いなば）	因州（いんしゅう）	鳥取県 - 東部
	伯耆（ほうき）	伯州（はくしゅう）	鳥取県 - 西部
	出雲（いずも）	雲州（うんしゅう）	島根県 - 東部
	石見（いわみ）	石州（せきしゅう）	島根県 - 西部
	隠岐（おき）	因州（いんしゅう）	島根県 - 隠岐
西海道	筑前（ちくぜん）	筑州（ちくしゅう）	福岡県 - 北西部
	筑後（ちくご）	筑州（ちくしゅう）	福岡県 - 南部
	肥前（ひぜん）	肥州（ひしゅう）	佐賀県・長崎県
	肥後（ひご）	肥州（ひしゅう）	熊本県
	豊前（ぶぜん）	豊州（ほうしゅう）	福岡県 - 東部・大分県 - 北部

	国名（読み）	略号（読み）	現在の都道府県名
西海道	豊後（ぶんご）	豊州（ほうしゅう）	大分県 - 中南部
	日向（ひゅうが）	日州（にっしゅう）	宮崎県
	大隅（おおすみ）	隅州（ぐうしゅう）	鹿児島県 - 東部・島嶼部
	薩摩（さつま）	薩州（さっしゅう）	鹿児島県 - 西部
	対馬（つしま）	対州（たいしゅう）	長崎県 - 対馬
	壱岐（いき）	壱州（いっしゅう）	長崎県 - 壱岐
その他	蝦夷（えぞ）	－	北海道
	琉球（りゅうきゅう）	－	沖縄県
明治以降に新設	磐城（いわき）	磐州（ばんしゅう）	福島県 - 東部・宮城県 - 南部
	岩代（いわしろ）	岩州（がんしゅう）	福島県 - 西部
	陸前（りくぜん）	陸州（りくしゅう）	宮城県・岩手県 - 気仙郡
	陸中（りくちゅう）	陸州（りくしゅう）	岩手県・秋田県 - 鹿角郡
	陸奥（むつ）	陸州（りくしゅう）	青森県・岩手県 - 二戸郡
	羽前（うぜん）	羽州（うしゅう）	山形県
	羽後（うご）	羽州（うしゅう）	秋田県・山形県 - 北部

出典：五畿七道－街道・旧国名一覧（http://www.tsuruginoya.com/mn1_6/mn6_5_3.html）
2016年9月19日検索，および熊谷2011，23－25頁。

国をおいた。さらに，1871年には全ての藩を県に改めた。このとき誕生した302県は，実質的には江戸時代の藩のままであった。

　その後幾多の統廃合を経て，1880年にほぼ現在の都道府県制の基礎が作られた。そして最終的に現在の47都道府県が確立されたのは，アメリカ軍統治下に置かれていた沖縄が日本に返還された1972年である。したがって，現在の「1都1道2府43県」の行政区分になってから，50年に満たない短期間にすぎない。現在の地方名（北陸，東海，山陽，山陰，北海道など）の多くは，律令制のもとで定められた五畿七道（明治以降は，五畿八道）に由来している（熊谷2011，22頁，表1－3参照）。

　同一県内でも東西南北で，気質・生活慣習が大きく異なる例も多くみられる。それはとりもなおさず，現在の都道府県が，律令時代にさかのぼる藩，旧国名（令制国）制度の歴史的経緯に由来し，実質的には江戸時代の302藩にもとづく

からに他ならない。そのため，今日では同じ県内でも東西南北，あるいは地勢，自然環境，民族・風土・人情・慣習・生活様式，方言，気質がことごとく異なる場合が発生した。例えば，長野県の長野・上田・佐久・松本・伊那，愛知県の尾張・三河，青森県の弘前・八戸，山形県の山形・酒田，広島県の広島・福山，静岡県の静岡・浜松，福岡県の筑前・筑後・豊前などである。(小林2016, 熊谷2011, 25頁)。

したがって，日本全国，都道府県別のみならず，市町村別特性・地域性が存在することになった。

（3）地方自治体の誕生と平成の大合併

このような歴史的経緯を踏まえて，日本の地方自治体が誕生した。さらに，近現代史でも「明治の大合併」[4]「昭和の大合併」[5]「平成の大合併」と度重なる市町村合併の歴史を経て，明治期の7万1314から，現在の1718市町村の誕生に至った（平成28年10月）（総務省2016a）。

「平成の大合併」とは，「市町村の合併の特例に関する法律（合併特例法）（平成16年法律第59号）に基づき，1999～2010年3月までに行われた市町村合併の総称」をさす（総務省2010）。合併は，2005年前後に最も多く行われた。その結果，1999年3月末の市町村数3232（市670，町1994，村568）から，2010年3月末の1728（市786，町757，村185）へほぼ半減した。そして2016年現在は1718市町村（市790，町745，村183）となっている（総務省2016a）。

1）経済的背景

平成の大合併の主旨は，地域の活性化である。果たしてその目的は達成されたであろうか。そこで実施に踏み切った当時の社会・経済的背景をみることにする（High School Times 2016）。

第1に，地域格差が挙げられる。日本は1955年以降，世界に例をみないほどの高度経済成長を遂げ，政治経済の中心を担う東京への一極集中化が進んだ。しかし，地方では過疎化・高齢化が進展し，一部では限界集落となった。順調

だった経済もバブル崩壊後，長期にわたって景気の低迷が続き，リーマン・ショック以降，より一層深刻度を増した。

　第2に，日本社会の人口の減少と少子高齢化の進展である。国民の生活形態や意識の多様化で，地域コミュニティーは崩壊の危機に瀕し，住民サービスの担い手としての市町村の負担は大きくなった。

　第3に，各市町村の財政危機が挙げられる。景気低迷が続き，回復の兆しが見られないまま，各市町村は税収の落ち込みなどで，深刻な財政危機に襲われた。

　2）合併のねらいと課題

　このような社会・経済状況を背景に，国の主導で市町村合併を促進し，行財政基盤を強固にしようというのが平成の大合併であった。つまり，合併によって市町村の規模・能力を充実させ，地方分権の担い手にふさわしい行財政基盤の確立を図ることであった。具体的には，以下の3点を挙げることができる。

　第1に，人口集積の必要性。少子高齢化の進展で，税収が減少するにもかかわらず，市民サービスはこれまで以上に重要性が増加する。このため，市民サービスの水準を維持するには，ある程度の人口の集積が必要とされる。

　第2に，交通網の拡大・整備。住民の生活圏は大きく広がり，従来の市町村の区域を越えた行政サービスが必要になる。

　第3に，行政の効率化。国・地方とも厳しい財政状態にあるなか，合併によって集中と選択で従来の業務の効率化が図れる。また，公共施設などを広域的に見直し，再配置することで効率的な運用が可能になる。

　しかし，合併による問題点も明らかになった。以下3点に大別できる。

　第1に，政治的問題がある（堀内2009，今井2010）。
・合併によって行政と住民の間に心理的距離が生まれ，政治参加に対する意識が低くなる。

・大規模自治体と小規模自治体の合併では，小規模側が下位におかれ，政策に意見が反映しづらくなる。
・合併後に職員数を削減した自治体では，行政サービスの低下が起こる。

第2に経済的問題である（岡田2014）。
・グローバル化やそれに対応した構造改革の影響による地域経済の衰退は，自治体の合併で対処できるものではない。
・むしろストロー現象[6]による人口減少に拍車がかかり，合併のためにより経済的に悪化した地域も存在する。

第3に文化的問題である（High School Times 2016）。
・合併によって周辺地区に目が届きにくくなる。そのため，各地区が各々受け継いできた歴史，文化，伝統行事の担い手の確保が難しくなり，場合によっては消滅する恐れがある。

要は，平成の大合併により，その地域に生きる住民たちのつながりが無視されることがあってはならない。というのは，地域づくり，そして地域をよくするのは，その地に生活している人たちの力の地域力だからである。地域住民自らが地域づくりの中心となってこそ，地域再生は可能となる。

7　小地域からみる分析の必要性

(1) 注目される「地域力」

そこで，本書では，地域性の分析単位は，都道府県別をさらに細分化し，小地域，つまり各地方自治体とする。

同一県内でも，居住地域・各自治体により，その文化社会的特色が大きく異なる状況が生まれる。そこには，一定地域内での居住にもとづく社会集団・地縁社会が誕生することは，すでにみた。その地縁社会の特色を創造する要素が「地域力」である。地域力には，地域社会の長所はもちろんのこと，短所も当然含まれる。短所がなぜ，地域力となるのであろうか。それは，マイナス資産を地域社会の潜在力ととらえるからである。短所を認識してこそ，その問題解

決への糸口を見出すことができる（熊谷2011，3頁，26頁）。

「地域力」という言葉は，長年神戸市真野地区のまちづくりに関わった，宮西悠司氏によって提案された。そこでは，「まちづくりとは『地域力を高める運動』として包括的にとらえるべきだ」と指摘する（宮西1986，2004）。宮西氏によれば，地域力には次の3つの要素がある。第1に「地域資源の蓄積力」，第2に「地域の自治力」，そして第3に「地域への関心力」である。以下引用する。

　　第1の「地域資源の蓄積力」とは，文字通り地域の持つ資源である。そこには，良しにつけ悪しきにつけハードな環境条件とソフトな地域組織や住民活動などが含まれる。
　　第2の「地域の自治力」とは，地域課題の解決を住民に共通する問題としてとらえ，それを地域の組織的対応（住民の連帯）の中で解決するという意識と行動である。
　　第3の「地域への関心力」は，常に地域の環境に関心を持ち可能性があるなら向上していこうとする意欲である。地域に関心を持ち定住していこうとする気持ちがまちづくりにつながる。したがって，地域への関心は地域参加意識と言い換えることができる。

地域力に含まれる地域資源・自治力・関心力（＝参加意識）が相まって，地域構成員の主体的なかかわりと連帯・組織が生まれる。その結果地域住民の地縁が，地域のきずな構築へと凝縮されることになる。

地域のきずな構築には，まず地域に住む人々が，自分たちの置かれた環境を客観的に見つめることが必要である。

そこで，本書では，人口減少社会日本の地域再生を，「地域力」からアプローチする。具体的には，各地方自治体の，プラスおよびマイナスの地域力を紹介し，それを生かし，あるいは克服することにより，地域再生につなげることを明らかにしたい。

（２）婚姻と人口増減の因果関係

　日本の人口減少社会は，急速に進展する少子高齢化によることが明らかになった。また，そこには，地域差があることも分かった。そこで，なぜ少子化が危機的な状態になっているのかを考えたい。

①婚姻率と人口増減率

　年平均人口増加率（％）と婚姻率（‰・人口1000人当たり割合）の1900〜2015年の推移をみると，両者には正の関連が推測できる（図1-7参照）。事実両者の相関は，きわめて高い（r＝0.842; p<0.001）。また年平均人口増加率に対する回帰分析の結果は，婚姻率がきわめて高い決定要因であることが分かる。

　　Y（年平均人口増加率）＝－2.254＋0.413X（婚姻率），p<0.001，補正R^2＝0.679。

　さらに，2014年の都道府県別両者の関係も同様である。

　　r＝0.908，p<0.001，Y（年平均人口増加率）＝－3.947＋0.742X（婚姻率），p<0.001，補正R^2＝0.820。

　両者の関係は，一段と高く，都道府県別年平均人口増減率は，8割以上が都道府県別婚姻率に起因し，説明ができる（図1-8参照）。

②TFRと出生数

　厚生労働省発表の2016年の人口動態統計（厚生労働省2017）によると，TFRは，2015年には1.46であった。それは，前年の2014年を0.04上回り，1994年の1.50以来の高い水準になった。しかし，2016年には，再び減少に転じた（1.44）（厚生労働省2017，第2表人口動態総覧〔率〕の年次推移）。人口再生産には少なくともTFR2.08が必要だが，それには遠くおよばない。

　TFR統計は，第二次世界大戦後の1947年から公表されるようになって以来，4.54から徐々に低下し，2005年には，過去最低の1.26を記録した。その後2013年（1.43）までは緩やかな回復が続いた。しかし，前述のとおり，2014年以降一進一退の状態である。

　2016年の母親の年代別出生数をみると，40〜44歳，および45歳以上で微増した。しかし，34歳以下の世代は全て低下した（厚生労働省2017，第3表出生数の年次推移，母の年齢〔5歳階級〕別）。また，2016年に国内で生まれた日本人の総

第 1 章　人口減少と地域性

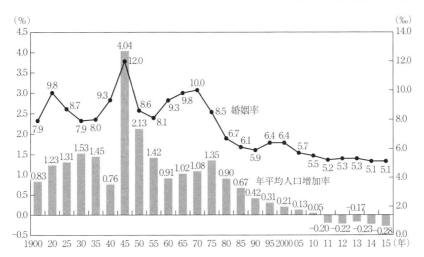

図1-7　年平均人口増加率と婚姻率の推移（1900～2015）
注：「年平均人口増加率」と「婚姻率」の相関 r＝0.842; p<0.001；回帰分析 Y＝-2.254＋0.413X（婚姻率）；p<0.001；補正 R^2＝0.679。
出典：年平均人口増加率＝表Ⅰ-1，表Ⅰ-5。婚姻率＝1883-2014，表Ⅳ-1，「人口統計資料集2017」。ただし，2015データは「平成27年（2015）人口動態統計の年間推計」，Table2（http://www.mhlw.go.jp/toukei/saikin/hw/jinkou/suikei15/dl/2015suikei.pdf）（2016年9月8日検索）図は筆者作成。

出生数は97万6979人であった。それは，年間出生数が初めて100万人を割り，前年より下がるのは2014年以来2年ぶりであった。この点でも，人口減少に歯止めがかからないことが明らかである。

日本では，年間総出生数に対する婚外子（非嫡出子）の割合はきわめて低い（2015年，2.29％，社人研2017a，表4-18）。米国の場合，人種により大きく異なるが，2014年全人種平均は，総出生数の40％以上（40.2％）を婚外子が占める（ガーベジニュース2016，OECD2014）。日本でも同棲婚（コハビテーション）が増加している。しかし，日本的慣習として，婚外子を嫌い，第一子出生と共に，正式な婚姻届を提出する場合がほとんどである（Kumagai 2015: 54-57）。したがって，婚外子率は，きわめて低くなる。

これらの出生数と婚姻状況を考えると，近年日本の低 TFR は，日本の男女

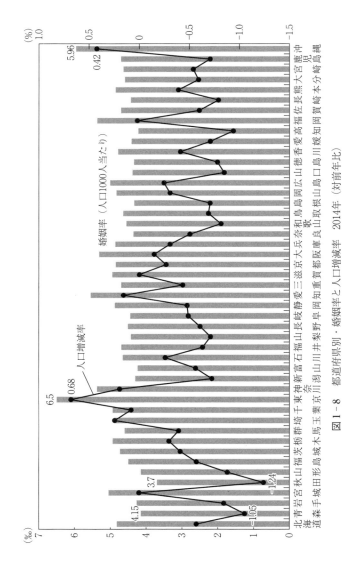

図1-8　都道府県別・婚姻率と人口増減率　2014年（対前年比）

注：全国平均値：婚姻率＝5.07；人口増減率＝−0.17。「年平均人口増加率」と「婚姻率」の相関 r＝0.908, p<0.001; 回帰分析 Y＝−3.947＋0.742X（婚姻率）; p<0.001; 補正 R²＝0.820。

出典：e-Stat：小地域データベース：http://www.e-stat.go.jp/SG1/chiiki/CommunityProfileTopDispatchAction.do?code=2（2016年9月8日検索）。作図は筆者による。

が結婚しない（あるいは，結婚できない）ことによるのではないかと推測できる。事実，日本人の生涯未婚率[8]は，年々上昇している（男性1970年1.70％→2015年23.37％，女性1970年3.33％→2015年14.06％）（社人研2018a，表6-23，Kumagai 2015: 40, Table 3.1）。

　日本の婚姻パターンを考える時，婚姻と家族形成が関連し，ひいては婚姻が人口増加に寄与するであろうと考えることは妥当である。その結果昨今「婚活」が日本人の若い男女の間でもてはやされるようになっている（Kumagai 2015: 61-62，山田2007，山田・白河2008，2013）。

（３）地域力からの地域再生

　しかし，日本社会の婚姻も，人口減少も，共に地域差が存在する。どこの地域で婚姻が多く発生するのか。また婚姻を容易にし，人口増加に貢献する要因（地域力）は何であろうか。それらの考察が，地域の活性化・地域再生に結びつくことになる。

　換言すると，各地域に居住を希望する若者が，他地域に転出することなく，あるいは，若者が他より移り住み安心して結婚生活を営むことができる地域社会の基盤構築が求められている。

　なお，本書では，「はじめに」で述べたようにあえて「創生」ではなく，「再生」の表現を用いる。

注
（１）　その例として，以下を挙げることができる。日本経済新聞（2016），HOME's PRESS（2016），The Japan Times（2016），The Guardian（2016），World Economic Forum（2016），The Washington Post（2016），The Conversation（2016），MARKETPLACE（2016），The National Interest（2016），UNICEF（2016）。
（２）　「（政令）指定都市」とは，地方自治法で「政令で指定する人口50万以上の市」と規定されている都市。日本には，790（平成26〔2014〕年4月1日現在）の市があり，うち指定都市は道府県と同等の行財政能力を有することが求められる。現在，概ね人口70万人以上の20都市が政令による指定を受けている（それらは，札幌，仙台，さいたま，千葉，川崎，横浜，相模原，新潟，静岡，浜松，名古屋，京都，大阪，堺，神戸，岡山，広島，北九州，福岡，熊本の20市）（指定都市市

長会2017）。
（３）　五畿七道は，明治維新とともに陸奥国が分割され磐城，岩代，陸前，陸中，陸奥の５カ国に，出羽国が分割され，羽前，羽後の２カ国になった。また蝦夷が北海道として新たに加えられ五畿八道となった。北海道に含まれたのは，石狩，後志，渡島，胆振，日高，十勝，釧路，根室，北見，天塩，千島の11の国であった（北海道観光振興機構2017）。
（４）　「明治の大合併」の背景。明治21（1888）年全国の総市町村数は，７万1314であった。近代的地方自治制度「市制町村制」の施行に伴い，行政上の目的（教育，徴税，土木，救済，戸籍の事務処理）に合った規模と自治体としての町村の単位（江戸時代から引き継がれた自然集落）との隔たりをなくすために，町村合併標準提示（明治21年６月13日　内務大臣訓令第352号）に基づく町村合併により，明治22年には，１万5859市町村に減少した（総務省2016a）。
（５）　「昭和の大合併」の背景。昭和28（1953）年10月時点での総市町村数は，9868であった。戦後，新制中学校の設置管理，市町村消防や自治体警察の創設の事務，社会福祉，保健衛生関係の新しい事務が市町村の事務とされ，行政事務の能率的処理のためには規模の合理化が必要とされた。昭和28年の町村合併促進法（第３条「町村はおおむね，8000人以上の住民を有するのを標準」）およびこれに続く昭和31年の新市町村建設促進法により，昭和36（1961）年までに，3472市町村に減少した（総務省2016a）。
（６）　「ストロー現象」とは，地方に高速道路や新幹線，橋などの交通インフラが整備された際に，地方の活力が大都市に奪われてしまう現象。「コップ」（地方部）の水（活力）が「ストロー」（橋・鉄道など）で，都心部に吸われるさまに例えた表現（朝日新聞社2015）。
（７）　OECD. stat（2014）英文より筆者作成。婚外子は，アメリカ合衆国では黒人，ヒスパニック系の人たちをはじめとした非白人の割合が高い。アメリカ合衆国の人種別割合は以下のとおり。黒人70.4％，アメリカインディアン65.8％，ヒスパニック52.9％，白人29.2％，アジア・太平洋地域16.4％。これはアメリカ合衆国（をはじめとした諸外国）では「結婚しないまま子供を出産する」（非嫡出子）事象が社会的・文化的に容認されつつあること，国や社会全体が支援する仕組みを構築している（あるいは個人の「何とかなるだろう」との楽観的な考え方，「そうせざるを得ない」との悲観的状況の増加など）が要因。この非嫡出子の増加が出生率そのものを押し上げている。OECDの統計では，42カ国中アジアからは，日本（41位），韓国（42位）のみが掲載されている。アジア地域の値がほとんど収録されていないことから，「社会的，文化的特性から，太平洋・アジア

文化圏では非嫡出子が容認されにくい環境にあり，結果として値も低くなる」との裏付けがし難いものとなっている。それを差し引いて考えれば，これらの国の多くは日本より婚姻率が低いにもかかわらず，出生率は高い。その要因として嫡出でない子の存在が挙げられる（OECD2014）。

（8）（生涯）未婚率は，総務省統計局『国勢調査報告』により算出される値で，45〜49歳と50〜54歳における率の平均値。このうち，50歳時の未婚割合は生涯未婚率とも呼ばれる（社人研2018a，表6-23 性別，50歳時の未婚割合〔生涯未婚率〕，有配偶割合，死別割合および離別割合，1920〜2015年）。

第2章
オープンデータによる小地域統計
―― 研究の方法 ――

　本書の研究方法は，2つの特筆すべき点がある。それらは，分析の中心となるデータは，「オープンデータ」であること，および「小地域統計」データであること。つまり，本書では，急速に進展する日本の人口減少社会を各都道府県別および市町村別「オープンデータ」「小地域統計」データに基づき分析する。
　従来，地域性研究では，分析単位を地域ブロック，あるいは都道府県別レヴェルでとらえるのが一般的であった。それに対し，本書では，地域性の分析単位をより詳細な市町村別レヴェルとし，オープンデータを用いて各市町村の地域力を分析する。これらの分析手法により，日本社会の人口減少は，全国一律でないことはもとより，都道府県別，さらには同一県内でも市町村別小地域により多様なことが鮮明になる。さらにその結果，人口減少に対する各市町村の対応も一律ではなく，当然各市町村自治体独自のものとなる。
　そこで，まずこれら2点の研究手法を明らかにする。

1　オープンデータの活用

　近年オープンデータやビッグデータと言う言葉をしばしば耳にする。
　ビッグデータは，本書では用いない。そこで，ここでは，総務省が採用しているビッグデータの定義（「事業に役立つ知見を導出するためのデータ」）およびビッグデータビジネスの目的（「ビッグデータを用いて社会・経済の問題解決や，業務の付加価値向上を行う，あるいは支援する事業」），（総務省2012，鈴木2011，14頁）を簡単に引用するにとどめる。[1]
　それでは，本書で用いる「オープンデータ」とは何を意味するのか。そして，

「オープン」とは何を意味し，どのようなデータが含まれるのであろうか。

（1）オープンデータの定義

オープンデータの概念は，2004年5月イギリス・ケンブリッジでR.ポロック（Rufus Pollock）により設立された(2)オープン・ナレッジ・ファウンデーション（Open Knowledge Foundation，現在は，Open Knowledge International）に基づく[3]。2012年7月には，日本支部オープン・ナレッジ・ジャパン（Open Knowledge Japan：OKJP）が設立された[4]。OKJP発足の経緯説明に，オープンデータ普及の必要性をくみ取ることができる。

オープンデータの定義は，オープン・ナレッジ・インターナショナル（Open Knowledge International）が主宰するプロジェクトの一つ「Open Definition」に英語，日本語をはじめ40の言語で詳細に述べられている。そこで，ここでは，以下に，その日本語版を基に多少の表現法を変更し記述する[5]。

オープンデータとは，自由に使えて再利用もでき，かつ誰でも再配布できるようなデータをいう（従うべき決まりは，「作者のクレジットを残す」あるいは「同じ条件で配布する」ことのみ）。重要なことは，以下3点にある。

第1に，データは利用でき，アクセスできること。データ全体を丸ごと使え，再作成コストは最低限に留まり，インターネット経由でダウンロードできることが望ましい。また，データは使いやすく変更可能な形式で存在する。

第2に，再利用と再配布ができること。データを提供するにあたって，再利用や再配布を許可し，他のデータセットと組み合わせて使うことも許可する。

第3に，誰でも使えること。誰もが利用，再利用，再配布できる。データの使い道，人種，所属団体などによる差別をしない。たとえば「非営利目的での利用に限る」などという制限をすると商用での利用を制限してしまう。また，「教育目的での利用に限る」などの制限も許されない。

（2）オープンの意味

オープンの意味を一言で表すとその「相互運用性」にある。(6)

相互運用性とは，さまざまなシステムや組織が共同で作業を進められることを意味する。そこで，オープンデータの相互運用性とは，さまざまなデータセットを組み合わせて混ぜて使えるということを表す。

相互運用性が大切な理由は，さまざまなコンポーネントを組み合わせて使える点にある。その仕組みは，大規模で複雑なシステムを構築するときに欠かせない。

データ（あるいはコード）の「公共性」の鍵となるのは，そこに含まれる「オープンな」素材が別の「オープンな」素材と自由に組み合わせられるということである。他のデータセットと組み合わせて使うことにより，優れた製品やサービスを生み出すことが可能となる。

（3）オープンデータの3つの意義

オープンデータ，とくに政府関係公共データは，膨大なリソース源である。政府が扱うデータの大半は法律上公用データであり，オープンにして誰でも使えるものである。しかし，どれも重要なものであるにもかかわらず，収集されたデータが大量であるため，その大半が十分に活用されていない。

2011年の東日本大震災では，情報の横の連携，つまり同じレヴェルでの連携・共有）の重要性が明らかになった。それまで，日本では，情報の共有は主として系列組織や部署内での縦軸を中心として行われてきた。そこで，首相官邸（高度情報通信ネットワーク社会推進戦略本部（IT総合戦略本部））は，「電子行政オープン戦略」を公表した（2012年7月4日）（首相官邸2012ab）。

その「電子行政オープン戦略」の中に，オープンデータの意義が3点に要約されている。透明性・信頼性の向上，国民参加・官民協働推進，経済活性化・行政効率化である。

①透明性・信頼性の向上の意義

公共データが二次利用可能な形で提供される。それにより，国民が自ら又は民間のサービスを通じて，政府の政策等に関して十分な分析，判断を行うこと

が可能となる。その結果，行政の透明性が高まり，行政への国民からの信頼を高めることができる。

②国民参加・官民協働の推進の意義

広範な主体による公共データの活用が進展し，官民の情報共有が図られる。その結果，官民の協働による公共サービスの提供，さらには行政が提供した情報による民間サービスの創出が促進される。これにより，創意工夫を活かした多様な公共サービスが迅速かつ効率的に提供され，厳しい財政状況，諸活動におけるニーズや価値観の多様化，情報通信技術の高度化等わが国を取り巻く諸状況にも適切に対応可能となる。

③経済の活性化・行政の効率化の意義

公共データを二次利用可能な形で提供する。それにより，市場における編集，加工，分析等の各段階を通じて，様々な新ビジネスの創出や企業活動の効率化等が促され，日本全体の経済活性化が図られる。また，国や地方自治体でも，政策決定等で公共データを用い分析等を行うことで，業務の効率化，高度化が図られる。

(4) オープンデータの5段階とデータ形式

前述のようにオープンデータは，コンピュータ判読に適したデータ形式であり，第二次利用が可能な利用ルールがある。そのため，オープンデータは機械判読の容易性，著作権等の扱いにより，その開放の程度が異なっている。これは，Webの発明者であり，Linked Dataの創始者であるバーナーズ－リー (Sir Tim Berners-Lee) の「オープンデータの5つ星スキーム」(Five-Star Linked Open Data) による (Berners-Lee 2006)。

本研究で用いるオープンデータは，主として，「3段階オープンに利用できるフォーマットでデータ公開」(XML, CSV) による (図2-1参照)。しかし，データ利用にあたっては，そのままの原データを利用するのではなく，加工の上利用する場合がほとんどである。

オープンデータの利用が可能になったことで，筆者の主研究領域「日本の地域性」は，大きな収穫を得ることとなった。とくに小地域統計データの活用に

第2章　オープンデータによる小地域統計

段階	公開の状態	データ形式例	参考(Linked Open Data 5star)	
1	オープンライセンスの元，データを公開	PDF, JPG	OL-Open License（計算機により参照できる（可読））	人が理解するための公開文書（編集不可）
2	1段階に加え，コンピュータで処理可能なデータで公開	xls, doc	RE-Readable(Human & Machine)（コンピュータでデータが編集可能）	公開文書（編集可）
3	2段階に加え，オープンに利用できるフォーマットでデータ公開	XML, CSV	OF-Open Format（アプリケーションに依存しない形式）	機械判読可能な公開データ
4	Web標準（RDF等）のフォーマットでデータ公開	RDF, XML	URI-Universal Resource Identifier（リソースのユニーク化,Webリンク）	
5	4段階が外部連携可能な状態でデータを公開	LoD, RDFスキーマ	LD-Linked Data（データ間の融合情報が規定。検索可能）	

オープンデータの5つの段階

図2-1　オープンデータの5段階とデータ形式

出典：首相官邸（2012b）「電子行政オープンデータ実務者会議第1回データ・ワーキンググループ，資料7」http://www.soumu.go.jp/menu_seisaku/ictseisaku/ictriyou/opendata/opendata01.html#p1-1（2016年9月26日検索）。

より，市町村各自治体の地域力（長所および短所）が明瞭になる。それは，電子行政オープンデータ推進化以前には考えられないことであった。

小地域統計データ分析により，人口増加率が高い市町村を精査し，何がその要因であるのか（プラスの地域力）を知ることができる。一方，人口減少率が高い市町村では，何がその原因であるのか（マイナスの地域力）が明らかになる。各々の市町村の地域力を知ることこそが，人口減少社会の課題である。明らかにされたそれらの地域力に基づき，各々の市町村は地域再生の対策を講ずることが可能となる。

これら本書で使用するオープンデータが，研究者を含む一般の利用者に提供されるようになったのは，素晴らしいことである。分析結果が，社会・経済はじめ，国民生活諸問題の解決，および施策確立に資することは疑う余地がない。

（5）使用するオープンデータ

本書では，主として以下のオープンデータを使用する（各URLは，巻末参考文献を参照）。

・e-Stat「都道府県・市区町村のすがた」
・e-Stat「地域別統計データベース」（市区町村データ）
・e-Stat「平成27年国勢調査 – 小地域集計（各都道府県，市町村別，町丁・字等）（2016年2月26日公表）
・「住民基本台帳に基づく人口，人口動態及び世帯数（2016年1月1日現在）」（7月13日公表）（総務省2015）
　　【総計】平成28年住民基本台帳人口・世帯数，平成27年度人口動態（市区町村別）
　　【日本人住民】平成28年住民基本台帳年齢階級別人口（市区町村別）
・「日本の地域別将来推計人口」平成22（2010）～52（2040）年（社人研2013b）
・平成27年国勢調査・人口速報集計結果・全国・都道府県・市町村別人口及び世帯数（総務省統計局2016）
　　人口速報集計（2016年2月26日公表）
　　抽出速報集計（2016年6月29日公表）
・「人口統計資料集 – 2018年版」（社人研2018a）

2　小地域統計データの抽出

各市町村別小地域統計・オープンデータを活用し，重回帰分析，統計地図（G-Census）[7]，グラフ，人口ピラミッド（G-Census），およびレーダーチャート（EvaCva）[8]等により人口減少の地域分布を把握し，今後の対策および，課題について考察する。なお，人口増減率は，2010年国勢調査に基づく2040年地域別将来推計人口（社人研2013b）による。具体的には，以下の分析方法による。

（1）人口減少に影響を及ぼす18の指標

まず，人口減少に影響を及ぼすと考えられる指標を「地域別統計データベー

ス・都道府県データ」から各都道府県別に抽出し，人口減少率との関連をみる（相関および，重回帰分析）。この分析を行ったのは，2015年10～12月であった。その時点で得られた最新の統計情報は，2010年，2012年，2013年のものを使用した（熊谷2016，総務省統計局2016b）。

本書の主眼は，人口減少の理由を市町村レヴェルから考察することにある。しかし，ここで，18の指標を都道府県レヴェルで抽出した理由は，以下の2点にある。

第1に，人口減少に関連する指標（ここでは18指標）を一度に全47都道府県別に総覧することは可能である。しかし，全1800弱市区町村のそれを総覧することは，不可能である。

第2に，都道府県レヴェルで得られた結果（人口増減に有意な影響を与えると考えられる要因）を基に，各都道府県を市区町村別に詳細に考察する。その二段階方式が分析法として現実的に実施可能である。ただし，「都道府県データ」では，指標データ684項目に対し，「市区町村データ」では，指標データ43項目である。そのため，市区町村データ・指標項目は，二次加工し，作成する必要がある（総務省統計局2016b）。

「都道府県データ」から抽出した各都道府県別18指標（指標データ）は以下のとおり。

#A　人口・世帯
　#A03501　年少人口割合（15歳未満人口）（％）2013年
　#A03502　生産年齢人口割合（15～64歳人口）（％）2013年
　#A03503　（65歳以上人口）（％）2013年
　#A05101　人口増減率（％）2013年
　#A05203　合計特殊出生率　2013年
　#A06202　核家族世帯割合（％）2010年
　#A06205　単独世帯割合（％）2010年
　#A06302　高齢夫婦のみの世帯（％）2010年
　#A06304　高齢単身世帯の割合（％）2010年
　#A06601　婚姻率（人口1000人当たり）2013年

#A06602　離婚率（人口1000人当たり）2013年
　#C　経済基盤
　　#C01301　1人当たり県民所得（1000円）2011年
　#D　行政基盤
　　#D0110101　財政力指数（県財政）2012年
　　#D0310601　児童福祉費割合（県財政）（％）2012年
　　#D0311501　教育費割合（県財政）（％）2012年
　#E　教育
　　#E0110105　保育所数（0～5歳人口10万人当たり）（所）2012年
　#K　安全
　　#K06101　刑法犯認知件数（人口1000人当たり）（件）2012年
　#L　家計
　　#L01204　世帯主収入（勤労世帯）（1世帯当たり1ヵ月間）（1000円）2013年

　これら18指標（従属変数・「人口増減率（％）」，独立変数・その他の17指標）を全国値，および47都道府県別に相関，分散結果に基づき，重回帰分析を行った。その結果，「人口増減率」に最も有意に働く指標は，「婚姻率」であることが判明した（都道府県別Y〔人口増減率2013年〕＝－3.624＋0.661X〔婚姻率2013年〕 $p<0.001$, $r=0.884$, 補正 $R^2=0.778$）（熊谷2016）。

　したがって，婚姻率および，それに影響を及ぼすと考えられる要因についても市町村別の分析が必要である。

（2）都道府県別人口増減率と婚姻率の推移

　次に示す都道府県別の人口増減率と婚姻率の推移（図2－2と図2－3）は，1970年→1990年→2015年と3時代区分共に凡例を共通設定してあるので，比較参照が容易である。

　都道府県別人口増減率の推移をみると，時代が進行するにつれて，全都道府県で人口増加率が高い濃色から低い薄色になる（図2－2参照）。

　その度合いには，日本社会全体の人口減少化が急速に進展しているものの，

第 2 章　オープンデータによる小地域統計

a. 1965-1970（全国平均 = 1.08；最大 = 5.10〔埼玉県〕，最小 = -1.38〔鹿児島県〕）

b. 1985-1990（全国平均 = 0.42；最大 = 1.78〔埼玉県〕，最小 = -0.55〔青森県〕）

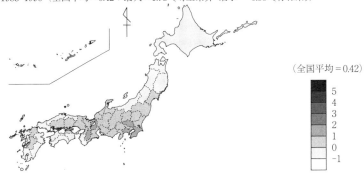

c. 2010-2015（全国平均 = -0.15；最大 = 0.58〔沖縄県〕，最小 = -1.19〔秋田県〕）

図 2-2　都道府県別人口増減率（年平均）の推移（1970 - 1990 - 2015）
出典：社人研（2018a）表12 - 3 より筆者作成。

a. 1970（全国平均=10.0；最大=12.5〔大阪府〕，最小=6.4〔鹿児島県〕）

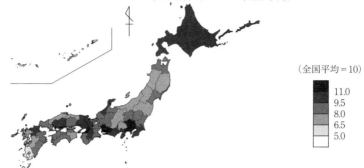

b. 1990（全国平均=5.9；最大=7.0〔東京都〕，最小=4.5〔島根県〕）

c. 2015（全国平均=5.1；最大=6.6〔東京都〕，最小=3.5〔秋田県〕）

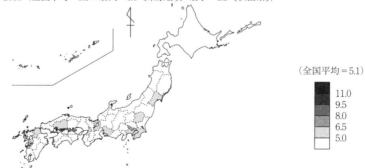

図2-3　都道府県別婚姻率（‰）の推移（1970 - 1990 - 2015）

出典：e-Stat「平成27年人口動態統計・上巻　婚姻」第9.2表　都道府県別にみた年次別婚姻率（人口1000対），および総務省（2016c），表9.2。MANDARA地図統計ソフトにより筆者作成。

都道府県により差異があることが分かる。その差異は，市町村別小地域データを分析することで，より一層詳細に明らかになるものと期待する（分析結果詳細は，次章以下を参照されたい）。つまり，都道府県の差異はもとより，同一都道府県内でも，人口増減率に差異がみられると予測できる。

また，都道府県別婚姻率（図2-3参照）の推移も同じく，1970年は，全体的に濃色が多く，婚姻率が高いのが，1990年，2015年と進行するにつれて，薄色へと婚姻率が低くなっている。

その度合いは，日本社会全体の婚姻率が急速に低下しているが，都道府県により差異がある。その差異は，人口増減率と同じく次章以下の市町村別小地域データを分析することで，より一層詳細に明らかになる。

（3）2013年の市町村別人口増減率と婚姻率

分析開始時点（2015年10月）で，得られた市町村別人口増減率と婚姻率の最新データは2013年データであった。それも，複数の住民基本台帳に基づく統計データ表の組み合わせ，および率算出のために少々の計算を加える必要があった。使用統計データ表は「住民基本台帳に基づく人口，人口動態及び世帯数（平成26年1月1日現在）」（総務省統計局2015ab）である。

そのうち特に，以下2点の統計資料を使用した。
・【外国人を含む】平成26年住民基本台帳人口・世帯数，平成25年度人口動態（市区町村別）
・【日本人のみ】平成26年住民基本台帳人口・世帯数，平成25年度人口動態（市区町村別）

計算の結果得られた2013年市町村別「人口増減率」および，「婚姻率」をG-Censusに登録（2014年1月1日現在，計1725市区町村）。そして，G-Census統計地図機能を用い，都道府県別・市町村別「人口増減率」および「婚姻率」を各々作成した。さらに，各都道府県別・市町村別人口増減率（従属変数）に対する婚姻率（独立変数）の回帰分析を行った。その結果，多くの都道府県で，市町村別婚姻率が人口増減率に与える影響が有意であることが判明した。なお，分析結果詳細は，次章以下を参照されたい。

3　2040年の人口増減率

　G-Censusに登録されている「日本の地域別将来推計人口」（社人研2013b）より都道府県別・市町村別2040年（対2010年国勢調査時）人口増減率を抽出。2040年には，全ての都道府県で人口が減少する（全国平均△16.2％）。

（1）人口減少率の下位9都府県
人口減少率の低い順で上位10の都府県の平均値は以下のとおり。
　沖縄県（△1.7％），東京都（△6.5％），滋賀県（△7.2％），愛知県（△7.5％），神奈川県（△7.8％），埼玉県（△12.4％），福岡県（△13.7％），千葉県（△13.8％），京都府（△15.6％），大阪府（△15.9％）。
　これら10都府県のうち，次章以下の詳細分析には，第9番目の京都府を含めず，計9都府県となる。理由は，隣接する大都市大阪府，および人口が少ない滋賀県を分析する方が，人口減少社会の多様性が明らかになるものと考えたからである。

（2）人口減少率の上位8県
人口減少率の高い順で上位8県の平均値は以下のとおり。
　秋田県（△35.6％），青森県（△32.1％），高知県（△29.8％），岩手県（△29.5％），山形県（△28.5％），和歌山県（△28.2％），島根県（△27.4％），徳島県（△27.3％）。
　ここで，第9県目に福島県が位置していた（△26.8％）。しかし，社人研の分析結果は，2010年の国勢調査結果に基づく。したがって，東日本大震災（2011年3月11日）後の変動が大きいことを考慮し，福島県以降は含めず，次章以下の詳細分析は8県となることをお断りしておく。
　G-Censusにより作成した小地域別統計地図は，紙幅の関係から表示していないが，市町村別に統計値が表示されるため，地域差の把握が容易である（図2-4a, b参照。ただし，各図中市町村名，および区分線は極小で判読不可のため省略した）。

第 2 章　オープンデータによる小地域統計

a. 東京都（島嶼部を除く）

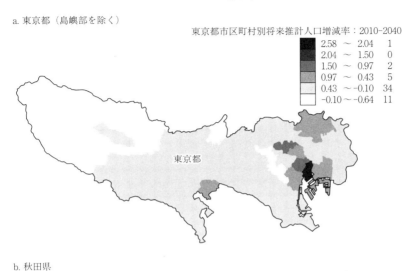

b. 秋田県

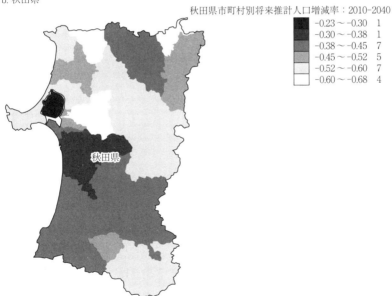

図 2-4　東京都と秋田県の市町村別人口増加率2040年推計（対2010年）
出典：G-Census, http://www.g-census.jp/（2017年9月16日検索）統計地図作成ツールを用い，筆者作成。

（3）都府県の小地域分析

　上記の人口減少率が低い都県，および人口減少率が高い府県計17の小地域分析を試みる。原則として各都府県内の減少率が最も低い２市町村，および最も高い１市町村を抽出し，各市町村別統計地図，人口ピラミッド，レーダーチャート（EvaCva）を作成し，データの可視化を試みる。

　また，EvaCvaの別の指標に，「新国富指標」(https://evacva.net/iwi/)がある。この指標は，日本全国各地域（自治体）が持つ富を，資本（人工資本，人的資本（教育・健康），自然資本，およびこれら三種の資本からなる包括的な富「新国富」の価値として表す。その結果，新国富指標を用い，各自治体の施策の有効性を判断することが可能である。事実，次章表３-２の各都道府県人口増減率最大値に上げられた自治体の新国富指標は高い，(EvaCva2014，および西日本新聞2018)。

　その結果，同一県内における市町村別人口増減率・婚姻率の差異・多様性の把握，婚姻と人口減少の地域性および地域力の把握が可能となる。分析結果詳細は，次章以下を参照されたい。ただし，各県の市町村別統計地図，人口ピラミッド，およびレーダーチャート図は，紙幅の関係でいずれも本文中に表示していないことをお断りしておく。

（4）新しい地域づくりを試みる市町村

　上記計17都府県以外で，2040年推計人口増減率が著しく高い市町村を精査し，人口増加に寄与する要因を考察する。と同時に，情報社会にふさわしい新しい地域づくりを試みる市町村を取り上げる。そして，今後の人口減少社会日本の地域再生への課題と施策に言及する。

　これらさまざまな統計データ，および各市町村別統計地図，人口ピラミッド，レーダーチャート（EvaCva）などによりデータの可視化を行う。それらの試みは，今後日本の人口減少対策・課題に関し大きな指針となるであろう。

注
　（１）　総務省2012より引用。特に，第１部，第２章，第１節「スマート革命」―

ICTのパラダイム転換（1）ビッグデータとは何か。
（2） オープンデータの定義は，Bruce Parens氏とDebian開発者によって作成されたDebian社会契約/Debian Social Contractの一部を成しているDebianフリーソフトウエアガイドライン（Debian Free Software Guidelines）に基づくオープンソースの定義（Open Source definition）より派生している（Open Knowledge International, 2016）。
（3） Open Knowledge International（2016）
（4） Open Knowledge Japan（2016）
（5） 英文サイト— http://opendefinition.org/od/2.1/en/
邦文サイト— http://opendefinition.org/od/2.1/ja/（いずれも2016年9月26日検索）
（6）「オープンの定義2.1版」（出所は（2）と同じ。）
（7）「使ってみよう国勢調査データ（G-Census）」は，国勢調査等の統計データを地図の上で表現できる教育用GISソフト。G-Censusは，使いやすい操作性と機能の充実により，全国の都道府県，市区町村，町丁字等の統計データや人口ピラミッドを簡単に表示できる。また，表やグラフ，塗り分け地図により複数の地域と比較することができる。さらに，昭和35年から平成12年までの国勢調査データにより，時系列比較が可能。G-Censusを利用することにより，統計データが社会生活の重要な基礎資料となっていることを楽しみながら理解できる。G-Censusの開発に当たっては，GISの重要性が高まってきた社会情勢も踏まえ，将来の社会的なニーズへの対応も視野に入れた検討をするため，平成15年5月に「CMSデータ利用の高度化に関する研究会」を立ち上げた。さらに，実際に授業での利用可能化のための教育用統計GISソフト開発には，中・高等学校教諭によるワーキンググループを組織し，検討を重ねた（G-Census2016）。
（8） EvaCvaは，富士通株式会社と株式会社富士通研究所が2014年12月11日，オープンデータで地域特性を発見するツール（エヴァシーヴァ）として公開した。「Eva」は，Evaluate（診断する）を意味し，また，アダムとイブのイブに由来する「命」または「生きるもの」の意味合いも含めている。「Cva」は，City Value（地域の価値）を意味する。これらを合わせて，EvaCvaは，「地域の価値を発見・創生する」の意味を込めて命名された。その特徴は，以下4点。①オープンデータを利用し，全国の地域の特徴を市区町村単位でグラフ化。②日本全国1,742自治体（2014年現在）の中から，複数選択表示可能。③環境・社会・経済の計63指標から複数の指標を選択し，偏差値レーダーチャートとランキングを表示。④各グラフは，全国の自治体との比較と人口規模が同程度の自治体内（類型

内）で比較可能（EvaCva2014）。
（9） 本分析で使用したレーダーチャート表示の14指標（社会指標9，経済指標5）の定義は，各々以下のとおり。

指標区分	指標名	指標産算出法
社会指標	①交通安全	交通事故件数＝交通事故発生件数（件）／人口総数（人）
	②防犯	刑法犯認知件数＝建物火災出火件数（件）／人口総数（人）
	③平均寿命	平均寿命（平均寿命の高さ＝平均寿命［男性］と平均寿命［女性］の平均値）
	④病院	病院数（人口に対する病院数の多さ＝病院数（施設）／人口総数）
	⑤児童福祉	保育所数（5歳以下児童人口に対する保育所数の多さ＝保育所数（所）／0～5歳人口））
	⑥老人福祉	老人ホーム数（65歳以上人口に対する老人福祉施設数の多さ／65歳以上人口）
	⑦合計特殊出生率	合計特殊出生率（合計特殊出生率の高さ＝合計特殊出生率）
	⑧人口自然増加率	人口自然増加率（人口に対する｜出生数（人）－死亡者数（人）｜の多さ＝｜出生数（人）－死亡数（人）｜／人口総数（人））
	⑨人口社会増加率	人口社会増加率（人口に対する｜転入者数（人）－転出者数（人）｜の多さ＝｜転入者数（人）－転出者数（人）｜／人口総数（人））
経済指標	⑩地域内総生産	地域内総生産（人口に対する｜農業産出額＋製造品出荷額等＋商業年間商品販売額｜の高さ）
	⑪歳入	地方税歳入額（1人当たりの地方税の高さ＝地方税（1000円）／人口総数（人））
	⑫財政	財政力指数（財政力指数の高さ＝財政力指数）
	⑬富裕度	課税対象所得（納税義務者1人当たり）（1000円）
	⑭雇用	完全失業率（完全失業率の低さ＝完全失業率％）

出典：G-Census（2016）より筆者編集。

第 2 章　オープンデータによる小地域統計

　また，レーダーチャートに示される類型とは，下記の表で定義されたグループを指す。そして，類型内と表示されている時のグラフは，同じグループの中だけで計算された偏差値やランキングを表示する。

番号	類型名	構　成	自治体数
①	町村（小規模）	5,000人未満	239
②	町村（中規模）	5,000～15,000人未満	388
③	町村（大規模）	15,000人以上	302
④	一般市（小規模）	50,000人未満	252
⑤	一般市（中規模）	50,000～100,000人未満	270
⑥	一般市（大規模）	100,000人以上	164
⑦	特例市（施行時特例市）	2000,000人以上の市の申出に基づき政令で指定	39
⑧	中核市	200,000人以上の市の申出に基づき政令で指定	45
⑨	政令指定都市	500,000人以上の市のうちから政令で指定	20
⑩	特別区　東京都23区		

出典：EvaCva（2014）より筆者編集。

第3章
人口増減率と婚姻率
――2013年分析と2040年推計にみる――

　これまでの検証から，将来的に日本の人口が減少するのは，避けられないことが分かった。そこで，市町村別人口の現状，および将来推定を詳細に検討する前に，本章では，次の3点を中心に考える。

　第1は，人口増減率・婚姻率の都道府県・市町村別2013年の分析結果。
　第2は，2040年（対2010年）都道府県別・市町村別・推定人口増減率。
　第3は，人口の大都市集中は中核4域7県と沖縄県。

1　都道府県・市町村別の2013年分析

　婚姻率と人口増減率の因果関係は，日本全国推移，および都道府県別にすでに概観した（第1章7節2項）。その結果，図1-7と図1-8の2点より，正の関連および高い説明度合であることが明らかにされた。
　これらの分析結果から，婚姻率と人口増減率の因果関係は，日本全国の長期推移からみても，また都道府県別データからみてもきわめて高いと言える。全体的には婚姻が頻繁に起これば起こるほど，人口が増加する。それが，110年にわたっての日本全般の動向であった。また，最近の都道府県別データでも，婚姻が，人口増減に大きく関わっていることが実証された。
　それでは，データを市町村別にみると，どのような結果が得られるであろうか。以下で検討する。
　2013年の市町村別人口増減率および婚姻率を分析するにあたり総理府統計局（2015b）より各々の比率を算出する必要があった。そして，得られた各比率

をG-Censusにデータ登録し，相関および回帰分析を行った。また，後の章（第4～7章）で検討する統計地図・人口ピラミッドは，G-Census，またレーダーチャートは，EvaCvaにより作成した（なお，G-Census，およびEvaCvaについての詳細な説明は，第2章注7，注8および注9を参照のこと）。

分析は，市町村単位で行った。しかし，全1727市町村（総務省の当該データが得られた2014年1月1日時点は，786市，757町，184村，総務省2016a）を同時に行うことは不可能である。そこで，各都道府県別に，市町村別データを得て分析した。表3-1は，その結果をまとめて示した。ただし，全47都道府県の市町村別結果ではない。表に示したのは，2013年の推計人口増減率の上位10都府県（表3-1a）と，下位10道県（表3-1b）のみ。

主な分析結果として，以下4点を挙げることができる。

①表3-1aの上位10都府県（東京，沖縄，愛知，神奈川，埼玉，福岡，滋賀，千葉，大阪，茨城）は，後述の表3-2に見られる2040年の推定人口増減率（対2010年比）順位（沖縄，東京，滋賀，愛知，神奈川，埼玉，福岡，千葉，京都，大阪）ときわめて類似している（r=0.84, p<0.001）。

また，表3-1bの下位10道県（秋田，青森，山形，高知，和歌山，島根，徳島，岩手，北海道，奈良）も同様に，後述の表3-2に見られる2040年の推定人口増減率がマイナスに高い県（秋田，青森，高知，岩手，山形，和歌山，島根，徳島，福島，長崎）の順位を推測することが非常に高い確率で可能である（r=-0.83, p<0.001）。2013年に人口減少率が高かったこれら10道県のうち，奈良，北海道を除き，2040年の人口減少率が高い県と同一である。

したがって，2つの表より2013年の人口減少率の順位を知ることで，2040年の順位を推し量ることができる。

②2013年時点で市町村別人口増減率平均がプラスの都道府県は，東京都（0.53％），沖縄県（042％）をはじめ，愛知，神奈川，埼玉，福岡，滋賀の7都県のみであった（表3-1a参照）。しかし，プラスと言っても全て1％を下回り，実際には，人口減少がすでに全国的に進行している。

③2013年の人口増減率が高い都府県では，市町村別婚姻率平均値が高い傾向にある（重相関係数も同様にプラスで高い。表3-1a参照）。

第 3 章　人口増減率と婚姻率

表 3-1　人口増減率・婚姻率の都道府県・市町村別分析結果（2013年）

a　上位10都府県

2040年推計順位	2013年順位	都道府県	市町村数	市町村平均人口増減率（％）	婚姻率（‰）	補正 R^2（対婚姻率）	P 値（P/F）	重相関係数(全市町村)（人口増減率・婚姻率）
2	1	東京	62	0.53	6.88	0.435	0.000/0.000	0.666
1	2	沖縄	41	0.42	6.12	0.126	0.014/0.013	0.385
4	3	愛知	54	0.16	5.81	0.408	0.000/0.000	0.668
5	4	神奈川	33	0.13	5.57	0.519	0.000/0.000	0.726
6	5	埼玉	63	0.13	5.06	0.539	0.000/0.000	0.738
7	6	福岡	60	0.04	5.57	0.208	0.000/0.000	0.468
3	7	滋賀	19	0.03	5.34	0.250	0.009/0.014	0.538
8	8	千葉	54	−0.05	5.11	0.400	0.000/0.000	0.640
10	9	大阪	43	−0.08	5.60	0.552	0.000/0.000	0.747
17	10	茨城	44	−0.44	4.87	0.426	0.000/0.000	0.663

b　下位10道県

2040年推計順位	2013年順位	都道府県	市町村数	市町村平均人口増減率（％）	婚姻率（‰）	補正 R^2（対婚姻率）	P 値（P/F）	重相関係数(全市町村)（人口増減率・婚姻率）
47	47	秋田	25	−1.23	3.62	0.162	0.000/0.026	0.444
46	46	青森	40	−1.02	4.20	0.362	0.000/0.000	0.616
43	45	山形	35	−0.96	4.14	0.278	0.000/0.001	0.546
45	44	高知	34	−0.91	4.34	0.060	0.000/0.084	0.296
42	43	和歌山	30	−0.80	4.59	（重決定 R^2）0.022	0.007/0.424	0.149
41	42	島根	19	−0.77	4.24	（重決定 R^2）0.013	0.343/0.627	0.116
40	41	徳島	24	−0.76	4.41	0.394	0.000/0.000	0.648
44	40	岩手	33	−0.69	4.13	0.491	0.000/0.000	0.711
33	39	北海道	179	−0.54	4.84	0.180	0.000/0.000	0.430
27	38	奈良	39	−0.48	4.41	（重決定 R^2）0.017	0.004/0.417	0.132

注：市町村数は，東京都のみ23特別区を含む．
出典：総理府統計局（2015a）より筆者編集．G-Census にデータ登録し，地図作成．

一方，2013年人口減少率が高い道県では，市町村別婚姻率は低い傾向にある（例外は，北海道と青森県）。これらの道県でも重相関係数は，総じてプラスで高い（表3-1b参照）。
　④図1-8ですでに述べたように，人口増減率と婚姻率の年間推移，および，両者の都道府県別回帰分析における補正R^2は有意に高い（補正R^2は，2013年0.778，2014年0.802）。各都道府県別・市町村別の補正R^2も，有意に高い場合が多い（表3-1a参照）。
　しかし沖縄県は例外で，人口増減率決定要因は，婚姻以外にあると考えられる（補正R^2は，0.126）。市町村別婚姻率に加え，市町村別離婚率を含めて回帰分析を行うと，沖縄県の補正R^2は，0.287（ほぼ30％が決定）に上昇する。事実，沖縄県の人口動態決定要因は，他の都道府県とは，だいぶ異なる。社会経済的および離婚に関する指標は，全都道府県中最も好ましくない部類に属する。それにもかかわらず，村落・地域社会への帰属意識は高く，出生率も高い。そこには，沖縄独特の地域社会風土・相互扶助の人間関係（ユイマール：農作業など，親戚，近隣住民，友人などで順番に労働交換を行うこと）の文化が作用しているように思える（詳細は，熊谷1997，2011，Kumagai 2008，2015，玉城1997参照）。
　一方，表3-1bでは，市町村別人口増減率と婚姻率の回帰分析結果の補正R^2は，全般的に低い。人口減少率が高い県では，婚姻率が人口増減率の決定要因とは言えない場合が多い。しかし，岩手，青森，徳島，および北海道では，いずれも有意で高い。これら4つの道県では，人口増減率に対し，婚姻率が決定要因の重要な一つとなっている。とは言え，婚姻が発生しない市町村の実態（過疎化，高齢化，婚姻適齢年齢該当者が存在しないなどの理由から）が，人口減少率が高い市町村の大きな問題となっている。
　また後の第4～7章では，人口増減率の高い都府県の市町村（第4，第5章），および，人口減少率の高い県の市町村（第6，第7章）の地域力の詳細を検討する。

2　都道府県・市町村別にみる2040年推計人口増減率

　市町村別将来推定人口増減率を算出するに当たっては，社人研（2013b）のデータが，G-Censusに登録されている（平成22年国勢調査に基づく「市町村別将来推計人口」として，平成22年，27年，32年，37年，42年，47年，52年の5年ごとに，総人口，および男女別5歳年齢区分人口としてオープンデータが登録されている）。
　それに基づき，本書では，2010年（平成22年国勢調査値）総人口に対する，2040年（平成52年）推定人口増減率（％）を各都道府県・市町村別に算出した。2040年の各都道府県・市町村別推定人口増減率の最上位および，最下位の一覧を，表3-2に示す。
　この表から，主として以下4点の分析結果を挙げることができる。

　第1は，2040年の推定人口増減率上位9都府県（沖縄，東京，滋賀，愛知，神奈川，埼玉，福岡，千葉，大阪）は，沖縄県を除き，いずれも東京圏と大都市周辺県である。これら9都府県の各最大・最少人口増減率をみると，同一都府県内でも市町村により，大きな差があることが分かる。分析詳細は，後の第4章および第5章で考察する。
　第2は，2040年の推定人口増減率最下位10県（秋田，青森，高知，岩手，山形，和歌山，島根，徳島，福島，長崎）にみられる特徴である。これらの10県では，2040年の人口増減率がいずれも△26％を上回っている。ということは，2040年には，2010年の人口の4分の1以上が消滅するであろうことを意味する。あるいは，2040年には，2010年の人口の7割以下に減少する（第2章で述べたように，本書では，下位8県を精査する）。
　しかし，推定人口減少が著しい県にも，推定人口減少が低い市町村が存在する。例えば，岩手県滝沢市，山形県東根市，和歌山県岩出市，徳島県北島町では，なぜ人口減少の度合いが低いのか。その要因を明らかにし，他所に応用はできないであろうか。したがって，人口減少率の高い県自体に注目するのではなく，その中の細部の人口増加，あるいは減少率の低い市町村に注目したい。

表3-2 2040年（対2010年）都道府県別・市町村別・推定人口増減率

順位	都道府県名	市町村数	平均値(%)	総人口(1,000人)	最大値(%)	市町村名	最小値(%)	市町村名
1	沖縄	41	-1.7	1369	23.7	豊見城市	-31.6	大宜味村
2	東京	62	-6.5	12308	14.4	中央区	-52.1	檜原村
3	滋賀	19	-7.2	1309	10.9	草津市	-38.4	甲良町
4	愛知	54	-7.5	6856	22.2	長久手市	-55.7	東栄町
5	神奈川	33	-7.8	8343	3.5	川崎市	-42.3	山北町
6	埼玉	63	-12.4	6305	12.7	伊奈町	-56.6	東秩父村
7	福岡	60	-13.7	4379	29.8	粕屋町	-43.6	東峰村
8	千葉	54	-13.8	5358	5.0	成田市	-47.2	鋸南町
9	京都	26	-15.6	2224	15.5	木津川市	-54.7	南山城村
10	大阪	43	-15.9	7454	3.4	田尻町	-45.6	能勢町
11	宮城	35	-16.0	1973	24.4	富谷町	-48.5	七ヶ宿町
12	兵庫	41	-16.4	4674	-3.2	西宮市	-42.6	新温泉町
13	広島	23	-16.4	2391	-1.9	東広島市	-55.5	安芸太田町
14	石川	19	-16.7	974	24.8	川北町	-54.5	能登町
15	岡山	27	-17.2	1611	-4.2	早島町	-42.1	高梁市
16	栃木	25	-18.1	1643	-7.7	小山市	-43.2	茂木町
17	茨城	44	-18.4	2423	9.8	つくば市	-48.6	大子町
18	三重	29	-18.7	1508	12.5	朝日町	-56.5	南伊勢町
19	群馬	35	-18.8	1630	15.0	吉岡町	-71.0	南牧村
20	熊本	45	-19.3	1467	14.6	菊陽町	-58.1	五木村
21	静岡	35	-19.4	3035	4.9	長泉町	-52.1	西伊豆町
22	佐賀	20	-20.0	680	8.1	鳥栖市	-40.2	太良町
23	岐阜	42	-20.2	1660	3.9	美濃加茂市	-46.5	白川町
24	大分	18	-20.2	955	-7.5	大分市	-50.0	姫島村
25	宮崎	26	-20.7	901	-10.2	三股町	-53.6	日之影町
26	福井	17	-21.5	633	-10.6	鯖江市	-47.9	池田町
27	奈良	39	-21.7	1096	8.1	香芝市	-58.8	野迫川村
28	香川	17	-22.4	773	8.5	宇多津町	-43.2	土庄町
29	長野	77	-22.5	1668	7.3	南箕輪村	-64.0	天龍村
30	山梨	27	-22.8	666	1.1	昭和町	-63.2	早川村
31	富山	15	-23.0	841	13.8	船橋村	-44.7	朝日町
32	鹿児島	43	-23.0	1314	-7.5	龍郷町	-52.5	大和村
33	北海道	179	-23.9	4190	-1.6	音更町	-44.6	夕張市
34	新潟	30	-24.6	1791	-10.1	聖籠町	-50.8	粟島浦村
35	愛媛	20	-24.9	1075	-15.2	松山市	-55.4	久万高原町
36	鳥取	19	-25.1	441	4.6	日吉津村	-34.8	若桜村

37	山口	19	−26.3	1070	−9.0	下松市	−58.3	上関町
38	長崎	21	−26.5	1049	−1.0	時津町	−56.1	小値賀町
39	福島	59	−26.8	1845	18.5	大熊町	−71.0	三島町
40	徳島	24	−27.3	571	−3.3	北島町	−58.6	那賀町
41	島根	19	−27.4	521	−19.4	松江市	−53.0	津和野町
42	和歌山	30	−28.2	719	−5.6	岩出市	−50.6	高野町
43	山形	35	−28.5	836	−9.4	東根市	−47.6	大蔵村
44	岩手	33	−29.5	938	−5.8	滝沢市	−51.8	西和賀町
45	高知	34	−29.8	537	−16.4	香南市	−65.3	大豊町
46	青森	40	−32.1	932	−12.3	おいらせ町	−59.7	今別町
47	秋田	25	−35.6	700	−27.2	大潟村	−54.3	上小阿仁村

注：東京都の市町村数には23特別区を含む。福島県の値は参考値。
出典：社人研（2013b）。表は，全47都道府県，全1877市区町村（2010年10月1日現在）より筆者作成。

詳細は，後の第6章および第7章で論ずる。

　第3点は，上述の計17都道府県以外の2040年推定人口増加率が高い市町村の存在である（石川県川北町，宮城県富谷町，群馬県吉岡町，熊本県菊陽町，富山県船橋村，三重県朝日町，香川県宇多津町，奈良県香芝市，佐賀県鳥栖市，長野県南箕輪村，静岡県長泉町，鳥取県日吉津村，岐阜県美濃加茂市など）。これらの市町村を詳細に分析し，2040年推定人口率増加をもたらす要因を明らかにしたい。その要因を他の市町村に適用することができれば，将来的に人口増加につなげることができるのではないであろうか。しかし，実際にこれらいずれの市町村も論じなかった。それに替わる市町村に関する詳細は，後の第8章で論ずる。

　第4点は，都道府県別婚姻率と人口増減率（2014年）の因果関係である。第1章ですでに述べたとおり，人口増減率は，婚姻率によるところが大きい。

　2014年都道府県別婚姻率上位10県——東京，沖縄，埼玉，神奈川，愛知，千葉，福岡，宮城，滋賀，大阪。

　2014年都道府県別婚姻率下位10県——秋田，青森，高知，山形，山口，岩手，和歌山，長崎，徳島，新潟。

　一方，都道府県別合計特殊出生率（TFR）は，人口増減率にとって有意な要因ではない（$r = -0.241$，$p = 0.031$，Y〔年平均人口増加率〕$= -3.309 + 0.729 X_1$〔婚姻率〕$- 0.391 X_2$〔合計特殊出生率〕，$p < 0.001$，補正$R^2 = 0.058$）（総務省統計局

2016d）。

　したがって，表3-2の2040年推定人口増減率上位10県の婚姻率は高いが，TFRは，沖縄県を除いては必ずしも高くなく，むしろマイナスの関係があることが推測できる。婚姻は，大都市周辺地域で頻繁に起こる。しかし，TFRは，必ずしも連動しない。それは，厚生労働省発表の「2016年人口動態統計」でも同様の報告がなされている（厚生労働省2017）。家族形成（子どもを産む産まない）には，経済的，社会的要因が関連する。

　ちなみに，2014年都道府県別TFRの上位・下位の10県は，各々以下のとおりであった。

　上位10県は，沖縄，宮崎，島根，長崎，熊本，佐賀，鹿児島，鳥取，福島，香川。

　下位10県は，東京，京都，北海道，奈良，宮城，大阪，神奈川，埼玉，千葉，秋田。

3　人口の大都市集中の検証——中核4域7県と沖縄県

　「東京一極集中」と言う言葉をしばしば耳にする（市川2015，藤本1992，増田2014，日本経済新聞2014ab）。日本の政治・経済・文化・そして人口の集中が東京首都圏（東京，神奈川，埼玉，千葉）で起こっているという。政治・経済・文化機能はさておき，人口の東京一極集中は真実であろうか。そこで，総務省統計局のオープンデータで検証を試みる。

　表3-3には，人口増減率の（プラス）高い都道府県を取り上げ，人口増減関連指数を一覧で示した。指数は，総務省地域統計データベース・都道府県別#A 人口・世帯より各指数を選択し，一覧とした（総務省統計局2016e）。また，人口増減率は，以下により求めることができる（総務省統計局2015b）。

　人口増減＝（出生－死亡）＋社会増減（転入－転出）

　人口増減率（％）＝人口増減（前年10月－当年月）／前年10月1日現在人口×100

　表3-3を精査すると，人口増減に関し以下7点の特徴が明らかである。

　①東京圏の人口増加は，転入人口が転出人口を上回ることによる。さらに死

第3章　人口増減率と婚姻率

表3-3　東京圏4都県および愛知県・大阪府・福岡県・沖縄県の人口増加要因（2014年）

	年少人口割合[15歳未満人口]（%）	生産年齢人口割合[15〜64歳人口]（%）	高齢人口割合[65歳以上人口]（%）	人口増減率（%）	自然増減率（%）	粗出生率（人口千人当たり）	粗死亡率（人口千人当たり）	社会増減率（%）
全国値	12.80	61.30	26.00	−0.17	−0.21	7.90	10.02	0.00
埼玉県	12.80	63.20	24.00	0.24	−0.08	7.70	8.46	0.21
千葉県	12.60	62.10	25.30	0.08	−0.12	7.54	8.71	0.13
東京都	11.30	66.20	22.50	0.68	0.00	8.26	8.29	0.55
神奈川県	12.80	64.00	23.20	0.19	−0.02	8.03	8.18	0.14
東京圏4都県	12.38	63.88	23.75	0.30	−0.06	7.95	8.41	0.26
愛知県	14.00	62.90	23.20	0.16	0.04	8.75	8.37	0.08
大阪府	12.70	61.60	25.70	−0.15	−0.13	7.92	9.24	0.00
福岡県	13.50	61.40	25.10	0.02	−0.08	8.88	9.69	0.08
沖縄県	17.50	63.50	19.00	0.42	0.35	11.52	8.00	0.00

出典：総務省統計局（2016e）より筆者編集作成。

亡率が低く，自然増減率の減少が抑えられている。それらの現象が，東京都ではとくに顕著に見られる（東京都人口増減率0.68，自然増減率0.00，社会増減率0.55）。

②東京圏の高齢人口割合は，現在比較的低い。しかし，将来的には，生産年齢人口からの大量移入により，割合が大きくなると予測できる。

③東京圏の年少人口割合は低い。すでに検証したように，東京圏の婚姻率（表3-1）は高いのに出生率がきわめて低いことは，結果的に年少人口の減少につながる。それは，結婚をしても，子どもを産まない，あるいは産めない状況にあることにつながる。

④表3-2で検証したように，2010年に対する2040年の都道府県平均推定人口増減率は，全ての都道府県で減少する（全国平均で2010年に比べ，△16.2%，社人研2013b）。そして，東京首都圏（東京，埼玉，千葉，および神奈川）の4都県全てが上位に位置することが，「東京一極集中」と言う誇張されたイメージを与えている。将来の人口構造は，現在の状態を維持しつつ進展するのではない。現在東京都の生産年齢人口割合は高く，高齢人口割合は低い。しかし10年後，

20年後には，これらの人口群が，歳を重ね，順次次の人口群に移動する。と言うことは，現在少ない年少人口群が，生産年齢人口群に移り，その割合を押し下げることになる。さらに，現時点の生産年齢群が高齢人口に移動し，その割合を押し上げることになる。出生率が低く，死亡率が必然的に高くなる結果，東京都の人口も，早晩減少することになる。

⑤大阪府の2014年の人口減少は，自然現象（出生－死亡）によるところが大きい。いわば，前述4点目の東京都の将来人口構造状態を先取りしている。

⑥大都市を擁しているにもかかわらず，愛知県，大阪府，福岡県の人口増加率が低いのは，高齢化の進展（高い老年人口割合）と高死亡率の結果による低自然増減率による。それは，将来の日本全体像を代弁している。

⑦沖縄の人口増減率は，他には見られない特異な文化形態の結果である（前述の第3章1.4.参照）。年少人口割合が際立って高く，高齢人口割合が低い。しかし，生産年齢人口割合は，東京圏のそれと大差はない。自然増減率が高く（出生率が高く，死亡率が低い），社会増減率は，プラスでもマイナスでもない。と言うことは，沖縄では，他県との人口移動はあまりなく，高齢者が長寿であることを示唆している。事実，沖縄県民の平均寿命は，男女ともに常に日本全国トップレヴェルにある（2010年日本全国平均寿命男79.59歳，女86.35歳，沖縄県民平均寿命男79.40歳，女87.02歳）（社人研2017a，表12－40）。

これらの結果から，日本の人口は，「東京一極集中」と言うのは正しくない。むしろ，人口の大都市集中である中核4域7県中核と沖縄県を精査する必要がある。都府県内のどこで，そしてなぜ人口増減が発生するのかその要因を考えることが，すでに進行する日本の人口減少対策への指針となる。これらの点を，後に続く第4～7章で考察する。

第4章
若者の定住と高齢者の健康対策が課題
―― 2040年推計人口にみる東日本の市町村の地域力 ――

本章では，2010年に対する2040年の推計人口減少率が低かった東日本に位置する5都県（東京・愛知・神奈川・埼玉・千葉）を市町村別に検証する。ここで，同一県内でも，人口増減率に大きな差異があることを明らかにする。

1　東京都と中央区と御蔵島村

(1) 東京都の人口の概要
1) 都の人口

2015年の国勢調査結果（総務省統計局2016c）によると，東京都の総人口は，1351万4000人で，前回国勢調査より，2.69％増加した。すでに第3章でみたように，東京都の2013年の（前年比）人口増加率は，数少ない増加を示す都道府県にあって，最大（＋0.53％），また婚姻率は6.88‰であった。その結果，東京都市区町村別2013年人口増減率に対する婚姻率の回帰分析結果は，次の通りである。

Y（東京都市区町村別人口増減率）＝ －2.004＋0.348X（CMR‰），補正 R^2 ＝ 0.435，P値＝0.0000。

したがって，東京都の市区町村別婚姻率は人口増減率に対し有意（$p<0.001$）な要因である（表3-1a参照）。

2) 都の年齢区分別人口割合

東京都の年齢区分別人口割合の推移は表4-1のとおりである。（国勢調査，および社人研2013b）。

表 4-1　東京都の年齢区分別人口割合

(%)

	2010年	2015年	2040年（推計）
年少人口割合	11.4 →	11.5 →	8.6
生産年齢人口割合	68.2 →	65.9 →	57.9
高齢人口割合	20.4 →	22.7 →	33.5
後期高齢人口割合	9.4 →	10.8 →	17.4

出典：国勢調査，社人研（2013b）。

　東京都でも，少子高齢化が急速に進展し，総人口は2015年をピークに減少する。それは，急速に増加する東京都の高齢人口に加え，年少人口の増加がないことによる。2040年推計では，年少人口割合は，1割を下回り，生産年齢人口は，6割を下回る。それと引き換えに，65歳以上高齢人口割合は，全人口の3分の1に，さらに，全人口のほぼ5分の1が75歳以上の後期高齢者となる。東京都も，全体的には人口減少は避けられない。

　しかし，東京都全62市区町村の人口構造は一律ではない。市区町村別（図4-1参照）に見る。東京都全62市区町村のうち，2015年の人口減少率が最も高いのは，檜原村（前回より△13.72％）で，国勢調査年毎に減少率が高くなっている。また，東京都の市町村別対2010年人口の2040年推計人口増減率は，最高が中央区（14.4％），最低が檜原村（△52.1％）である（社人研2013b，および表3-2参照）。そこで，東京都に関しては，人口増加率が高い中央区，そして伊豆諸島の御蔵島村を精査する。

（2）中央区の人口と地域力——商業と住まいの一等地
　1）中央区の人口
　中央区の2013年（前年比）人口増加率は，東京都全62市区町村中，最大（3.24％）で，その人口構造は，東京都全体とは，大きく異なり，今後も総人口の増加が期待される（2010→2020→2030→2040＝12万3000人→18万5000人→28万人→43万9000人）（社人研2113b，中央区企画部企画財政課2016参照）。

　中央区人口増加の理由は，30歳代・40歳代の子育て世代の転入増加である。

第4章　若者の定住と高齢者の健康対策が課題

図 4-1　東京都市区町村別地図（23区，26市，5町，8村＝計62市区町村）
出典：Mapion 都道府県別地図「東京都」http://www.mapion.co.jp/map/admi13.html（2017年6月7日検索）。

年齢別人口構成も30歳代がトップ，次いで40歳代，20歳代と続く。全国平均と比較すると，その差は顕著で，トップの30歳代は9.1％も全国平均を上回る。

中央区の年齢区分別人口割合の推移は表4-2のとおりである。

社人研の将来推計人口（2013b）によると，中央区の人口（2010年→2040年）は，年少人口の減少，生産年齢人口の減少，高齢人口の増加，後期高齢人口の増加は避けられないとしている。

「中央区人口ビジョン」（2016）によると，今後10年間は，年齢三区分全てで人口増加が見込まれる。とくに年少人口の増加が著しく，全体に占める割合も増加する（2016年12.3％→2020年13.3％→2026年14.8％）。高齢人口も増加するが，高齢化率は低下が見込まれる（2016年16.2％→2020年14.4％→2026年13.4％）。しかし，社人研推計では，2030年ごろから，年少人口は急激に減少し（8.4％），

65

表4-2　中央区の年齢区分別割合

(%)

	2010年	2015年	2040年（推計）
年少人口割合	10.5 →	11.9 →	7.7
生産年齢人口割合	73.6 →	72.0 →	59.0
高齢人口割合	15.9 →	16.1 →	33.4
後期高齢人口割合	7.4 →	7.6 →	14.2

出典：国勢調査，社人研（2013b）。

高齢人口割合が増加する（22.0％）。したがって，2040年の中央区の人口構成は，年少人口割合が極端に小さく，3人に1人が65歳以上高齢者，そして7人に1人が75歳以上高齢者になる。総人口は増加するが，その構成は，超高齢社会を示す。したがって，中央区も，今後まさに超少子高齢社会となる。

2）中央区の3地域

　一般的に中央区は日本橋・京橋・月島地域に3分される。その各々の地域には，それぞれの特色がある（東京中央ネット2016）。中央区の総人口は2018年3月1日現在15万8051人で，今なお増え続けている（中央区ホームページ2018）。

　日本橋地域：中央区総人口の3分の1弱（30.1％）が住む。7つの連合町会があり，それぞれが異なった特色を持つ。日本橋から室町にかけてはデパートとの連係で栄え，茅場町，兜町のあたりは金融関係を中心に発展した。堀留町，小伝馬町，大伝馬町，横山町，馬喰町などは繊維関係の問屋が多い。人形町から箱崎町にかけてはまだ一般住宅がある。各町会連合，町会単位でそれぞれに，地域性を受け継いだ独自の活動を展開している。

　京橋地域：中央区総人口の4分の1弱（23.7％）が居住する。銀座，八重洲，京橋，宝町，新富，入船，湊，明石町，築地，新川と，江戸情緒を今に伝える魅力ある町の町会が名を連ねる。また，銀座では最近，海外ブランドの店が増え，店舗経営者の多くは外国人である。したがって，江戸情緒と国際都市の魅力が同居しているのが京橋地域最大の魅力である。

　月島地域：佃，月島，勝鬨，豊海町，晴海の5つの地区から成る。従来一般

住宅が多く，密集した長屋の横のつながりが，下町情緒独自の地域性を育んできた。関東大震災や，第二次世界大戦の戦災の影響をあまり受けず，今なお，長屋風の木造家屋や狭い路地など，下町情緒を残す街並みが見受けられる。しかし，2000年以降再開発で高層マンションが続々と建ち，地域の様相は大きく変わり，2018年3月現在中央区の人口の半数弱（46.2%）がこの地域に集中する。

3）中央区の人口増加率

中央区の人口増加率は，地域ごとに異なる。人口増加率（2005-2010）は日本橋地域，京橋地域，月島地域各々が，32%，21%，23%で，日本橋地域の伸びが最も大きい。しかし，日本有数の問屋集積地日本橋は，流通構造の変化のあおりを受け，中小の問屋が次々とマンションに建て替わった。中央区の人口増加は，ウォーターフロントでの大規模な開発以上に，ミニ再開発の積み重ねが支えている。今後の人口想定では，さらに住宅開発が進むとしている（中央区企画財政課2016）。

また，2020年東京オリンピック・パラリンピック競技大会開催時には，月島地域・晴海地区に選手村の建設が予定される。その跡地は，大会以後住宅に転用される。そのため，高層マンションを中心とする大規模開発事業が計画される月島地域の著しい人口・家族増加が見込まれる（今後10年間〔2016年→2026年〕の3地域別人口割合推計は，京橋地域24.5%→20.0%に減少，日本橋地域30.9%→28.7%に減少，月島地域44.6%→51.3%に増加，中央区企画部企画財政課2016）。

4）中央区の評価

レーダーチャートによる中央区の評価は以下のとおり。

「人口社会増加率」（全1741市町村中第7位），と富裕度（同第5位）が，傑出して高い。人口自然増加率は，全国第12位と高い。30歳代・40歳代の子育て世代の転入増加に伴って，出生数も過去10年間で約2.2倍増加している。子育て世代に広く支持され，また，中央区の認可保育園の保育料の安さは東京都23区中第2位で，まさに子育て世代にやさしい区といえる。また，人口流入に伴う諸々の子育て世帯優遇施策が打ち出されていることも大きな要因である。

しかし，防犯（第1728位），交通安全（第1683位）は低く，決して好ましい状態ではない。それにもかかわらず，地域の将来性と，都心という交通の利便性が生活の満足度をもたらしている。

　人口増加には併害も伴う。例えば，15万人を超えた中央区では幼児・初等教育の整備が追いつかない状況にある。そのため，2018年夏より，人口流入抑制策として，住宅の容積率緩和制度を廃止する予定である（中央区ホームページ2018，日本経済新聞2018）。それにより都心のマンション開発に影響がおよび，人口流入抑制につながることになる。しかし，今後中央区の人口増加に歯止めがかかるかは不透明である。

　これらの点を総合すると，むしろ東京都中央区の人口は，将来的にも増加が見込まれる。しかし，その地域性（人口構成の地域的差異）に留意する必要がある。

（3）御蔵島村の地域力──若い世代の定住と雇用が課題
1）御蔵島の概要
　離島と言うと過疎化，高齢化のイメージがある。しかし，御蔵島は異なる。島の人口は増加している。それは「なぜ」なのか。御蔵島は，伊豆諸島の一つで，東京から南南西へ約200kmの太平洋上に位置し，直径約5km，周囲長約17km，面積20.54km^{2}の火山島である（図4-1参照）。富士箱根伊豆国立公園に属し，ほぼ全島が国立公園に指定されている。日本全国の離島でも屈指の豊かな自然に恵まれ，集落は，公園区域外の島北西部の里地区に集中している（御蔵島村2016a）。

2）御蔵島村の地域力
　御蔵島村の総人口は，1950年の406人をピークに減少に転じ，1975年には177人となった。その後再び増加に転じ，2010年時点で348人となった。また，人口増加率は，2005年から2010年で最も伸びている（増加率19.18％）。世帯数も人口の増加とほぼ比例する形で増加し，2010年時点で198世帯となっている。

　2013年の（前年比）人口増加率は全東京都62市町村中，御蔵島村は第2番目に高い（19.18％）。しかし，2015年の国勢調査速報結果によると，御蔵島村の

第 4 章　若者の定住と高齢者の健康対策が課題

表 4 - 3　御蔵島村の年齢区分別人口割合

(％)

	2010年	2015年	2040年（推計）
年少人口割合	17.5 →	17.0 →	16.4
生産年齢人口割合	68.7 →	65.4 →	60.5
高齢人口割合	13.8 →	17.6 →	23.2
後期高齢人口割合	6.3 →	4.5 →	11.3

出典：国勢調査，社人研（2013b）。

人口は，335人に減少した（増減率△3.74％，世帯数194。東京都総務局統計部2016）。

3）人口増加現象の特徴

　御蔵島村の年齢区分別人口割合の推移は表4－3のとおりである。

　これらの数値から，御蔵島村の人口増加現象は，以下6点の特徴を持つ。

　①御蔵島村の推計人口は，2040年まで引き続き増加する（2010年348人→2040年推計359人，人口増減率は，＋1.7％，社人研2013b）。

　②年少人口は，他の市町村に比べて，群を抜いて高い％。御蔵島村の教育施設は，義務教育（小中学校）までのため，子どもの高校進学を機に多くの家族が離島（転出）する。

　③生産年齢人口が減少している。また2045年には2010年の総人口を下回ることが予想されている（御蔵島村2016）。

　④老年人口の割合が，他の市町村に比べて低い。

　⑤UIJ現象[3]（iso-labo2016），あるいは人口還流現象（吉岡2002）のうち，とくにUターン（地方から都市へ移住したあと，再び出身地の地方へ移住する・戻る）現象が顕著である。

　⑥レーダーチャートを見ると，御蔵島村の14指標のうち，雇用，人口自然増加率，交通安全，防犯の4指標が全国市町村中第1位を占める。

4）人口減少対策への3つの課題

　御蔵島村の人口増加の要因は，一般的には，観光産業（イルカウオッチング）

69

と言われる。しかし，御蔵島観光協会からの私信（2015年10月）によると，「20〜40代の島出身者によるUターンが，ここ10年集中して起こっている（御蔵島中学校卒業生71名〔男女＝37対34〕のうち30名〔同23対7〕が帰郷。男性の多くは既婚。その相手はイルカウオッチングに関連して島に来ていた女性が多い）。また，島出身者が島に戻る際は，役場をはじめ社会福祉協議会，郵便局，農協，漁協，建設業などに優先してポストが作られることが多い」とのこと。この点は，職・住・婚姻を総合しての地域再生策として非常に示唆に富む。

　これらの点を基に，御蔵島村の人口減少対策に向けた課題（マイナスの地域力）として，以下の3点が挙げられる（御蔵島村2016a，30頁）。

　①人口増のプラス要因となっているのは，比較的若い世代の転入者数の増加である。しかし，結婚・出産・雇用状況によっては，世帯ごと島を離れるといった不安要素を含む。したがって，長期的な定住対策，転出抑制対策等の推進が必要である。
　②定住対策の一環として雇用対策が挙げられる。御蔵島村では観光による地域経済の活性化が期待される。そこで，観光を核とした産業振興による新たな雇用の創出を目指し，「滞在型」観光戦略を推進すると同時に，観光と融合した農・林・漁の六次産業化が必要である。
　③御蔵島を訪れた観光客が魅力を感じ，「御蔵島で暮らしてみたい」と思うような「新たな村のPR」が必要である。

　御蔵島村では，2060年に「人口500人の村の実現」を目指している。御蔵島村の過去の趨勢を考慮した推計，および御蔵島村の現状の人口動向を踏まえた村独自の目標推計は，いずれも社人研推計値を大きく上回っている。このような「御蔵島村人口ビジョン」達成のためには，前述の3つの課題対策に基づく魅力あふれる島の地域づくりが必要である。

2　愛知県と長久手市と東栄町

　すでに第3章でみたように，愛知県の2013年の（前年比）人口増加率は，数少ない増加を示す都道府県にあって，わずかではあるが増加（＋0.16％）しており，また婚姻率は5.80‰であった。その結果，愛知県全54市町村別2013年人口増減率に対する婚姻率の回帰分析結果は，以下のとおり。

　Y（愛知県・市区町村別・人口増減率）＝－2.221＋0.413X（CMR‰），補正R^2＝0.430，P値＝0.0000。

　したがって，愛知県の場合，婚姻率が人口増減率に対し有意（p<0.001）な要因である（表3-1a参照）。

（1）愛知県の人口の概要
1）県の6地区

　愛知県は，社人研による対2010年に対する2040年の都道府県別人口増減率で，沖縄，東京，滋賀に次いで上から第4番目（東日本では2番目）に位置する（△7.5％）。また，2015年国勢調査結果によると愛知県の2015年の総人口は748万3000人であった（総務省統計局2016e）。それは，2010年に対し2.1％の増加である。増加率は都道府県のなかで，東京都（4.7％），神奈川県（2.9％），千葉県（2.7％）に続き4番目に高い。また，社人研が2010年までの国勢調査にもとづくトレンドから予測した2015年人口より1万2721人（0.2％）多かった（社人研2013b）。

　愛知県の人口は，第二次世界大戦後より経済成長期（1960年421万人）を経て一貫し増加している。その理由は，愛知県の有効求人倍率が継続してきわめて高いことにある（2016年9月全国平均1.38倍，第1位東京都2.03倍，第7位愛知県1.63倍，厚生省愛知労働局2016）。しかし，愛知県内でも有効求人倍率は一律ではなく，地域により異なる。

　一般的に，愛知県全54市町村を6つの地域ブロック（名古屋，尾張北東部，尾張中西部，知多，西三河，東三河）に分ける（愛知県2015。これら各地域ブロックに

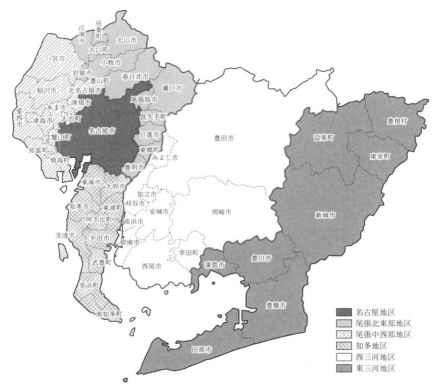

図 4-2 愛知県市町村・地域別地図（38市，14町，2村＝計54市町村）
出典：内閣府まち・ひと・しごと創生本部（2016），および愛知県ホームページ（2017）。

含まれる市町村は，図4-2を参照）。そして，有効求人倍率は，名古屋地域が際立って高く（2.05倍），西三河地域（1.46倍），尾張地域（1.32倍），東三河地域（1.23倍）と続く（厚生省愛知労働局2016）。

2）県の人口

愛知県の年齢区分別人口割合の推移は表4-4のとおりである。

愛知県の年齢区分別人口割合の推移は，東京都に類似している。しかし，愛知県の場合，少子化は東京都ほど深刻化していないが，高齢化は急速に進展している。総人口は2015年をピークに減少し，2040年推計は，686万人。それは，

表 4 - 4　愛知県の年齢区分別人口割合

(％)

	2010年	2015年	2040年（推計）
年少人口割合	14.5 →	13.8 →	11.3
生産年齢人口割合	65.2 →	62.4 →	56.3
高齢人口割合	20.3 →	23.8 →	32.4
後期高齢人口割合	8.9 →	10.8 →	17.6

出典：国勢調査，社人研（2013b）。

　急速に増加する愛知県の高齢人口に加えて，年少人口の増加が見られないことによる。2040年推計では，年少人口割合は，1割強，生産年齢人口割合は，6割を下回る。それと引き換えに，65歳以上の高齢人口割合は，全人口の3人に1人に増加し，75歳以上の後期高齢者が全人口のほぼ5人に1人となる。愛知県も東京都と同様に，全体的には人口減少は避けられない。

　しかし，愛知県の地域構造をみると，地域力が明らかになる。2027年に予定されるリニア中央新幹線の開業も見据え，名古屋都心部の県域を越えた求心力が高まる（名古屋市2016）。また，大都市名古屋を中心に，豊田，岡崎，豊橋など，人口や産業が集積する都市がバランスよく立地する多角連携型の都市構造を形成している。一方，三河山間部や知多半島南部などの条件不利地域では，人口減少・高齢化が急速に進む（図4-2参照）。

　このように，愛知県内には，顕著な地域差がある。そこで，県内のみならず，日本全国屈指の人口増加都市として，尾張北東部地区「長久手市」（対2010年比2040年人口増加率22.2％），一方顕著な人口減少自治体として東三河地区「東栄町」（対2010年比2040年人口減少率△55.7％）（表3-2および，図4-2参照）の地域力を検証する。

（2）長久手市の地域力——健康長寿と若者の定住が鍵
1）長久手市の概要
　長久手は，1584（天正12）年に豊臣秀吉と徳川家康があいまみえた「小牧・長久手の戦い」の合戦の舞台として知られる。長久手市の沿革は，1971年に町

表4-5 長久手市の年齢区分別人口割合
(%)

	2010年	2015年	2040年（推計）
年少人口割合	17.2 →	17.7 →	13.4
生産年齢人口割合	69.6 →	66.8 →	59.9
高齢人口割合	13.2 →	15.5 →	26.7
後期高齢人口割合	5.3 →	6.4 →	13.1

出典：国勢調査，および社人研（2013b）。

制施行し，長久手村が長久手町となった。そして，2008年5月1日に推計人口が5万人を突破し，市制施行した（施行日2012年1月4日，長久手市2013）。したがって，市政施行後の歴史は短い。

2）長久手市の人口

長久手市の年齢区分別人口割合の推移は表4-5のとおりである。

社人研の将来人口推計によると，長久手市の人口（2010年→2040年）は，年少人口の減少，生産年齢人口の減少，高齢人口の増加，後期高齢人口の増加は避けられない。しかし，長久手の総人口は，1970年以降一貫して増加している。1970年1万1317人，2015年5万7598人で，5年前の2010年の総人口（5万22人）より10.7％増加している（長久手市2016，総務省統計局2016e）。増加率は全国1741市区町村（2016年10月1日現在.）の中で10番目に高い。社人研が2010年までの国勢調査に基づくトレンドから予測した2015年人口より2058人（3.7％）多く，予測をかなり上回っている。さらに，社人研による2040年の推計人口（9万6886人）は，2010年から22.24％の増加である（社人研2013b）。

3）長久手市の人口増加理由

長久手市の人口が一貫して増加している理由は4点ある。第1に利便性，第2にベッドタウン，第3に，富裕度・快適度，そして第4に学園都市・文化施設・自然環境である。それら各々の地域力を簡単に述べる。

①利便性

　長久手市は，愛知県の北西部・尾張北西部地域に位置し，名古屋市東部に隣接する（図4-2参照）。さらに，自動車産業が盛んな豊田市にも近い。長久手市内から名古屋市中心部は，リニモ（愛知高速交通東部丘陵線）と名古屋市営地下鉄東山線で40分でつながる。2005年の愛知万博時開通のリニモにより，それまで鉄道空白地帯だった長久手町（現在の長久手市）に鉄道が通るようになった。長久手市の発展に，リニモがもたらした利便性は，多大である。

②ベッドタウン

　長久手市は名古屋市のベッドタウン（電車通勤1時間以内）として発展している。宅地開発が進み，若い子育て世帯の人口が急速に流入した。そのため，年少・生産年齢人口比率が高く，高齢人口比率が低い。人口増加率は全国有数の高さである（自然増加率第1位，社会増加率第18位）。また，長久手市住民の平均年齢が37.7歳（2010年国勢調査）と日本一若い。しかし，将来的には高齢化や空洞化に伴う活力低下という課題がある。

③富裕度・快適度

　長久手市は「快適度」が全国1位，「富裕度」25位，「利便度」26位と，3部門で全国トップクラスの評価である（東洋経済新報社2016）。しかし，学生および若い世代の住民が多いことから，持ち家世帯比率など住宅関連の指標が低い（「住居水準充実度」711位）。一方，レーダーチャートをみると，総合評価は，全市町村中第33位と好ましいが，防犯全国第1687位，交通安全第1535位，児童福祉1633位，病院第1138位といずれも子育て世代にとって好ましい順位ではない。

④学園都市・文化施設・自然環境

　長久手市内には大学4校（公立愛知県立大学，公立愛知県立芸術大学，私立愛知医科大学，私立愛知淑徳大学）に加え，愛知県立農業大学校があり典型的な「学園都市」である。スケートリンクや温水プールなどを備える194haの広域公園「愛・地球博記念公園」（愛知県立芸術大学が隣接）をはじめ，東部地域を中心に自然が多い。その点も，長久手市地域の魅力の一つである。国際的なイベントを機に，交通機関と文化施設が整備され，自治体の魅力が高まった典型的な例である（長久手市2016）。

4）長久手市の今後の課題

長久手市の今後の課題として，高齢化対策，学生の卒業後の転出，および観光資源の有効利用の3点がある。

①高齢化の課題――プロダクティヴ・エイジング

長久手市は，1971年町制施行，2012年市制施行そして，2040年頃まで一貫して人口増加が続く。それ以降，人口高齢化が加速する。そのため，今後高齢者の積極的なプロダクティヴ・エイジング（Productive Aging, Butler1975）の遂行が求められる。プロダクティヴ・エイジングは，「高齢者の幸福は個人的満足と共に社会的貢献によってもたらされる」という，いわば共生者として位置づけるサクセスフル・エイジングの中心概念である（中原2006）。2040年以降人口減少期を迎える長久手市にとって，サクセスフル・エイジングに対する施策を考えることが必要である。PDCA遂行には，時間を要する。人口増加期にある現在からの長期的対策が求められる。

②学生の卒業後の転出を防ぐ

長久手市内および，周辺大学の学生で，大学卒業後転出する25歳前後の男性増加が著しい。これらの学生が学業終了後も長久手市に居住し続ける方策として，大学が持つさまざまな研究開発リソースを活用し，大学，企業，行政との共同研究等を積極的に推進することを提唱したい。それにより，学生は大学卒業後就職のため市外に転出せず，連携企業・行政に奉職する道が開かれる。

豊田市を中心として，愛知県は，日本有数の産業都市である。そこで，首都圏の大学等に進学した地元長久手市出身の若者のUIJターン就職を促進する。例えば，東京で愛知県内企業の合同企業説明会を開催するなど，就職情報の提供を図る。それにより，首都圏の若者と愛知県内企業のマッチングを図る。UIJターンし，長久手市に居住する若者に対し，住居等生活面での支援プログラムも同時に提供することで，若者の興味・関心を引くことが可能である。

③観光資源の有効利用

長久手市には，数多くの観光スポットがある（長久手市観光交流協会事務局2016）。それらの観光資源の有効利用をとおし，長久手市の人口増加傾向の維持につなげる。そのための方策とは何であろうか。観光客誘致策では定住人口

表4-6　東栄町の年齢区分別人口割合

(％)

	2010年		2015年		2040年（推計）
年少人口割合	8.0	→	8.1	→	6.5
生産年齢人口割合	44.2	→	43.2	→	33.9
高齢人口割合	47.8	→	48.8	→	59.6
後期高齢人口割合	30.7	→	30.8	→	44.2

出典：国勢調査結果，社人研（2013b）。

につながらない。最新のICT情報技術を駆使し，長久手市観光資源発信を促進できる人材の呼び込みに努めることを提唱したい（本書第8章等参照）。

　長久手市の人口増加が続くうちに，これらの対策を実施する。それにより，人口減少期に入っても，その弊害を最小限にすることが可能となる。

（3）東栄町の地域力――祭りと住民をつなぐNPO

1）東栄町の概要

　愛知県の市町村中，今後推計人口減少率が最も高い自治体の筆頭に挙げられるのが，北設楽郡東栄町である（対2010年比2040年推計人口増減率は，△55.7％，社人研2013b）。

　東栄町は，愛知県の東部，静岡県と県境を接する山間地に位置し（図4-2参照），町域の約90％が山林原野で，標高700〜1000mの山々が峰を連ねる。人口は2015年3446人（総務省統計局2016e）で，合併により東栄町が誕生した1956（昭和31）年当時の1万1651人と比べ，その30％の人数にまで減少した。現在も毎年90人程の人口減少が続く。そのため，過疎地域自立促進特別措置法（総務省2000）で過疎地域指定を受けている。主産業は林業・農業であるが，木材価格の低迷や担い手の高齢化等により衰退傾向にある（全国町村会2014ab）。

2）東栄町の人口

　東栄町の年齢区分別人口割合の推移は表4-6のとおりである。
　東栄町の人口構造は，現在すでに，限界集落状態で，将来推計は，危機的で

ある。人口自然増加率が極端に低く全国でも最下位の部類に属する（全市町村中第1724位）。さらに，後期高齢者の割合がきわめて高い。それらの点から将来的に東栄町が消滅可能性自治体とされる。

3）東栄町の問題点

　既存人口の流出防止やUIターン者の新たな確保，そして少子高齢化に歯止めをかけるために，2015年（10～11月）から2016年にかけて東栄町の住民に対しアンケート調査が実施された（愛知県東栄町2016a）。その中で問題点が指摘されている。具体的には，若い世代の雇用・就労環境の確保，結婚・出産・子育て環境の充実，住環境など生活基盤の整備を進める一方，高齢者が長く健康を保ち，積極的に社会参加し，自ら自立した生活を営むことが可能な環境を整備していく必要性である。また，地域資源活用のまちづくりを交流・定住人口の確保に結び付けていくことも必要である。

4）東栄町の地域力──NPO法人「てほへ」と花祭り

　すでに限界集落となっている過疎地域東栄町にとって，今後の地域活性化に資するプラスの地域力は，一見みつけにくいように思える。しかし，詳細に見ると東栄町は，他にはないユニークな地域力を誇る。和太鼓集団「志多ら」は，1990年から東栄町の廃校（旧東薗目小学校）を借りて，演奏活動の傍ら地域での活動を開始し，2013年に「NPO法人てほへ」を設立した（NPO法人てほへ2010, 全国町村会2014b）。「てほへ」の由来は，700年以上続く地域伝統芸能「花祭り」の「てほへてほへ」というかけ声である。NPO法人てほへは，地域づくり活動はもとより，町内外住民の交流や花祭り（700年以上の歴史を持つ，国の重要無形民俗文化財で，東栄町11カ所の集落で保存伝承されている）の保存伝承など，行政と連携・協働しながら，小さな町の活性化に重要な役割を果たしている。その活動が評価され，2013年10月には過疎地域自立活性化優良事例総務大臣賞を受賞した。

　NPO法人てほへのメンバーは，地元住民と結婚するなどして家族を持ち，多くの子どもが生まれ，村人として「花祭り」の舞子などを受け継いでいる。

Ｉターンで住み着いた者が，集落活動や地域の伝統芸能を維持し，継承していく重要な役割を担っている。親の世代となった彼らの地域への思いが，この地域がふるさとになる子どもへと受け継がれている。地域での活動を通じて多くの人々と出会い，交流している。そのため，NPO法人てほへの存在価値はますます高まっている。

　NPO法人てほへは，東栄町内にとどまらず，奥三河全体，さらには愛知県を越えた三遠南信地域（愛知県東三河地域，静岡県遠州地域，長野県南信州地域）を舞台に活動している。各地域で活動する元気な住民とのつながり・連携を発展させることで，行政の枠を越えた大きなネットワークを構築している。NPO法人てほへの今後の活動に東栄町からの期待は大きい。東栄町との協働により，地域の活性化がさらに推進することを期待したい。それが，限界集落・過疎地域再生の最も有効な方策である。

3　神奈川県と川崎市と開成町

　すでに第3章でみたように，神奈川県の2013年の（前年比）人口増減率は，数少ない増加を示す都道府県にあって，わずかではあるが増加（＋0.13％），また婚姻率は5.57‰であった。その結果，神奈川県市区町村別2013年人口増減率に対する婚姻率の回帰分析結果は，以下のとおりである。

　Y（神奈川県・市区町村別・人口増減率）＝－1.991＋0.359X（CMR‰），補正R^2＝0.519，P値＝0.0000。

　したがって，神奈川県の場合，婚姻率が人口増減率に対し有意（p<0.001）な要因である（表3-1a参照）。

（1）神奈川県の人口の概要
1）県の人口

　都道府県別単位でみると神奈川県の2040年推計人口増減率（対2010年△7.8％）は，愛知県に次いで，全都道府県中第5位。神奈川県の年齢区分別人口割合の推移は表4-7のとおりである。

表 4 - 7　神奈川県の年齢区分別人口割合

(％)

	2010年	2015年	2040年（推計）
年少人口割合	13.2 →	12.6 →	9.8
生産年齢人口割合	66.6 →	63.5 →	55.2
高齢人口割合	20.2 →	23.9 →	35.0
後期高齢人口割合	8.8 →	10.9 →	19.1

出典：国勢調査，社人研（2013b）。

　神奈川県の年齢別区分人口割合の推移は，東京都，愛知県に類似する。神奈川県の場合，少子化は東京都ほど深刻化していないが，高齢化は急速に進展している。総人口は2015年（913万人）をピークに減少し，2040年には，834万人強と推計される。2040年推計年少人口割合は，1割以下，生産年齢人口割合は，6割を下回る。一方，65歳以上高齢人口割合は，全人口の3分の1に増加する。さらに，全人口の5分の1が75歳以上の後期高齢者となり，神奈川県も全体的には人口減少は避けられないのが現実である。

2）県の地域ブロック

　神奈川県を地域政策圏別に人口移動の状況を見ると，各々異なった状況にある。さらに，同一地域内でも市町村ごとに状況は異なる（6つの各政策圏に属する市町村は，図4-3参照）。ここでは，2040年推計人口が神奈川県で唯一増加が見込まれる川崎市，およびその次に位置する開成町（県西地域）の地域力を検証する。

（2）川崎市の地域力──雇用・治安・利便性をあわせもつ

1）川崎市の概要

　川崎市は，神奈川県の北東部に位置し，政令指定都市で7つの区がある（川崎港側から川崎区，幸区，中原区，高津区，宮前区，多摩区，麻生区）。多摩川を挟み東京都と隣接し，横浜市と東京都に挟まれ，細長い地形である（図4-3参照）。川崎市の面積は144.35km^2。東西が約31km，南北が約18kmで，北西部の一部

第 4 章　若者の定住と高齢者の健康対策が課題

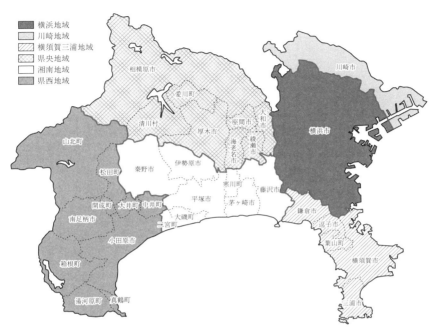

図 4-3　神奈川県市町村・地域別地図（19市, 13町, 1村＝計33市町村）
出典：神奈川県知事室（2016）。

丘陵地を除いて起伏が少なく，比較的平坦な地域である（川崎市2013）。川崎市内を縦断する形でJR南武線が通り，南武線と交差する形で5つの私鉄が横断する（海側から京急線，東急東横線，東急田園都市線，小田急線，京王相模原線）。

2）川崎市の人口と地域力

2015年国勢調査結果に見られるように，外国人を含む日本の総人口は，1920年の国勢調査開始以降初めて減少に転じた（第3章参照，総務省2016b）。その中にあって，川崎市は注目に値する。川崎市は，京都市の人口を抜き，全国第7位の都市となった。2015年10月1日時点での人口は147万5200人である。そして，今後も2030年まで引き続き人口増加が見込まれ（推計人口＝152万人），それ以降は減少する（2040年＝146万人）（川崎市2016）。

81

表 4-8　川崎市の年齢区分別人口割合

(%)

	2010年	2015年	2040年（推計）
年少人口割合	13.1 →	12.2 →	11.7
生産年齢人口割合	70.0 →	67.8 →	59.1
高齢人口割合	16.8 →	19.5 →	29.2
後期高齢人口割合	7.4 →	9.0 →	15.2

出典：国勢調査，川崎市総務企画局（2017）。

　しかし，川崎市は，2015年国勢調査結果を基にあらたな将来推計人口を公表した（2030年のピーク人口を158万7000人に上方修正，（川崎市総務企画課2017）。上方修正の理由は，「武蔵小杉駅周辺で大規模マンションの建設が相次ぎ，子育て世代が想定以上に増加したため」としている。したがって，川崎市の総人口は，2010年（142万5512人）から2040年修正推計人口（156万7206人）は，＋9.9％（従来は＋3.5％）の高い伸長が見込まれる。

　川崎市の年齢区分別人口割合の推移はどうであろうか。国勢調査，および川崎市訂正・修正将来推計（川崎市総務企画局2017）に基づくと表4-8のようになる。

　生産年齢人口の大幅な減少と，高齢人口の急増が顕著である。団塊の世代が高齢者になるにつれて，この傾向は急速に進む。したがって，現在人口増加が進展する川崎市も，少子高齢化社会になることは避けられない。

　川崎市の人口増加を分析すると，その理由がレーダーチャート指標ランキングに明らかに反映されている。20ある政令指定都市の中で川崎市の各指標はトップクラスにある。具体的には以下の5点（地域力）を挙げることができる。

　①生産年齢人口割合が政令指定都市で第1位。これは，高い人口自然増加率（第1位）および，人口社会増加率（第4位）による。

　②経済指標が良好。高い生産年齢人口に支えられ，「財政」（指標第1位），「雇用」（第1位），「富裕度」（第2位），「歳入」（第3位）となっている。しかし「地域内総生産」は，政令指定都市20の中で，第14位と低い。それは，生産活動が，川崎市内で行われる割合よりも，域外（特に都心）で行われるからで

第4章　若者の定住と高齢者の健康対策が課題

ある。市の財政が健全であることから，川崎市政が住みよい街づくりに力を注ぐことが可能となる。

③治安の良さが顕著。政令指定都市の中で，「交通安全」指標（人口10万人当たり交通事故発生件数，死傷者数）は第1位，「防犯」指標（人口1000人当たり刑法犯認知件数）第2位ときわめて良好。治安の良さ，交通マナーの良さは，共に川崎市が「住みよい街」と認識されることに貢献する。

④共働き家庭の支援。待機児童数ゼロ達成（2015年4月）および，今後市立中学校で給食実施予定（川崎市2016）は，子育て世帯に家事負担の軽減をもたらす。その結果，女性の社会進出支援につながる。

⑤交通の利便性。川崎市内の駅から，首都圏の主要ターミナル駅（東京駅，品川駅，新宿駅，渋谷駅，池袋駅，横浜駅，川崎駅など）へ30分以内にアクセスできる交通の利便性（川崎市2016）は，居住指向に貢献し，家庭を持つ人，都心で働く若者層にとり大きな魅力となる。

このように川崎市は，利便性や人口，経済の側面でも恵まれた自治体といえる。プラスの地域力が多い川崎市の例は，他市町村にとっても持続的発展の参考として資することが多くあると思う。

（3）開成町の地域力――子育て世代が集まる便利な田舎
1）開成町の概要

開成町は，神奈川県の西部，県西地域の中央部に位置する（図4－3参照）。酒匂川を境界に北から東にかけて山北町，松田町，大井町に接し，西は箱根外輪山を背にする南足柄市に，南は相模湾を望む小田原市に接する。酒匂川流域に形成された扇状地のため，なだらかに南傾した平坦地である。

東西1.7km，南北3.8km，総面積6.55km^{2}の神奈川全市町村中最小面積である。1882（明治15）年，当時の延沢村に開成学校が開設された。その後，1901（明治34）年には酒田村・吉田島村両組合立の開成小学校となった。町名は，この小学校名に由来する[7]。開成町自体は，新しい町で，酒田村と吉田島村が合併し1955年2月1日に「開成町」となった。町名を冠する小田急小田原線「開成」駅は1985年に開業し，交通の便に恵まれた暮らしやすい土地柄である。

83

表4-9　開成町の年齢区分別人口割合

(％)

	2010年	2015年	2040年（推計）
年少人口割合	16.1 →	15.3 →	12.1
生産年齢人口割合	62.4 →	59.6 →	52.5
高齢人口割合	21.5 →	25.1 →	35.4
後期高齢人口割合	9.6 →	11.7 →	20.1

出典：国勢調査，社人研 (2013b)。

2）開成町の人口動態

　日本各地の人口が減少する中で，開成町の人口は，1995年以降一貫して増加し続けている（総人口1995年1万2322人，2015年1万7013人，人口増加率は，2015年国勢調査（前回調査比）4.5％で，神奈川県内全33市町村中第1位）（総務省2016b）。

　開成町の年齢区分別人口割合の推移は表4-9のとおりである。

　年少人口割合の減少，高齢人口割合の増加により，将来的には，開成町の人口減少は避けられない。開成町の人口は2020年にピーク（約1万6900人）を迎え，その後減少し，2040年には1万6215人とわずかながらマイナス（△0.9％）に転じる（社人研2013b）。しかし，2015年の人口は，推計（1万6731人）より282人上振れ（1万7013人）している。そこで，開成町独自の状況を考慮する必要がある。

　前述のように，開成町は1995年に誕生した新しい町である。しかし，近年は，開成駅周辺のマンション建設，土地区画整理事業の進展などによって，急激に人口増加が進む。開成町の将来推計人口には，開成町特有の人口増加要因2点がある。第1は，南部地区土地区画整理事業（2007年11月27日～2015年3月31日）によって誕生したみなみ地区の新たな住宅地。第2は，開成駅東側のマンション建設完了である。

　その結果幼児と子育て世代（0～9歳と35～44歳）の人口増加が顕著で，2040年の年齢区分別推計人口構成比は，社人研推計とは異なる。相違点は，年少人口と生産年齢人口割合が，開成町のシミュレーションの方が社人研の推計割合値よりも高く，高齢人口割合が低い点である。

3）開成町の地域力

開成町人口増加の地域力として次の8点を指摘できる（開成町2012）。

第1は，開成町の高い総合評価。神奈川県全33自治体中最小面積ながら，日本全国1742市町村中第110位の高評価を得ている。第2は，近年の転入人口増により出生率が高い（2012年 TFR＝1.58，神奈川県第1位。県平均＝1.25）。第3は，狭隘な土地ながら，可住地面積割合は100％で神奈川県内第1位（県平均＝60.4％）。第4は，「田舎モダン」の地で，「田舎の良さ」と「都会の便利さ」を併せ持つ。第5は，開成駅前子育て支援センター「あじさいっこ」(8)の開館（2016年4月）で，子育て支援に力を入れる開成町の取り組みを象徴する。第6は，大企業の事業所（開成町・富士フイルム先進研究所）や関連会社（南足柄市・富士ゼロックス竹松事業所）(9)の工場誘致と子育て支援施策である。第7は，「土曜学校」(10)制度の新設（2016年4月）で，地元企業，団体の協力で，小中学生が研究者から理科の実験の手ほどきを受け，郷土史専門家から話を聞くことができる。最後の第8は，マイナスの地域力「高齢化進展の課題」である。若い世代の流入が増える一方，高齢化は急速に進展している。65歳以上高齢者割合は，2015年4人に1人が，2040年には3人に1人になると見込まれる。高齢者の罹患率を減らすことや，管理栄養士の指導の下に成人や高齢者の食育を推進していくことなどが課題である（開成町2016b）。

開成町のプラスおよび，マイナスの地域力を見比べると，長期的に人口を維持するには，「人口置換水準2.08」まで出生率を引き上げることが不可欠である。そこで，開成町のさらなる発展のためには，以下3点の課題実現対策が必要である。

第1は，出生率の向上と合わせて，積極的に若年層を主なターゲットとした「社会増（転入）対策」を図る。第2は，出生率の改善による自然増を基調とする「定住人口の拡大」を図る。第3は，急速に進展する高齢化により，医療・介護需要の大幅な伸びが予測される。そのため，「健康長寿のまちづくり推進」が必須である。

開成町の積極的な課題解決への取り組みを通して，「日本一元気な町・開成町」の誕生を期待する。

図4-4　埼玉県市町村・地域別地図
（19市，13町，1村＝計33市町村）

注：2012年10月1日市町村合併以降。
出典：埼玉県の市町村情報 http://expo.minnade.jp/saitama.htm, b. Wikipedia コモンズ https://upload.wikimedia.org/wikipedia/commons/thumb/e/e5/SaitamaPref-10regions.svg/817px-SaitamaPref-10regions.svg.png（2017年9月17日検索）。

4　埼玉県と伊奈町

　本章第4番目に埼玉県を取り上げるのは，社人研報告書（2013b）で，2040年の推計人口増減率（対2010年比△12.4％）が第6位に位置付けられたことによる。また，2013年対前年比人口増減率は，0.13，婚姻率5.06である（表3-1a参照）。埼玉県市町村別2013年人口増減率に対する婚姻率の回帰分析結果は，以下のとおりである。

　Y（埼玉県・市町村別・人口増減率）＝－2.563＋0.519X（CMR‰），補正R^2＝0.539，P値＝0.0000。

　したがって，埼玉県では，婚姻率が人口増減率に有意（p<0.001）な要因である。

第 4 章　若者の定住と高齢者の健康対策が課題

表 4 - 10　埼玉県の年齢区分別人口割合

(％)

	2010年	2015年	2040年（推計）
年少人口割合	13.3 →	12.6 →	9.9
生産年齢人口割合	66.3 →	62.5 →	55.1
高齢人口割合	20.4 →	24.8 →	34.9
後期高齢人口割合	8.2 →	10.6 →	19.0

出典：国勢調査，社人研（2013b）。

（1）埼玉県の人口の概要

1）県の人口

2015年国勢調査結果によると，都道府県別では埼玉県の人口（726万6534人）は全国で5番目，人口増加率は4番目に高い。「前回調査」に比べ7万1978人（＋1.0％）の増加である。男女別人口をみると，男性は362万8418人，女性は363万8116人であり，性比（女性100人に対する男性の数）は99.7で，男女ほぼ同率である（埼玉県総務部統計課2016b）。

これまでの国勢調査結果をみると，埼玉県の人口は，1920年第1回国勢調査以降継続して増加している。しかし，人口増加率は1970年の28.2％をピークに低下し続けている。社人研推計によると，埼玉県の人口は，2015年をピークに減少しはじめ，2040年には，総人口6305万人にまで減少すると予測されている（社人研2013b）。

社人研推計によると，人口増減率に大きな地域格差が存在する。県南東地域では，当面，人口の増加が続く。しかし，その他の地域では人口が減少する。とくに秩父地域では，人口減少の度合いが高く，また，高齢化率もきわめて高い（社人研2013b，図 4 - 4）。したがって，埼玉県の今後の人口戦略は，個々の地域の実情や特性に応じて実施する必要がある。

2）年齢別区分別人口割合

埼玉県の年齢区分別人口割合の推移は表 4 - 10 のとおりである。

なお，埼玉県の2040年推定人口減少率が最も高い東秩父村（高齢人口割合

31.7％→52.4％，後期高齢人口割合18.1％→35.8％）は限界集落となることが予想されている。埼玉県の他の市町を見ても，後期高齢人口割合が，2010年より急速に増加し，今後埼玉県は総じて，少子高齢社会へと進んでいく。

次に埼玉県内63市町村の中で，社人研（2013b）による2040年推定人口増加率が傑出して高い伊奈町（114.81％）（図4-4参照）の地域力を考察する。

（2）伊奈町の地域力——利便性と住環境を活かす
1）伊奈町の概要

伊奈町の歴史は古く，旧石器時代から人々が生活の場としていた。

町名の由来となった伊奈備前守忠次は，徳川家康が江戸に領地替えされたとき，ともに関東にやってきた。豊臣に徳川が移封を命じられた1590（天正18）年に，それまでの軍功によって武蔵国小室・鴻巣の１万3000石を賜り，その館を小室領丸山（大字小室）に築いた。代官頭として関八州の天領（幕府の直轄地）を治め，関東地方の勧業治水に貢献した人物である。現在の伊奈町は，1970（昭和45）年町制施行により誕生した（伊奈町2013）。

伊奈町は，埼玉県のほぼ中南部にあり都心から40kmの首都圏近郊地帯に位置する。東は蓮田市，西は上尾市，北は桶川市に接する東西に2.5km，南北に7.5km，面積14.79km^{2}の概ね楕円形で標高８～18mの沖，洪積層からなる肥沃な平坦地である（図4-4参照）。伊奈町は，東北新幹線と上越新幹線の分岐点が丸山駅に設置され，町域が三分割されるという町始まって以来の問題に直面した。これに対し町内各界各層の理解と努力により克服し，新交通システムの導入を実現した。すなわち，埼玉新都市交通伊奈線・ニューシャトルの開通と「伊奈中央駅」の誕生である。

ニューシャトルは，大宮・上尾・伊奈の３地域に東北・上越両新幹線が建設されるに伴い，その沿線地域住民の足として導入された第三セクター[12]運営の新交通システム旅客輸送機関で，1983年12月に開業した。新幹線高架軌道の張出し部分を活用し，大宮と内宿（伊奈町）の間12.7kmを走り，通勤・通学・買物客等の輸送に公共交通機関としての役割を果たし，沿線地域発展の原動力となっている。事実，ニューシャトルの開通により，周辺地域の商工業は大きな

第4章　若者の定住と高齢者の健康対策が課題

表4-11　伊奈町の年齢区分別人口割合

（％）

	2010年	2015年	2040年（推計）
年少人口割合	17.7 →	16.5 →	14.0
生産年齢人口割合	65.3 →	61.6 →	56.7
高齢人口割合	17.0 →	21.9 →	29.3
後期高齢人口割合	5.8 →	8.4 →	13.9

出典：国勢調査，社人研（2013b）。

発展を遂げ，伊奈町は従来の農村型社会から都市型社会へと，飛躍的変化を遂げている（埼玉新都市交通株式会社2016）。

かつて伊奈町は，米麦中心の純農村地帯であった。しかし，現在は都市化の波とともに人口が急増し，新しいまちづくりが進められている。その中にあって，落葉果樹類が栽培され，特に梨・ぶどうは埼玉県の主産地として知られている（伊奈町2013）。

2）伊奈町の人口の推移と増加要因

伊奈町の人口は，1965年（7300人）から今日にかけて一貫して増加が続いている。2015年人口総数は4万4442人（男2万2353人，女2万2081人），および1万6683世帯で，2010年前回調査から1948人増加した。増加率は4.6％で埼玉県内全63市町村の中で6番目の伸び率である。また，全国全302町の中で11番目に人口が多い「町」である（埼玉県総務部統計課2016b）。しかし，社人研推計（2013b）によれば，今後，人口の伸び率は鈍化する。2040年には，2010年よりも1割程度（114.81％）多い約4万8000人になるものと予測される。

伊奈町の年齢区分別人口割合の推移は表4-11のとおりである。

年少人口は，1980年以降緩やかな減少傾向がみられた。しかし，2000年を境に増加傾向に転じ，その後は現状に近い値で推移する時期が続き，2010年に全人口の5分の1弱を占めた。そして再び2015年以降減少が続く（社人研2013b，埼玉県総務部統計課2016b）。

生産年齢人口は，1980年（1万3374人，63.7％）以降増加を続け，伊奈町人口

89

増の要因となってる。近年はその伸びが鈍化し，2015年は，2万7303人であった。社人研推計では，2030年に約3万人（62.4％）を境に減少に転じ，2040年には2万7159人となる見込みである。

高齢人口は，生産年齢人口が順次老年期に入り，また，平均寿命が延びたことから，一貫して増加を続けている。2010年（7232人）までは，年少人口よりも少ない。しかし，2015年以降は年少人口を上回り，2040年には，町全体の3割（1万4008人）が65歳以上となる。総人口のおよそ3分の1が高齢人口と言うことは，生産年齢人口約2人で1人の高齢人口を支える。また，75歳以上の後期高齢人口の増加率がとくに際立っている。

伊奈町の人口推移を概観した結果，以下2点に要約できる。

第1に，伊奈町の現在の人口構成は，30歳代後半を中心とした年齢層が厚く，高い生産年齢人口割合を確保している。しかし，近年その増加は鈍化し，今後生産年齢人口が順次高齢期に入り，2030年より減少に転じる。

第2は，伊奈町の人口は一貫して増加を続けているが，近年では，自然増・社会増ともに縮小傾向にある。東京圏（東京・神奈川・千葉）のみ転出超過が続いている。とくに20～30歳代の女性の転出が多い。現状，将来推計においても伊奈町の人口増加は社会増に大きく依存している。

伊奈町に人口増加をもたらす社会増の理由は2点ある。

第1に，ニューシャトル開通と新駅（伊奈中央駅）の開設である。すでに述べたように，1983年12月にニューシャトルが開業（羽貫駅まで），1990年2月に現在の終点である内宿駅まで全線開通となった。その結果，伊奈町の利便性は，大きく向上した。事実，伊奈町では，2005～10年の5年間で，人口が5959人（16.31％）も増加している。

第2は，2つの土地区画整理事業である（全国町村会2012）。埼玉県が施行主体となって1986～2013年まで実施された「伊奈特定土地区画整理事業」は，施行面積約225ha，計画人口1万1000人と非常に大規模なもので，内宿駅・羽貫駅の東部で施行された。

ニューシャトルは，元々鉄道路線と駅があるところに開通した。そして，そこに大規模な土地区画整理事業を実施したことによって伊奈町の人口が増加し

た。既存駅周辺で土地区画整理事業を実施することにより，人口増加につながっている。駅自体は元からあったことを考えれば，人口増加の要因は駅ではなく，区画整理事業ということになる。また，単に新駅ができるだけでは人口は増えず，駅前開発と土地区画整理事業により新住民を受け入れる態勢が整ってはじめて，人口増加につながる。

3）伊奈町の地域力

日本全国，人口減少化が加速する中で，伊奈町では人口増加傾向が継続している。2010年国勢調査結果では，伊奈町の人口増加率は，16.23％で，全国1742市町村中，第5位であった（2015年の増加率は，増加ではあるものの4.6％と大分減少している）。

東洋経済新報社が，国勢調査後に発表する「住みよさランキング」（東洋経済新報社2016）には，伊奈町の名前は見られない。ということは，人口増加率は高いものの，伊奈町の「住み心地」評価はそれほど高くないといえる。

事実レーダーチャートを見ると，伊奈町の総合評価は，全市町村中第233位。低くはないが，トップとも言えない。交通安全（第1510位）・防犯（第1086位），福祉（児童福祉第1582位，老人福祉第1364位）ときわめて低い。人口増加はするものの，「住み心地」に対する整備が十分に整っているとは言えない。これらマイナスの地域力（課題）の改善が今後求められる。

一方，プラスの地域力もある。住民の定住志向は高い（伊奈町2016）。今後も「住み続けるつもり」64.7％，「住み続けたいが転出することになるだろう」の13.4％を加えると78.1％と8割近い。

伊奈町転入の理由は，「住宅の価格や家賃が手頃」「通勤・通学に便利」が他の項目を大きく引き離している。「自然環境」「子育てしやすい環境」「田園風景」「交通の便」「街並みがきれい」なども上位にあげられている。それらは伊奈町の強みであり，さらに定住を高めていくための要因（プラスの地域力・貴重な地域資源）ともなり得る。その具体例として以下4点に注目したい。それらは，「バラ園」（町制施行記念公園）（伊奈町2016），「無線山桜並木」（トラベルjp2016），「伊奈まつり・花火大会」（伊奈町2016），そして「伊奈町の特産物」

米・野菜・梨，ぶどう（巨峰），桃・梨ワイン「乙女の香り」，切花や鉢など（伊奈町2016）である。

このように，「緑豊かな住環境に恵まれ，素晴らしい特産物がある」のが伊奈町である。今後転入人口増のためには，このような他では得られない地域力の効率的な情報発信，観光に訪れた人が，「住みたいまち」と考えるようなプログラムの提示法が求められる。具体的には，伊奈町の魅力・地域資源・プラスの地域力を積極的に情報発信する必要性がある。訪れる人を待つばかりでなく，訪れてみたいと思わせるような能動的な情報提供方法の開発が求められる（「ICTを活用した新たな取り組み」は，本書第8章を参照されたい）。

5　千葉県と印西市

（1）千葉県の人口の概要

本章で最後に取り上げるのは，千葉県である。社人研報告書（2013b）で，2040年の推計人口増加率（対2010年比△13.8％）が第8番目で，2013年対前年比人口増減率は，△0.05，婚姻率5.11である（表3-1a参照）[13]。千葉県市町村別2013年人口増減率に対する婚姻率の回帰分析結果は以下のとおりである。

　Y（千葉県・市区町村別・人口増減率）＝－2.901＋0.537X（CMR‰），補正R^2＝0.400，P値＝0.0000。

したがって，千葉県の場合，婚姻率が人口増減に有意（$p<0.001$）な要因である。

1）県の人口

2015年国勢調査の千葉県の人口は622万2666人で，「前回調査」に比べ6377人（＋1.0％）の増加（千葉県総合企画部統計課2016b）。男女別人口は，男性309万5860人，女性312万6806人，性比（女性100人対男性数）は99.0で，男女ほぼ同率である。

千葉県の人口は全国都道府県中6番目，人口増加率は8番目，首都圏では，東京，埼玉，神奈川に次いで4番目に高い。千葉県の人口は前年同期比0.19％

第 4 章　若者の定住と高齢者の健康対策が課題

表 4-12　千葉県の年齢区分別人口割合

(%)

	2010年	2015年	2040年（推計）
年少人口割合	13.0 →	12.4 →	9.8
生産年齢人口割合	65.4 →	61.7 →	53.7
高齢人口割合	21.5 →	25.9 →	36.5
後期高齢人口割合	9.0 →	11.4 →	20.4

出典：国勢調査，社人研（2013b）。

増の629万5899人であった。増加するのは 2 年連続で，転入者から転出者を差し引いた「社会増減」で人口が 3 年連続で増加している。これは県北西部を中心に家族連れなどの移住が進んでいることが原因である。

　これまでの国勢調査結果をみると，千葉県の人口は，1920年第 1 回国勢調査以降継続して増加している。しかし，人口増減率は1970年の24.6％をピークに低下し続けている。社人研推計によると，千葉県の人口は，2015年（6223万人）をピークに減少しはじめ，2040年には，5358万人にまで減少する。

　千葉県内の人口は前年同期比2953人増加した。出生数から死亡数を差し引いた「自然増減」は△9192人となり，5 年連続の自然減となった。一方，社会増減は 1 万2145人の増加である。

2 ）年齢別区分別人口割合

　千葉県の年齢区分別人口割合の推移は表 4-12のとおりである。

　2015年の年少人口が総人口に占める割合は，前回調査に比べわずかながら低下した。なお，全国平均（12.6％）と比較すると千葉県は17番目の低さであった。一方，生産年齢人口割合は，全国（60.7％）と比較すると，千葉県は 7 番目の高さであった。さらに，高齢人口割合は，はじめて千葉県総人口の 4 分の 1 を超えた。なお，全国（26.6％）と比較すると，千葉県は 8 番目の低さであった。

　2015年人口ピラミッドは，1980年の「つぼ型」に近い形から，65〜69歳，40〜44歳を中心とした 2 つの膨らみをもつ「ひょうたん型」に近い形となった。

93

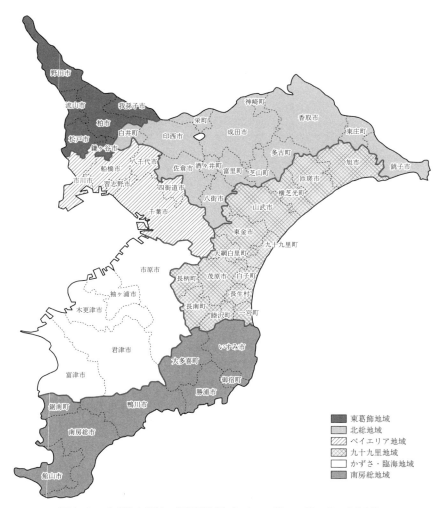

図4-5 千葉県市町村・地域別地図（37市，16町，1村＝計54市町村）
出典：千葉県商工労働部観光企画課（2014）p.51より引用。

第4章　若者の定住と高齢者の健康対策が課題

将来的には，総人口の4割近くが高齢人口になるものと予測される。
　なお，千葉県の2015年国勢調査で，人口減少率が最も高かった鋸南町は，2040年推定人口減少率が最も高い（△47.2％）。そして，高齢人口割合2015年43.6％→2040年51.6％，後期高齢人口割合22.6％→34.6％で，2030年には限界集落となることが予想される。千葉県の他の市町村をみても，後期高齢人口割合が，2010年より急速に増加し，今後千葉県が総じて，少子高齢社会へと進んでいくことがわかる。

3）人口増加理由
　千葉県は，東葛飾，ベイエリア，かずさ・臨界，北総，九十九里，および南房総の6つの地域に分けられる（千葉県観光物産協会2016，図4-5参照）。千葉県全体としては北西部を中心に人口増加傾向にある。しかし，南部および東部地域は，減少傾向にあり，千葉県内で人口の二極化が進展している。そのため千葉県の「強み・魅力」が県内一様でない。例えば，総じて人口減少傾向にある北総部に位置する印西市は，人口増加率が際立って高い。各々の地域の特色を知り，なぜ特定の自治体の人口が増加するのか。その理由を考えてみたい。

（2）印西市の地域力──住みよさ1位の評価
1）印西市の概要
　現在の印西市は誕生後まだ間もない。2010年3月23日に印西市・印旛村・本埜村が合併し，新しい印西市となった。
　印西市は，東京都心から約40km，千葉市から約20km，成田国際空港から約15kmに位置する。そして，西は我孫子市・柏市・白井市に，南は八千代市・佐倉市・酒々井町に，東は成田市・栄町に，北は利根川を隔てて茨城県に接する（図4-5参照）印西市は，南東部を印旛沼，北西部を手賀沼，北部を利根川に囲まれ，標高20～30m程度の下総台地といわれる平坦な台地と，沼および河川周辺の低地により構成されている。また，市の大部分を占める台地は周囲の沼や川につながる谷津といわれる谷に切り込まれ，北総地域に特徴的な景観を形成している。地質は，台地に関しては上部に関東ローム層が厚く堆積し，

低地部は河川によって運びこまれた土砂が堆積する肥沃な土地が広がる。気候は，内陸型に近い。年間平均気温は15度前後と比較的温暖で，年間降水量は1300mm程度。また，面積は123.79km^{2}で，周辺の同規模の市町村としては，佐倉市（103.59km^2），柏市（114.90km^2），野田市（103.54km^2）などがある。

土地利用は，田畑約4割，山林約2割，宅地約1割で，自然環境が多く残されている（残り3割は低地）。宅地は，JR成田線沿線の既成市街地や千葉ニュータウンの開発を中心に市街化が進み，北総線の延伸とともに発展してきた比較的新しい市である。北総線の千葉ニュータウン中央駅から東京都心まで鉄道利用の所要時間は約50分。東京と成田国際空港を結ぶ交通軸上にあるため，成田空港へのアクセスは良好で，羽田空港へも直通電車が走っている。

2）印西市の人口の推移と増加要因

印西市の人口推移の概要をみると1920年の2万3060人から1980年の2万9907人ごろまでは，大きな変動はなく漸増を繰り返した。しかし，千葉ニュータウン事業の影響により，1980年以降から現在にかけて6万人を超える急激な人口増加がみられる。千葉ニュータウンの入居開始（1984年）以降，（2015年国勢調査時の印西市人口，9万2670人）千葉県全体と比較しても，高い伸び率で人口が増加している（2015年の対前回調査人口増減率は，千葉県平均0.1％，印西市5.1％）（印西市2016b，千葉県総合企画部統計課2016b）。

全国的にみても，印西市の人口増加率は高い。総務省が2015〜17年7月に公表した「住民基本台帳に基づく人口，人口動態及び世帯数」（各年1月1日現在）のデータを基に「人口増加の勢い指数」を抽出した（日経BP総合研究所2017b）。印西市の指数は全国第2位ときわめて高く，近年人口が増加し続けていることがわかる。

しかし，印西市の総人口は，近年は若干伸び率が鈍化し緩やかな増加傾向にある。将来推計については，2020年をピークにゆるやかに減少し，2040年人口8万5303人，2060年人口は，1995年ごろと同程度の約7万人（7万1198人）と推計される（社人研2013b）。

千葉県の婚姻率と人口増減率の関係は，有意である。だが，印西市の場合，

第 4 章　若者の定住と高齢者の健康対策が課題

表 4-13　印西市の年齢区分別人口割合

(%)

	2010年		2015年		2040年（推計）
年少人口割合	20.8	→	15.0	→	11.0
生産年齢人口割合	66.7	→	64.5	→	55.0
高齢人口割合	12.5	→	20.5	→	35.0
後期高齢人口割合	4.6	→	4.7	→	8.4

出典：国勢調査，社人研（2013b）。

必ずしもそれが適切とは言えない。印西市2013年の対前年比，人口増加率は，0.57できわめて高い（千葉県平均△0.05，最高流山市1.10）。一方，印西市の婚姻率は，きわめて低く，全54市町村中第47位（CMR 印西市3.10‰，千葉県平均5.10‰，最大・市川市7.43‰）。過去10年間，印西市の婚姻率はきわめて低い。人口の自然増・社会増がみられるのは，転入時，既婚・子育て世帯が多いということになる（年齢階層別では，印西市への転入者は25〜39歳，転出者は，20〜29歳が多い）。印西市の年齢区分別人口割合の推移は表4-13のとおりである。印西市の全人口に占める年少人口および生産年齢人口の割合は年々減少傾向にある。一方高齢化率は，現在は低いが，今後は急速に上昇する。そして，高齢人口の増加が印西市人口の増加要因となる。以降高齢人口割合は，徐々に減少に転じ，同時に印西市の総人口も減少に転じると予測される。

　印西市の年齢階層別人口の推移の特徴は，千葉県平均に比べて，年少人口割合が高く，高齢人口割合が低い点である。千葉県全体と比較すると，少子高齢化の速度は緩やかである。しかし，印西市も，全体として少子高齢化の傾向があらわれ，年少人口割合の低下，高齢人口割合の増加が続く。したがって，印西市の将来人口施策にあたっては，2040年までの印西市人口増加要因が，高齢人口増加であることに注目する必要がある。

　人口推移と現状分析から，印西市の人口増加要因3点を指摘できる。第1は，千葉ニュータウン事業により，都心への通勤圏にあるベッドタウンが造成されたこと。第2は，交通整備により，利便性が増したこと。そして第3に，自然環境が整備されていることである。これらにより，子育て世代の流入が相次い

でいる。しかし，印西市の全ての指標評価が高いわけではない。そこで，次に，印西市の評価をみることにする。

　3）印西市の地域力

　印西市の評価は，2012年以来「住みよさランキング」総合評価で全813都市中，全国第1位を維持している。また，人口・世帯の増加，納税者1人当たり所得，持ち家世帯比率などの指標も高い水準にある。「利便度」第3位，「快適度」15位，「富裕度」60位，「住居水準充実度」176位と5部門中4部門の評価が相対的に高く，総合トップの座を堅持した。ただし，「安心度」のみ641位と低い。人口当たりの病院・一般診療所数，介護施設数，保育施設数等が全国平均より少ないことが主因である（東洋経済新報社2016）。

　印西市の評価指標に関しては，全1742市町村を対象としたEvaCvaレーダーチャートでも同様の結果が示されている。総合評価は，226位で，経済的指標はおおむね良好である。しかし，「防犯」(1571位)，「児童福祉」(1451位)，「病院」(1277位)，「交通安全」(674位)，「老人福祉」(632位)である。これらの「強み」指標を継続維持し，「弱み」指標の克服に努めることが，印西市の将来的人口減少をゆるやかなものにすることにつながる。

　印西市は東京の近くにありながら，利根川・印旛沼等の水辺や里山，谷津などの景観が見られ，「緑」を楽しめる場所も多くある。また「七色畑」と言われるような種類の多い野菜や果物，米の他有機野菜（無農薬野菜）生産も盛んに行われている。農地は首都圏の食料生産地としての役割を果たしている。

　また印西市は，東京と成田国際空港の間に位置し，成田国際空港との近接性から，就労エリアの拡大も見込まれる。そのため，定住人口や交流人口増につながる施策が必要である。また，2020年東京オリンピック・パラリンピックに際して，地域資源を活用したキャンプ地等誘致にも有利な環境にある。

　印西市の観光資源として，「新・印西八景」（印西市観光協会2017）が簡便な手引書の役割を果たす。それら八景は，大六天の眺望，印旛沼夕景，いんざいぶらり川めぐり，コスモス畑，夜明けの利根川，木下万葉公園，桜（小林牧場の櫻花・吉高の大桜），結縁寺の風景である。いずれも厳選して選出されている八

景で，どこも素晴らしい景観である。

　これらの地域資源や魅力を最大限活用し，積極的に市内外へ情報発信することで，印西市の定住人口の増加，観光客を含めた交流人口の増加が可能となる。印西市ならではの貴重な地域力を，他所に住む人が訪ねてみたい，住んでみたいと思うように工夫し提供する方策の開発が必要である（ICT 活用の発信については本書第 8 章第 2 節を参照）。

6　市町村ごとで異なる評価と課題

　本章では，都道府県別2040年人口推計増加率が高く（あるいは減少率が低く），東日本に分類される 5 つの都県と各々の特色ある市町村の人口と地域力を考察した（東京，愛知，神奈川，埼玉，および千葉）。

　これらを見ると，大都市，中小都市，限界集落それぞれが，人口減少・少子高齢化対策，地域おこしに力を注いでいることが分かる。しかし，同一県内でも地域の特性によってその地域力や得られる評価が異なるものであった。また，課題にも若者の定住・雇用，高齢者の健康長寿などの違いがみられた。そこで，次章では，引き続き2040年人口減少率が低い自治体から，西日本に所属する 4 つの府県の特色ある市町村を 1 つずつ取り上げ，各々の地域力を検証する。それら 4 府県とは，沖縄，滋賀，福岡，および大阪である。将来的にはいずれもゆるやかに人口減少が進む日本の各地域にあって，多用な独自性をもつ市町村をもう少し紹介する。

注
（1）　愛知県は中部地域と言われるように，東日本，西日本に二分する場合意見が分かれる。そこで，ここでは，国語・言語学者大野晋が『東日本と西日本』（1981）で論ずる東西の境界線に関する 2 点の考察に基づき愛知県を東日本に分類する。第 1 は日本語のアクセント（東京式は，新潟・長野・岐阜・愛知から東＝東日本）。第 2 は母音と子音の使い方（本州東部の方言は子音が強く長く，母音は弱く短い。つまり岐阜県・愛知県から東，東部日本は，子音的言語区域）である（詳細は，大野1981，254 - 258頁）。

（２） 当初本第4章では計9の都府県を検証予定であったが，紙幅の都合により東日本に位置する5都県（東京，神奈川，埼玉，千葉，愛知）を検証し，残る4府県（大阪，滋賀，福岡，沖縄）は，次の第5章で検証することとした。
（３）「UIJターン現象」とは以下の3つの人口還流現象を意味するビジネス用語。
　　　・Uターン現象とは，地方から都市へ移住したあと，再び地方へ移住すること。
　　　・Jターン現象とは，地方から大規模都市へ移住し，地方近くの中規模な都市へ再移住する。
　　　・Iターン現象とは，地方から都市へ，または都市から地方へ移住すること。
（４）「産業の六次産業化」とは，第一次産業が，農林水産物の生産だけに留まらず，それを原材料とした加工食品の製造・販売や観光農園のような地域資源を生かしたサービスなど，第二次産業や第三次産業にまで踏み込むこと。今村奈良臣・東京大学名誉教授が提唱した（農業協同組合新聞2006）。
（５） 社人研による推計準拠とは，主に2005（平成17）年から2010（平成22）年の人口動向を勘案し，推計。移動率は，今後，全域的に縮小すると仮定。また，出生・死亡・移動に関する仮定の詳細は出典を参考（御蔵島村2016a，31頁）。
（６） Productive Agingの定められた邦訳はなく，「生産的老後」（前田2003），「生涯現役」（小川2003），「生産的な老い」（岡2003）などと言われる。
（７） もともとは「学問，知識を開発し，世のため成すべき務めを成さしめる」という意味の古い中国の言葉「開物成務」が起源で，易の目的を述べた語（goo辞書2017）。
（８）「田舎モダン」とは，田舎の良さと都会の便利さを併せ持つ意（COCOLOMACHI2016）。
（９） 小田急線「開成」駅東口を出て目の前の「ぷらっと・かいせい」ビル3階に開館（COCOLOMACHI2016）。
（10） 中でも30〜40歳代の子育て世代をターゲットに，小児医療費の助成上限を小学6年まで拡充するなどの魅力的な施策が同町は挙げられる（産経ニュース2016b）。
（11） その主旨は，「大人や子どもの垣根を越えて交流を盛んにし，町内の活性化につなげる」こと（開成町役場2015）。
（12）「第三セクター」は，元々は地域開発や新しい都市づくり推進のため，第一セクター（国や地方公共団体）と，第二セクター（民間企業）が共同出資して設立された事業体をいう（日本民営鉄道協会2016）。
（13） 千葉県の自治体数は，2010（平成22）年3月22日以降54（36市，17町，1村）となった。ただし，千葉市は政令指定都市として6区が含まれる。

第5章
都心に隣接した小さな自治体だからできること
―― 2040年推計人口にみる西日本の市町村の地域力 ――

　本章では，2010年に対する2040年の推計人口減少率が低い西日本に属する沖縄県，滋賀県，福岡県，大阪府を取り上げる。そして，それぞれの府県から，都市へのアクセスのよい小さな自治体について検証する。そこには他組織との連携や住民アンケートなど，独自性もさることながら，小規模ならではの細やかで，す早い対応が感じられる。

1　沖縄県と中城村

　まず最初に沖縄県を取り上げる理由は2点。第1に，2015年国勢調査結果（総務省2016b）で，前回調査より，人口増加率（2.9%）が，全都道府県中最も高いこと。第2に，社人研報告書（2013b）で，2040年の推計人口増減率（対2010年比△1.7%）が全都道府県中最も高いと推計されること（表3-2参照）によるものである。

　また，沖縄県の2013年対前年比人口増減率は，0.42%，婚姻率6.12‰である（表3-1a参照）。さらに，沖縄県市区町村別2013年人口増減率に対する婚姻率の回帰分析結果は，以下のとおりである。

　Y（沖縄県・市区町村別・人口増減率）＝－1.469＋0.230X（CMR‰），補正R^2＝0.126，P値＝0.014, NS。

　したがって，沖縄県の場合，婚姻率が人口増減に有意な要因とは言えない。

表5-1 沖縄県の年齢区分別人口割合

(％)

	2010年	2015年	2040年（推計）
年少人口割合	17.8 →	17.4 →	13.9
生産年齢人口割合	64.8 →	62.9 →	55.7
高齢人口割合	17.4 →	19.6 →	30.3
後期高齢人口割合	8.7 →	10.1 →	17.5

出典：国勢調査，社人研（2013b）。

（1）沖縄県の人口の概要

1）県の人口

第3章で，指摘したように，沖縄県の人口動態決定要因は，他の都道府県とは，だいぶ異なる。社会経済的および離婚指標は，全都道府県中最も好ましくない部類に属する。しかし，村落・地域社会への帰属意識は高く，出生率も高い（沖縄県2016）。そこには，沖縄独特の地域社会風土・相互扶助の人間関係（ユイマール）の文化が作用している（詳細は，あじまぁ沖縄2016，熊谷1997，2011，Kumagai 2008，2015，玉城1997参照）。

2015年の沖縄県人口は143万3566人。前回国勢調査から5年間で4万748人（2.9％）増加した。人口増加率は前回調査の2.3％を上回ったが，人口の伸びは1980年以降鈍化してきている（沖縄県2016）。

沖縄県の人口増加率は全都道府県中最も高い。社人研が2010年までの国勢調査に基づくトレンドから予測した2015年人口より2万3297人（1.7％）多く，予測よりわずかに上振れしている。また，社人研による2040年の推計人口増減率によると，沖縄県は，△1.7％で，全47都道府県中最も高い（社人研2013b）。

2）県の人口年齢区分別人口割合

沖縄県の年齢区分別人口割合の推移は表5-1のとおりである。

なお，沖縄県の年少人口割合は，全国47都道府県中常にトップの高い数値である。また，高齢人口割合は，他県に比べて低い値で推移している。しかし，高齢者，および後期高齢者人口割合は2015年ごろから急速に増加する。したが

第5章　都心に隣接した小さな自治体だからできること

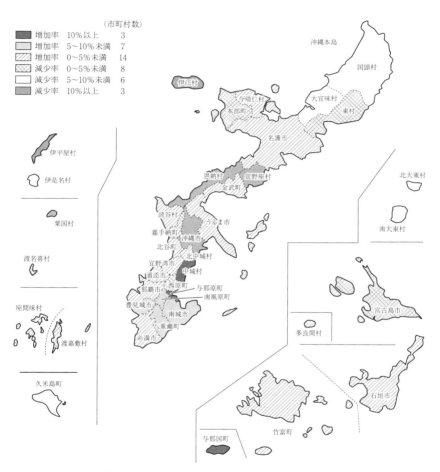

図5-1　沖縄県市町村別人口増減率（11市，11町，19村＝計41市町村）
注：2010年に対する2015年の比較。
出典：沖縄県企画部統計課（2016）8頁。

って，これらの数値から，沖縄県も今後，徐々に少子高齢社会となる。

1975年の沖縄県の総人口ピラミッドは，末広がりのピラミッド型であった。その後少子高齢化が急速に進展し，人口増加率は，徐々に減少している（1975→2010→2040推計は，1.98%→0.45%→△0.31%）。また，沖縄県の将来推計人口は，全体的には2025年前後にピークの144.3万人を迎え，その後減少に転じることが見込まれている（社人研2013b，沖縄県2015，2016）。

沖縄県内では，産業・人口共に極端に那覇に集中している。しかし那覇市は面積が狭く，航空法による建築制限がされて高い建物が建てられない。そのため，近年では那覇市周辺の自治体がベッドタウン化している。那覇市（対2010年2040年推計人口増減率△8%，以下同様）のほか，豊見城市（23.7%），浦添市（5.2%），糸満市（2.1%），南城市（△9.9%），島尻郡（与那原町2.3%・南風原町12.7%・八重瀬町10.3%），宜野湾市（△0.3%），西原町（3.5%），中城村（6.7%）を合わせた地域が「那覇都市圏」を形成し，2015年は83万人の人口を擁した。都市圏の人口密度は，東京・大阪・名古屋の「三大都市圏」に匹敵するレヴェルの場所もある（沖縄県企画部統計課2016，および図5-1参照）。

一方離島では若年層が仕事を求めて那覇などに流出するため，過疎化の進行が著しい（沖縄県2015，2016）。それは，沖縄県内でも人口構成が地域により著しく異なることを立証している（図5-1参照）。

そこで，ここでは，中城村の地域力を検証する。その理由は，中城村は，前述の「那覇都市圏」に属する唯一の村でありながら，2010年人口に対する2040年推計人口増減（6.7%）は，沖縄県全41市町村中第5番目と高い。また，対前年の2013年人口増減率（2.53%）は，当該年の沖縄県内最高値であったことによる（表3-1b参照）。さらに中城村の2013年の婚姻率（7.24‰）は，沖縄県全41市町村中第7番目と高かったことによる。

(2) 中城村の地域力——村民の定住志向と若い力を活かす工夫

中城村は，沖縄本島東海岸中部に位置する。東は中城湾（太平洋），北は沖縄県内屈指の名跡で，世界遺産に登録されている「中城城跡」が建つ丘陵地がある自然豊かな土地である。約650年前に建立されたと言われる中城城が栄え

第 5 章　都心に隣接した小さな自治体だからできること

表 5-2　中城村の年齢区分別人口割合
(％)

	2010年	2015年	2040年（推計）
年少人口割合	16.5 →	17.4 →	13.2
生産年齢人口割合	66.9 →	64.8 →	56.3
高齢人口割合	16.6 →	17.8 →	30.5
後期高齢人口割合	9.0 →	9.7 →	18.1

出典：沖縄県2016，社人研（2013b）。

ていた時代から農業が盛んで，現在でもサトウキビ畑が一面に広がり，島ニンジンや島ダイコンの栽培も行われている（中城村2009，たびらい沖縄2015）。

1）人口と世帯

このような風光明媚な地・中城村が，近年なぜ日本全国有数の高い人口増加率で脚光を浴びるようになったのか。中城村の人口は1980年ごろまで横ばいで推移してきた（1972年総人口1万472人，男性5089人，女性5383人，2000世帯，平均世帯人員5.2人）。しかし，1980年代後半から現在まで一貫して増加し続けている。2016年10月末時点の住民基本台帳を基にした総人口は2万186人（男性1万129人，女性1万57人，8004世帯，平均世帯人員2.5人）で，中城村第四次総合計画における2016年の計画人口1万9500人を上回るペースで増加している（中城村2016ab）。

2）人口推移

人口割合の推移は表 5-2 のとおりである。

近年の中城村の年齢区分別人口割合は，沖縄県平均のそれとほぼ類似する。高齢人口の増加につれて，2015年には年少人口と高齢人口が同割合となった。また，社人研による2040年の推計割合は，年少人口，生産年齢人口は減少し，高齢人口は大幅に増加する（後期高齢人口割合は，2010年から，2040年推定は倍増以上と予測される）（中城村2016b，社人研2013b）。

中城村では，比較的高い年少人口割合が予測できる。しかし，生産年齢人口割合が減少し，その分高齢人口に移動する。つまり，高齢人口割合，後期高齢

人口割合ともに急速に増加する。その結果平均寿命が上昇する。2010年時点で中城村の平均寿命（0歳児の平均余命）は，男性が全国平均よりも0.1歳長い79.7歳，女性も全国平均より1.9歳長い，88.3歳である（厚生労働省2013）。したがって，2040年時点の中城村男女の寿命はさらに延びることが予測される。

中城村の人口増加率は，近年非常に高い。国勢調査による人口増減率順位は，2005～10年11.9％（全国第10位），2010～15年10.0％（全国第11位）と高い増加ペースが続いている（総務省統計局2016e）。また，社人研の2040年推計人口では，中城村の人口は1万8872人で，2010年（1万7680人）より，増加率6.7％が見込まれている（社人研2013b）。

この人口増加は，主として，社会増によるところが大きい。1985～2013年の28年間の累計数をみると，自然増（出生－死亡）1817人，社会増（転入－転出）6132人であった（中城村2016b）。

人口社会増の原因として，主として以下2点を挙げることができる。

第1に，1984年の琉球大学移転に伴い，南上原（みなみうえばる）土地区画整理事業（1994年～現在）による付近の住宅開発が活発となっていること。

第2に，那覇市や浦添市など近隣の都市部へのアクセスに適していること，大学病院があること，区画整理によって商業施設の誘致が進んでいることである。

しかし，中城村全21地区のうち，人口増加は，南上原への一極集中が顕著である。なお，2015年10月末の南上原の人口は6503人で，村人口の約3分の1を占める。年9.0％のペースで増加し，中城村の人口動向に多大な影響を与えている。

3）中城村の4つの地域力

「村民意識調査」結果から，中城村の地域力を4点挙げることができる。

①強い定住志向（村民の約9割），②村への要望（公共交通網の充実，都市基盤整備，医療福祉充実，子育て・子どもの教育支援），③若い力との連携（琉球大学の学生と共に），そして，④観光資源（貴重な世界遺産）である。

これらプラスの地域力を活かし，大学や区画整理地区の若者の力を活用し，

高齢化等のマイナスの課題への積極的取り組みを提案したい。そうすれば，中城村の将来の地域活性化には，光明が見えてくるのではないであろうか。

2　滋賀県と草津市

(1) 滋賀県の人口の概要
　本章で沖縄県に次いで滋賀県を取り上げる理由は，社人研報告書（2013b）で，2040年の推計人口増加率（対2010年比△7.2％）が全47都道府県中第3位に位置付けられたことによる。また，2013年対前年比人口増減率は，△0.03％，婚姻率5.34（表3-1a参照）である。滋賀県市町村別2013年人口増減率に対する婚姻率の回帰分析結果は，以下のとおりである。

　Y（滋賀県・市町村別・人口増減率）＝－2.218＋0.385X（CMR‰），補正 R^2＝0.25，P値＝0.0144, NS。

　したがって，滋賀県の場合，婚姻率が人口増減率に対し有意な要因とは言えない。

1）県の人口
　2015年国勢調査結果によると，滋賀県の人口は141万3184人で，「前回調査」に比べ2407人（0.17％）の増加となった（滋賀県総合政策部2016）。男女別人口をみると，男性は69万6887人，女性は71万6297人で，性比（女性100人に対する男性の数）は97.3。また，滋賀県の人口は全国で26番目（2010年は28番目），人口増加率は7番目で，近畿2府4県で人口増加は滋賀県のみである。
　これまでの国勢調査結果をみると，滋賀県の人口は，1965年以降継続して増加してきた。しかし，人口増加率は1975年の10.77％をピークに低下し続けている。また，「滋賀県推計人口」によると，2013年12月1日現在の141万7499人をピークに減少しはじめ，2014年8月以降は対前年同月比で減少し続けている。このことから，滋賀県の人口は，今回の国勢調査では増加したものの，すでにピークを過ぎ，減少期に入っていると考えられる（滋賀県総合政策部2016）。事実，社人研推計（2013b）より6738人（0.5％）少ない。

表5-3 滋賀県の年齢区分別人口割合
(%)

	2010年	2015年	2040年（推計）
年少人口割合	15.1 →	14.5 →	11.7
生産年齢人口割合	64.2 →	61.3 →	55.6
高齢人口割合	20.7 →	20.7 →	32.8
後期高齢人口割合	10.0 →	11.3 →	18.5

出典：国勢調査，社人研（2013b）。

　人口増加率が最も高いのは草津市（4.93％），以下，栗東市4.88％，守山市4.38％，愛荘町3.30％，彦根市1.48％となっている。一方，減少率は，甲良町が△6.19％と最も高く，以下，多賀町△5.17％，長浜市△4.75％，高島市△4.70％，日野町△4.32％となっている（図5-2参照）。滋賀県全19市町村の中で，人口増減率に大きな格差が存在する。社人研の推計によると，南部地域では，当面，人口の増加が続く。しかし，その他の地域では人口が減少するとされている。とくに湖北地域や甲賀地域，高島地域では，人口減少の度合いが高い。また，高齢化率も高島地域ではとくに高くなっている。同じ市町の中でも，農山村集落と駅周辺部をはじめとする中心市街地との人口差は，広がることが予測される（滋賀県総合政策部2015，17-18頁，および図5-2参照）。したがって，今後の人口戦略・施策は，滋賀県内の個々の地域の実情や特性に応じ異なることになる。

2）年齢区分別人口割合

　滋賀県の年齢区分別人口割合の推移は表5-3のとおりである。
　滋賀県の年少人口割合は，沖縄県に次ぎ第2位と高い。また，高齢人口割合は，他県に比べて低い値で推移している。しかし，高齢者，および後期高齢者人口割合は2015年ごろから急速に増加する。一方，年少人口は増加せず，寸胴型の人口ピラミッドを形成する（社人研2013b，滋賀県草津市役所2016ab，滋賀県総合政策部2016）。したがって，これらの数値からもわかるとおり，緩やかではあるが，滋賀県も今後，少子高齢による人口減少社会となる。

第5章　都心に隣接した小さな自治体だからできること

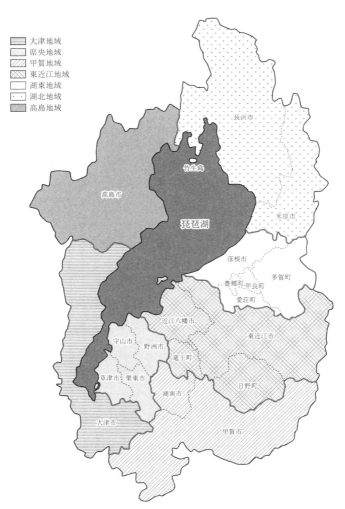

図5-2　滋賀県の市町・地域別地図（13市，6町＝計19市町）
出典：滋賀県「県内の市町一覧」（2016年12月14日更新）より。

3）県の人口増加理由

すでに述べたように，2015年国勢調査の結果，近畿2府4県で人口が増加したのは滋賀県のみである。したがって，「その理由は何か」と疑問を抱くのは当然である。また，滋賀県内でも地域により，人口増減状態が異なる。そこで，滋賀県の人口増加の要因・背景を地域別に考えてみる。

地理的にみると，滋賀県南部地域が中心となって人口が増加している。また14歳以下の年少人口比率が高い地域が，人口増加率上位地域ともほぼ重なる（図5-2参照）。そこで，滋賀県南部地域の特色を考えると，以下の5点を挙げることができる（井村2014，西の社会目録2016）。

第1に，フラットで肥沃な土地の存在。そのため，駅周辺部にも一戸建て住宅地を開発する余地が残されていた。

第2に，交通の利便性。京阪神のベッドタウン(2)として宅地開発が盛んに行われ，他府県（とくに近隣の京都・大阪）からの人口が流入した。主要駅から大都市への交通の便が良く，大津市を中心に「ドーナツ化現象(3)」が発生し，JR東海道本線沿いから，琵琶湖に波紋が広がるように都市の拡大，人口増加が進展した。

第3に，古くから交通の要衝であること。織田信長の居城・安土城もこの一角（旧安土町(4)，現近江八幡市）に築城され，旧東海道と中山道が通り近江商人が活躍し，歴史的にも豊かな経済基盤を持つ地域であった。今日でも滋賀県は東海道本線，東海道新幹線，名神高速道路など東西を結ぶ大動脈が通る交通の要衝である。2013年には名神高速道路の彦根～八日市間にETC車専用の「湖東三山スマートインターチェンジ」が開業し，産業面と観光面でもプラス効果が現れている。さらに，滋賀県南部では新名神高速道路の大津ジャンクション(5)からの延長工事が進み，神戸JCT～高槻JCT・IC間が全線開通した（2018年3月18日）。そのため，滋賀県は，東西の物流大動脈が通る地理的優位性に恵まれている。

第4に，内陸工業県として産業の集積が進み，大学や研究機関の誘致に成功。京都市内は景観保護のため建物の高さ制限があり，住宅供給数が限られ，価格も高額となる。そのため京都に通勤する子育て世帯でも，価格的に購入しやす

い大津市や周辺地域でマイホームを購入するケースが多く，人口増加につながっている。

　第5に，恵まれた琵琶湖の自然環境，歴史資源が住みやすい住環境を提供。しかし，滋賀県全体の人口増加のピークは2015年と予測される（2015年141万3000人→2040年推計13万9000人，社人研2013b，滋賀県総合政策部2015）。滋賀県は人口増加傾向が他県よりも長く継続してきたが，今後日本全体で進む人口減少の波から免れることは難しい。年少人口割合の高さに注目し，「若い世代」にとって住みやすいまちづくりを進めていくことが，人口減少のカーブを穏やかにできるか否かの鍵をにぎる。

　滋賀県では「住み心地日本一の滋賀」を目指し「自然と人，人と人とのつながり，生活のゆとりを取り戻す」各種の施策が練られている（滋賀県総合政策部2015）。「住みよさランキング2016」(6)（東洋経済新報社2016）は，日本全国813都市中，総合評価上位50都市を列挙している。滋賀県の取り組みの成果からか，滋賀県からは3都市が入っている（草津市20位，甲賀市37位，守山市50位）。(7)

　そこで，2015年国勢調査結果で滋賀県最高の人口増加率を示す草津市（2040年推計は，10.9％で，栗東市12.9％，守山市12.8％に次ぐ第3番目）の地域力を検証したい。

（2）草津市の地域力──「草津ブランド」を生む市民意識の高さ
1）草津市の概要

　草津市は滋賀県の南東部に位置し，南北約13.2km，東西約10.9kmとやや南北に広がった地域（総面積67.82km^2）からなる（滋賀県草津市役所2013，2015）。また草津は，天下を手中に収めようとした時の権力者たちにとって，重要な場所であり，東海道五十三次のうち，江戸より数えて52番目の宿場町（草津宿）として栄えた。「急がばまわれ」の由来となった「矢橋の港」など街道と湖上交通が結束した。草津市の地名「草（陸）の津（港）」が示すように，東海道と中山道が分岐・合流する交通の要衝で，その分かれ目に追分道標が立つ。

　草津は今日でも，名神と新名神高速道路，国道1号線と京滋バイパス，JR琵琶湖線とJR草津線など日本の主要な交通をつなぐ「合流地点」である。そ

れら東西を結ぶ交通網が，近世から現代にわたり草津を交通の要衝とし，ひと・もの・情報が行き交い，さまざまな「出会い」が街道文化を生み出してきた。

また，JR東海道本線，JR草津線，国道1号，名神高速道路，学術・福祉拠点としての新名神高速道路草津市域内や，近年JR駅別乗降客数の滋賀県内1位（草津駅）と2位（南草津駅）の駅はいずれも草津市域にある（滋賀県草津市役所2015）。

2）草津市の人口割合の推移と増加要因

草津市の総人口は，1930年以降現在まで継続して増加してきた（1930年2万4190人，1960年3万5022人，2015年13万7327人）。その人口増加の主要因として3点を挙げることができる。

第1に，草津市の利便性。1970年にJR（当時は国鉄）東海道線が複々線化し，京都，大阪のベッドタウンとして，大規模都市開発が図られた。

とくに，草津駅周辺では，1980年代の終わりに駅前再開発（湖南丘陵土地区画整理事業38.1ha，草津駅前再開発）があった。その後も駅東西での大規模商業施設の開業，駅東西を結ぶ地下道整備，高層マンション建設などが進み，草津市の人口増に寄与してきた。

第2に，南草津駅周辺では，1994年の立命館大学BKC（びわこくさつキャンパス）の開学と南草津駅開業により若者の街が形成されている。ただし，2015年新学期より，立命館大学BKCに置かれていた経営学部（2014年度学生数3558人）が大阪の茨木新キャンパスに移転した。そのため2015年の総学生数は1万3568名に減少した。しかし，この点は，現時点で，総人口数には，大きな影響はない模様である（2015年，国勢調査13万7327人，草津市役所集計2016年11月30日現在13万1445人）。その理由は，さらに草津駅周辺の区画整理が進められ，戸建て住宅やマンションが建設され，継続的に人が移り住んでいるからである。

第3に，名神高速道路草津田上新IC，および新名神高速道路が相次いで開通（各2005年および2008年）し，高速道路網が整備されたこと，製造業企業が生産拠点を草津市に集約したこと，大規模な商業施設が近江大橋近くに開業した

表 5 - 4　草津市の年齢区分別人口割合

(％)

	2010年	2015年	2040年（推計）
年少人口割合	14.5 →	14.7 →	11.6
生産年齢人口割合	68.9 →	65.2 →	60.2
高齢人口割合	16.6 →	20.2 →	28.2
後期高齢人口割合	6.9 →	8.4 →	14.6

出典：滋賀県総合政策部（2016），社人研（2013b）。

ことである。しかし，概ね1ha以上の大規模宅地開発は，2022年ごろで縮小し，今後，約10年程度で開発に伴う草津市の人口増は限定的になることが見込まれる。

　草津市の2015年国勢調査時の世帯数は，6万206世帯（2010年比5.04％増加，滋賀県平均増加率0.17％），1世帯当たり平均人員は，2.28人（滋賀県内全19市町村中最下位，滋賀県平均値3.78人）である。したがって，草津市は，滋賀県内で人口増加率は高いが，平均世帯人員数は低い。それは，立命館大学BKCの学生を含め若い世代の住民が多くを占めることをうかがわせる。

　草津市の年齢区分別人口割合の推移は表5－4のとおりである。

　滋賀県全体の場合と同様に，年少人口割合，生産年齢人口割合は，比較的高く，高齢化進展度合いは，比較的緩慢である。しかし，高齢人口割合は，2040年には大幅に増加する。とくに後期高齢人口割合は，2010年の倍以上，現在の2倍弱に急増する。したがって，日本全体像と比較すると，草津市現在の高齢化率は低いものの，将来の超高齢社会への対策が必須である。

3）草津市の地域力

　草津市は，「住みよさランキング2016」（東洋経済新報社2016）で，全813都市中，第20位にランクする（偏差値55.37）。これは，滋賀県はもとより，近畿ブロックでも第1位である（草津市の他指標は，安心度569位，利便性5位，快適度26位，富裕度102位，住居水準充実度675位）。草津市の「住みよさ」度総合評価の高さは，主として，利便性や快適度による。一方，住居水準充実度，安心度評価

は低い。そのため，草津市の人口増加が，比較的近年の駅周辺開発により転入・居住する若い世代によると推測できる。

草津市のレーダーチャート結果は，総合評価が，全1742市町村中第144位（偏差値53.85）。評価が高い指標は，「平均寿命」（第32位），「人口自然増加」（第61位），「人口社会増加」（第66位）。一方，評価が低い指標は，「交通安全」（第1562位），「防犯」（第1554位），「老人福祉」（第1518位），「児童福祉」（第1474位），および，「TFR」（第1186位）など。その結果，住民は，若い世代が多く，人口増加傾向にあることが分かる。しかし，防犯，交通安全状態は悪く，福祉関連プログラムも充実してはいない。

したがって，草津市が「住みやすい都市」と評価されるのは，主として，「利便性」「快適度」等物理的要素によるものであり，精神的満足が得られているかは疑問である。住民が草津市にさして愛着を感じないために，草津市をよく知らない，あるいは積極的に知ろうとしないのであれば，大きな問題である。

草津市に新たな人の流れをもたらすためには，まず現在草津市在住の市民に，自らのまちの魅力や良さを認知・体験し，「住んでよかった」という誇りを感じてもらうことが必要である。そして，次の段階として，電車や車で気軽に草津を訪れることができる市外の人たちに，草津の良さを知ってもらい，実際に訪れ「住んでみたい」と思ってもらえることを試みる必要がある。

これらの点を踏まえ，草津市の魅力を情報発信し，人の流れを草津市内に呼び込み，人口減少を食い止める。そこで草津市「シティセールス」の戦略（滋賀県草津市役所2013）を参考に，何が草津市の独自の地域資源（地域力）であるのか，そしてそれらをどのようにして情報発信していくかが問われる。

草津市に現存する独特の地域資源を効果的に活用し，草津でしか体感・体験できない魅力を創出するなど，「草津ならでは」にこだわった取り組みをめざす。そのためには，さまざまな場所やひと，もの，くらしを，新しいアイデアのもとで組み合わせ，これまでにはなかった「意外な出会い」を創出し，草津の新たな魅力向上につなげる必要がある。

そこで，まず草津市にある地域資源を表示する（「草津市観光物産協会」ホーム

ページ「草津まるごとガイド」〔2016〕を参考に筆者編集）。

①公園・施設など自然資源：矢橋帰帆島公園・ロクハ公園・草津市立水生植物公園みずの森・滋賀県立琵琶湖博物館・JR 琵琶湖線・草津線草津駅・niwa+（ニワタス）・ロックベイガーデン・くさつ夢本陣（無料休憩所）・草津あおばな館・グリーンプラザからすま道の駅草津。

②寺社・史跡など歴史資源：大路井道標・旧草津川（天井川）・伊砂砂神社（いささじんじゃ）・横町道標・追分道標・双葉館 魚寅楼本館・奥座敷・塀・八百久店舗兼主屋・吉川芳樹園店舗兼主屋・矢橋港跡・清宗塚・野路の玉川・木瓜原遺跡（ぼけわらいせき）・矢倉道標・遊女梅川の墓（あそびめうめがわのはか）・草津市立草津宿街道交流館・国指定史跡草津宿本陣・三大神社（たちきじんじゃ）・立木神社・小汐井神社（おしおいじんじゃ）・国指定重要文化財鞭嵜八幡宮（むちざきはちまんぐう）・上笠天満宮・国指定重要文化財老杉神社・国指定重要文化財蓮海寺・国指定史跡芦浦観音寺。

③イベントや行事：草津宿場まつり・草津街あかり華あかり夢あかり・草津納涼まつり・ハス祭り・イナズマロックフェス。

④特産品「草津ブランド」6品目：草津メロン，愛彩菜（わさび菜），匠の夢（お米），草津産アスパラガス，草津あおば（草津市の花），草津ホンモロコ（琵琶湖固有種のコイ科の魚）。草津市は，古くから良質な近江米の生産地として知られる。また，琵琶湖に近い地域では，水菜や大根，ほうれん草，小松菜，愛彩菜など魅力あふれる農産物が多くある。その農産物や琵琶湖固有の水産物を本格的なブランド化に向け，2014年12月「草津ブランド推進協議会」の設立，草津ブランドの統一ロゴマーク決定，そして，2016年1月に6品目を初めてブランド認証した。草津市役所は，この草津ブランドを地域と共に育て，地産地消につなげ，地域産業の活性化を図りたいとしている。

草津市には，利便性や若者が集う他にも，歴史や文化，そして特産品の豊富な地域資源がある。これらを「草津市ならでは」の独自の地域力ととらえ，草津市内外に効率的に情報発信していく戦略が求められる。

地域再生は，行政のみの力で成し遂げるのは不可能である。市民，団体，企業，大学などの主体的な参加を促し，関わり方に応じた地域参加型の推進体制

が必要である。草津市独自の地域力を最大限に活用し，意外な出会いやアイデアのもと2040年に向けての地域再生に期待したい。

3 福岡県と粕屋町

　福岡県を第3番目に取り上げる理由は2点。第1に，2015年国勢調査結果（総務省2016b）で，前回調査より，人口増加率（0.6％）が，全都道府県中第6番目に高いこと。第2に，社人研報告書（2013b）で，2040年の推計人口増減率（対2010年比△13.7％）が全47都道府県中第7位に位置付けられることによる。
　また，2013年対前年比人口増減率は，0.04％，婚姻率5.57‰で（表3－1参照），福岡県市町村別2013年人口増減率に対する婚姻率の回帰分析結果は，以下のとおりである。
　Y（福岡県・市町村別・人口増減率）＝－2.321＋0.397X（CMR‰），補正R^2＝0.208，P値＝0.0000。
　したがって，福岡県の場合，婚姻率が人口増減に有意（p<0.001）な要因となっている。

(1) 福岡県の人口の概要
1) 県の人口
　2015年国勢調査結果（速報値）によると，10月1日現在の福岡県の人口は510万1556人で，「前回調査」に比べ2万9588人（＋0.6％）の増加となった（福岡県2016）。男女別人口をみると，男性は241万418人，女性は269万1138人で，性比（女性100人に対する男性の数）は89.6で，前回調査に比べ0.2％上昇している。1950年以来継続し，女性の割合が男性を上回り，近年その差が拡大している。
　福岡県の人口総数は全国47都道府県中9番目，人口増加率は6番目である。
　これまでの国勢調査結果をみると，福岡県の人口は，1920年第1回国勢調査以降1960年まで継続して増加している（218万8249人から400万6679人に大幅に増加）。そして，1970年には再び増加に転じた（402万7416人）後，人口は継続して増加している。しかし，増加率は1975年の6.6％をピークに低下し続けている。

第5章　都心に隣接した小さな自治体だからできること

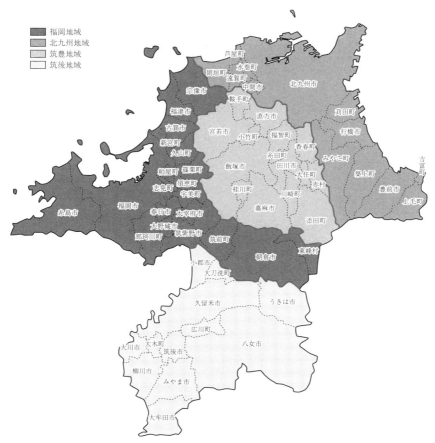

図5-3　福岡県市町村・地域別地図（28市，30町，2村＝計60市町村）
出典：福岡県庁（2017）「福岡県ってどんなところ？　4地域紹介」より。

　社人研推計によると，今後福岡県の人口は，2015年の510万2000人をピークに減少をはじめ，2040年には総人口437万9000人にまで減少する（社人研2013b）。
　福岡県の人口を市町村別にみると，福岡市が153万8681人（総人口の30.2％）で最も多く，次に北九州市が96万1286人（同18.8％），久留米市が30万4552人（同6.0％）である。これら3市に福岡県の人口の半数以上にあたる55％が住む。

人口が最も少ないのは，東峰村(2174人)，次いで赤村(3022人)，大任町(5176人)，吉富町(6627人)，上毛町(7458人)の順である（図5-3参照）。

人口増加数では福岡市が7万4938人で最も多く，次いで新宮町，大野城市，春日市，粕屋町の順となっている。人口増加率では，新宮町(23.0％)が最も高く，次いで粕屋町(8.0％)，福津市(6.0％)，福岡市(5.1％)，須恵町(4.7％)の順である（図5-3参照）。

人口減少数が最も多かったのは北九州市(△1万5560人)で，次いで大牟田市，八女市，朝倉市，嘉麻市の順となっている。人口減少率では東峰村(△10.6％)が最も高く，小竹町(△9.2％)，嘉麻市および添田町(△9.0％)，川崎町(△8.1％)の順となっている（図5-3参照）。

福岡県全体としては，北西部を中心に人口増加傾向，南部および東部地域は，減少傾向にある。したがって，福岡県内では人口の二極化が進展している。

2）年齢区分別人口割合

福岡県の年齢区分別人口割合の推移は表5-5のとおりである。

年少人口は，前回調査に比べてわずか8079人ではあるが減少した。なお，全国平均(12.7％)と比較すると福岡県は，7番目に高い。一方，生産年齢人口は，前回調査に比べ17万77人減少し，全国(60.5％)と同率で，福岡県は全都道府県中11番目の高さである。さらに，高齢人口は，前回調査に比べて18万1388人増加し，初めて福岡県総人口の4分の1を超えた。なお，全国(26.7％)と比較すると，福岡県は10番目の低さ（上から第38番目に高い）で，現時点では，福岡県の高齢化は，際立って高いとは言えない。しかし，将来的には，総人口の4割近くが高齢人口になり，今後全国の65歳以上人口増加率よりも高い比率で，高齢者増が予想される。

なお，福岡県の2015年国勢調査で，人口減少率が最も高かった東峰村は，2040年推定人口減少率も最も高く（高齢人口割合2015年41.4％→2040年推計50.6％，後期高齢人口割合26.0％→38.7％）限界集落となる。福岡県の他市町をみても，後期高齢人口割合が2010年より急速に増加し，今後福岡県は総じて少子高齢社会へと急速に進んで行く。

第 5 章　都心に隣接した小さな自治体だからできること

表 5-5　福岡県の年齢区分別人口割合
(％)

	2010年	2015年	2040年（推計）
年少人口割合	13.6 →	13.3 →	10.6
生産年齢人口割合	64.1 →	60.5 →	54.1
高齢人口割合	22.3 →	26.2 →	36.5
後期高齢人口割合	11.0 →	12.8 →	20.9

出典：総務省統計局（2016cd），社人研（2013b）。

3）福岡県の人口増加理由

　2015年国勢調査結果では，福岡県の総人口は，前回調査に比べ，0.6％増加（2万9588人）した。しかし，ここで注視すべき点は，福岡県の年齢区分別人口割合でみたように，年少人口および，生産年齢人口の減少である。つまり，人口増加は，高齢人口の増加によるものである。

　14歳以下の子どもの数が減少し，働いて税金や年金を多く払う現役世代の数が大幅に減少する一方，高齢者だけが急増している（年率4・3％増）。これでは住民税収は伸びず，高齢者向け医療福祉の負担は急増する。福岡県の総人口は，増加傾向が続くと言っても，その構造的問題を認識する必要がある。

　社人研推計（2013b）によると，2040年の福岡県の人口は，2010年に比べ△13.7％減少する。また，すでにみたように，福岡県では全国の65歳以上高齢者人口増加率よりも高い比率で高齢者が増加する。つまり，福岡県では将来総人口は減少傾向で進み，高齢者人口は全国の増加率を上回ると予測される。さらに，福岡県内の人口減少進展状況は，地域により異なる点を注視し，各地域の地域力，地域特性に鑑みた人口施策が必要である。

　すでに福岡県内の各自治体では交通基盤や居住環境の整備，地域の活性化など，人口問題に向けてさまざまな取り組みがされている（福岡県2014，福岡県庁2017）。福岡県は，福岡市，北九州市の2つの政令指定都市を持ち，28市，30町，2村がある。これら60市町村は，各自治体特有の地理的，歴史的，経済的特性などから，「北九州」「福岡」「筑後」「筑豊」の4地域に分けられる（図5-3参照）。各地域の特色を一言でいうと以下のようになる。

①北九州地域──九州最大の工業集積を誇る：この地域の人口状況をみると、2015年国勢調査の人口総数は、福岡地域に次いで多い（128万1148人）。しかし前回調査からの減少数（△2万5841人）は、福岡地域で最大で、減少率は△2.0%である。

②福岡地域──九州の中枢機能が集積：福岡地域の2015年国勢調査時総人口は、4地域で唯一増加している（総人口259万1442人、増加数9万5602人、増加率3.8%）。福岡市の人口増加は、過去の弱み（マイナスの地域力）を踏まえたうえで、民間主導で自治体のビジョンを描き実現化できたことによる（木下2018）。

③筑後地域──農業や地場産業が展開：筑後地域の人口状況をみると、2015年国勢調査の人口総数は、北九州地域に次ぎ第3番目である（81万2402人、減少数△2万5841人）。しかし前回調査からの減少率（△2.5%）は、福岡県4地域中2番目に高い。

④筑豊地域──石炭産業の衰退と新たな産業展開が期待される：筑豊地域の人口状況を見ると、2015年国勢調査の人口総数は、福岡県4地域中最も少ない（41万6564人、減少数△1万9385人）。そして前回調査からの減少率（△4.4%）は、福岡県四地域中最大である。

このように、福岡県内でも、これら4地域によって、各々異なった地域特性を持つ。また、人口問題への取り組みも各自治体が多様な事業を展開している。これらの事業は、福岡県の特徴でもあるアジアをはじめとした世界との交流や[9]、工業集積を最大限に活用した内容となっている。交流のための交通整備を進め、交流人口の増加を図り、また居住環境の整備により定住人口の増加を進めるなどの取り組みは、人口問題の解決策として期待される。

（2）粕屋町の地域力──稀にみる高出生率の子育て世代に優しい町

次に、福岡地域圏内の粕屋町の地域力を考察する。粕屋町は、福岡市内ではないが、福岡市のベッドタウンとして人口が1970年以降継続して増加している。さらに、2040年の推計人口増加率（対2010年）が、福岡県内はもとより、日本

一高い（29.8％）。そのため，粕屋町の地域力を検証することは，超高齢化の進展とともに，急激な人口減少社会を迎える多くの市町村の今後の対策に資するであろう。

1）粕屋町の概要

　粕屋町は，1957年3月31日に大川村と仲原村が新設合併し誕生した。当時の人口は，1万1607人で，どこにでもあるような農業の町であった。平坦地に広がる町域は約14.12km²，きわめてこじんまりした自治体である。粕屋町は，福岡県北西部，福岡市の東隣に位置する（図5-3参照）。西に福岡市，北に久山町（ひさやままち），東に篠栗町（ささぐりまち）・須恵町，南に志免町（しめまち）と1市4町に隣接する。町の北部を多々良川が東西に流れ，南部～西部を須恵川が北西方向に流れる緑と水辺に囲まれた町でもある。町域は福岡平野に含まれ地形はおおむね平坦で，北端・東端にやや小高い山があるほか，南東端の須恵町・志免町との境界付近に国鉄志免炭鉱の石炭採掘によって形成されたボタ山がある。また，粕屋町内には，筑前三大池の一つである駕与丁池（かよいちょういけ），敷縄池，古大間池，新大間池，毛田池（もうたいけ）などの大小のため池がある（粕屋町役場2017）[10]。

　また，九州自動車道の福岡インターチェンジや福岡都市高速道路のランプを有し，県内を横断する国道201号や都市圏を取りまく福岡外環状線が通り，交通の要衝となっている。さらに，町域を縦横に貫くJR篠栗線（福北ゆたか線）とJR香椎線の6つの駅があり，博多駅までJRで約10分，福岡空港まで車で約10分，博多港まで車で約20分という，都市機能の利便性がある。

　粕屋町は，自然環境にも恵まれる。福岡市近郊に位置しながら田園が多く残り，ブロッコリーなどの都市近郊型農業も行われている。近年では商業が発展し，交通の利便性が高いことから，流通業務関連の開発が進んでいる。

　このような都市と自然が調和した環境から，粕屋町の人口増加率は高く，社人研の市町村別推計人口（2013b）では，今後30年間で全国一の人口伸び率（29.8％）が示されている。全国的に少子高齢化が進むなか，高出生率，町民平均年齢約39歳で，子育て世代が多く住む若い町である。

2）粕屋町の人口の推移と増加要因

　粕屋町は，1960年以降，福岡市のベッドタウンとして，人口が継続して急激に増加している（1970年1万8691人，2000年3万4811人，2010年4万1997人，2015年4万5360人）（粕屋町役場2016）。粕屋町の2015年の総人口は，前回調査と比べ8.0％の増加で，福岡県内全60市町村中第2番目に高い（第1位は，新宮町の増加率23.0％）。増加率は全国市区町村（2016年10月1日現在1741，ただし東京23区を含む）の中で24番目に高い。それは，社人研予測（2013b）2015年人口より151人（0.3％）多い。また，粕屋町の2040年予測人口は，5万4518人（対2010年増加率29.8％）である。

　福岡県の婚姻率と人口増減率の関係が有意の関係にあることはすでに述べた。粕屋町の場合，その関係がとくに強く表れている。粕屋町2013年の対前年比人口増加率は，1.89％と高い（福岡県平均0.04％，最高新宮町4.00％）。また，粕屋町の婚姻率も，きわめて高く，福岡県全60市町村中第1位であった（CMR7.39‰，福岡県平均5.57‰）。

　婚姻発生がきわめて高い結果，粕屋町の自然増加率も高い（1年あたり1.02％で福岡県内第1位，福岡県平均△0.1％）。一方社会増加率はどうであろうか。粕屋町の転入・転出の推移をみると，2011年に一度，転出が転入を上回った。しかし，その他の年は転入が転出を上回っている。2013年の社会増加率（0.74％）は福岡県内第5位の高い数字である（第1位新宮町3.7％，福岡県平均0.2％，粕屋町役場2016）。

　2015年国勢調査による粕屋町の世帯数は1万8005世帯，1世帯あたり平均人員は2.52人である。なお，福岡県全体の1世帯あたり平均人員は2.32人で，粕屋町の場合，1世帯あたり人員が県平均を上回る。しかし，糟屋郡の7町（7町平均2.69人，宇美町2.89人，篠栗町2.70人，志免町2.57人，須恵町2.75人，新宮町2.77人，久山町2.91人）では粕屋町の平均世帯人員が最も少ない（福岡県2016）。また，家族類型別世帯数推移をみると，とくに「単身世帯」と「夫婦と子から成る世帯」が増加している。そのため単身で働く若い世代と，若い子育て世代による増加が考えられる（粕屋町役場2016）。

　粕屋町の年齢区分別人口割合の推移は表5-6のとおりである。

第5章　都心に隣接した小さな自治体だからできること

表5-6　粕屋町の年齢区分別人口割合

(%)

	2010年	2015年	2040年（推計）
年少人口割合	18.1 →	19.1 →	16.8
生産年齢人口割合	67.1 →	63.5 →	59.9
高齢人口割合	14.9 →	17.4 →	23.3
後期高齢人口割合	6.3 →	7.6 →	11.1

出典：国勢調査，社人研（2013b）。

　粕屋町の年齢区分別人口割合の推移をみると，年少人口および生産年齢人口の割合は年々減少傾向にある。しかし，2015年の値が全国平均および福岡県平均地に比べて，年少人口割合（全国平均12.7％，福岡県平均13.4％）がきわめて高く，高齢人口割合（全国平均26.7％，福岡県平均25.9％）がきわめて低いことが分かる。高齢化率は，今後継続して増加するが，2040年推計比率は，現在の全国平均値および福岡県平均値よりもなお低い。換言すると，年少人口，生産年齢人口は今後ゆるやかな減少傾向が続く，一方，高齢人口は2040年までは増加が続く。

　粕屋町の年齢区分別人口を，割合ではなく，人口実数でみると，異なる特徴が明らかになる。総人口は，継続して増加する。その内訳は，年少人口，生産年齢人口，高齢人口のすべての年齢階層で増加が見込まれる点である。多くの自治体で，年少人口および生産年齢人口の減少，高齢人口の増加がみられる。しかし，粕屋町の場合，2015年から2040年の年齢区分別人口推移は以下のとおりである。年少人口8600人→9800人，生産年齢人口2万9300人→3万5100人，高齢人口7600人→9600人，いずれの年齢区分も人口実数が増加している。したがって，2040年の人口構成も，他の自治体に比べ，年少人口および生産年齢人口は高く，高齢人口は低い。その結果，2040年の人口増加指数・率が全国的にみてもきわめて高い結果となる。

　社人研（2013b）の将来人口推計によると，今後2015年から2040年までに総人口はさらに20.2％増加し，約5.5万人となると予測される（増加率は全国市区町村の中で第2位）。また，2040年推計平均年齢は，2015年の39.7歳から3.1歳

123

上昇し，42.8歳となる。平均年齢の上昇は，高齢者人口の増加ではなく，生産年齢人口の増加による。

粕屋町の合計特殊出生率（TFR）の最近の推移をみると，2009年（1.95）から2011年（2.10）まで上昇し，2012年（1.98）に減少し，2013年（2.08）に再び上昇した。粕屋町のTFRの値は，常に全国平均，福岡県平均値を大きく上回り（2013年全国平均1.43，福岡県平均1.45），2013年のTFRは，日本の将来人口維持に必要な目安とされる2.08と同値である（粕屋町役場2016）。その結果，2040年の粕屋町の人口が継続して増加し，人口増加率がきわめて高いことになる。

粕屋町の人口増加要因は，3点ある。第1は，粕屋町の置かれた交通の利便性と要衝であること。第2は，周辺部に大型商業施設やスーパー，ドラッグストア等が集積していること。第3に，筑前三大大池の一つ，駕与丁池を中心に整備された駕与丁公園が町民に憩いの場を提供していること。

粕屋町は何よりも，九州随一の大都市・福岡市に隣接するという地の利がある。1967年に福岡都市計画区域（福岡市と春日市，大野城市と志免町と粕屋町）に加わり，福岡都市圏の一角を占めるようになった。上下水道などの都市基盤整備が進み，宅地開発が広がった。その結果純農村地帯がベッドタウンへと変貌した（粕屋町役場2016）。

現在，粕屋町内には，6つのJR駅がある。便利さが人口の増加を生み，人口増が利便性の向上を呼び込んでいった。というのは，交通の要衝は鉄道路だけではなく，九州自動車道福岡インターチェンジに隣接し，多くの幹線道路が粕屋町内に整備された。福岡空港へのアクセスも良く，商業施設の集積も進み，都市機能の高さを誇る町になった。こうして粕屋町は福岡県屈指の住宅地となった。さらに，財政力も上昇している（全市町村中第274位）。

粕屋町の人口増加は，人口減少・縮小する日本社会の現実とは思えない好況ぶりである。しかし，粕屋町の人口を注視すると，2点の課題を指摘できる。

第1は，粕屋町全域で人口増加となっているのではない点。人口増加は，中心部に集中し，外延部は減少傾向という地域的な偏りがある。

第2は，町の出生率は高いものの定住率（定着率）が低いという点。若い世代が転居してきて，子どもを授かる。その子どもが大きくなると，町外に転居

してしまうケースが多い。家が手狭になり，より広い住居を求め離れていく。そこで，粕屋町は住民の定着率を上げる施策を進めている。例えば，広い戸建て建築へ誘導し，質の高い住宅地整備に力を入れている（粕屋町役場2016）。

3）粕屋町の評価と地域力

　粕屋町の人口増加率が，日本全国市町村中できわめて高いことが明らかになった。しかし，それは，粕屋町の指標全てが高い評価を得ているのではない。日経BPインフラ総合研究所と，公民連携による街づくりをテーマにしたサイト「新・公民連携最前線」は，市区町村（政令指定都市は行政区単位）の人口関連のデータを集計・分析して「人口総合ランキング」[11]を作成した（日経BP総合研究所2017b）。これにみると，粕屋町は，人口総合ランキング第2位である（1位宮城県富谷町，3位愛知県長久手市，4位福岡県新宮町）。

　粕屋町の評価指標に関しては，全市町村を対象としたレーダーチャートでも同様の高結果である。総合評価は，601位ながら人口関連指標はきわめて高い評価を得ている（TFR19位，人口自然増加率2位，人口社会増加率60位）。経済的指標はおおむね良好である（地域内総生産251位，歳入507位，財政274位，富裕度497位）。一方，「交通安全」（1732位），「防犯」（1716位），「児童福祉」（1628位），「老人福祉」（1525位）は悪い。これらの「強み」指標（プラスの地域力）を継続維持し，「弱み」指標・課題（マイナスの地域力）の克服に努めることが，粕屋町の人口を将来的に継続し増加することにつながる。

　では次に粕屋町の地域力・地域資源と情報発信を紹介する。

　①駕与丁公園：粕屋町の地域資源としてあげるのが，まちのシンボル駕与丁公園である（粕屋町役場2017）。駕与丁公園は四季の営みを体感できる自然豊かなスポーツ・レクリエーション空間である。自然を楽しみながらの散歩やピクニックなどの軽い運動から，グラウンドでの野球利用も可能である。子どもから高齢者まで，町民一人ひとりの体力や年齢に応じて，健康増進や心のリフレッシュに活用できる。その施設概要は以下のとおり。

　・桜：駕与丁公園の遊歩道一帯に約700本の桜の木があり，開花時期には，
　　多くの花見客でにぎわう。

- バラ園（駕与丁公園内）：1300m^{2}の園内に，180種・約2400株のバラがあり，春と秋に開花。5月にはバラ祭りが開催される。
- 駕与丁公園グラウンド：ナイター設備を備えた野球グラウンド。町民の健康づくりや生活のうるおいづくり，地域住民相互の交流など，住民の安らぎの場。
- フィールドアスレチック：子どもたちが自然の中で遊びに夢中になれるアスレチックゾーン。
- 駕与丁大橋：かすやドームから中の島を経て，対岸の展望公園（バラ園）へと延びる駕与丁池の中央に架かる風光明媚な橋。中央の中の島には，休憩のため四阿(あずまや)が設けられている。

②指定文化財：粕屋町には数多くの指定文化財（史跡[12]，天然記念物[13]），および有形文化財[14]がある。

　粕屋町は，人口増加自治体として，日本全国に知られている。その地域資源を見ると，自然環境に富み，数々の歴史的遺産の豊富さにいまさらながら驚く。これらの豊富な地域資源を市内外へ積極的に情報発信することで，粕屋町への観光客の増加，そして，転入人口の増加，ひいては，定住人口の増加が生まれる。それらは，人口が継続して増加する粕屋町の地域再生を図ることにつながる。情報社会の今，ICTや斬新な情報機器（ロボット，ドローンなど）を活用しての積極的な情報発信が求められる（ICT活用の情報発信については本書第8章参照）。

4　大阪府と田尻町

　本章で最後に検証するのは，大阪府である。大阪府内には43の市町村がある。そして，政令指定都市大阪市に24区，堺市に7区ある。したがって，市区町村別にすると計72自治体となる（図5-4参照）。面積は，約1905km^2，2015年の人口は884万人。したがって日本の総人口の約7％が大阪府に集中している。大阪府の面積は全都道府県中下から2番目と狭隘にもかかわらず，多くの人が生

活し，東京都に次ぐ大都市を形成している（1km^{2}当たり人口密度日本全国平均341人，最大東京都6112人，第2位大阪府4638人，社人研2017a）。さらに，日本に居住する外国人（約205万人）の約10％が大阪府に居住する。

（1）大阪府の人口の概要

　大阪府は，社人研の2040年推計人口増減率（対2010年）（社人研2013b）で，全都道府県中第10位（△15.9％，表3-2参照）。一方，2015年国勢調査人口等基本集計結果を見ると，2015年10月1日現在の大阪府の人口は，883万9469人で，前回2010年の国勢調査時に比べ2万5776人減少（増減率△0.29％）となった。なお，この人口減少率は全47都道府県中39番目に大きい。また，大阪府の2015年の総人口は社人研報告書の2015年推計人口より3万1187人（0.4％）多い。

　大阪府の2015年の人口減少は，1947年の臨時国勢調査以降初めてで，68年ぶりに減少に転じた注目すべき点である（大阪府総務部統計課2016，総務省統計局2016cd）。それは，来るべき2040年のマイナス人口増減率の予兆であると考えられる。

　婚姻率が人口増減率に大きく関わることは，都道府県別データで実証した。大阪府市町村ではどうであろうか。2013年の回帰分析結果も有意である。

　　Y（大阪府市区町村別・人口増減率）＝－2.29＋0.387X（CMR‰）（$p<0.001$，$r=0.747$，補正$R^2=0.552$，P値＝0.000。

　したがって，大阪府の場合，婚姻が人口増減に有意な要因である。近年大阪市内では，人口社会増加率が高い。それは，主として結婚・子育て世代による転入増加による。

1）府の年齢区分別人口割合

　大阪府の年齢区分別人口割合の推移は表5-7のとおりである。

　2015年の大阪府の人口を年齢区分別にみると，年少人口は，108万3111人，生産年齢人口は534万1654人，高齢人口は，227万8324人となった。2010年に比べ，年少人口7万2089人減少，生産年齢人口は30万6418人減少である。一方，高齢人口は，31万5576人増加で，顕著な高齢人口割合の増加である。現時点で

表5-7　大阪府の年齢区分別人口割合

(％)

	2010年	2015年	2040年（推計）
年少人口割合	13.3 →	12.5 →	9.7
生産年齢人口割合	64.4 →	61.3 →	54.3
高齢人口割合	22.4 →	26.1 →	36.0
後期高齢人口割合	9.5 →	11.8 →	19.7

出典：国勢調査，社人研（2013b）。

は，大阪府の高齢化は，際立って高いとは言えない。しかし，将来的には2030年に総人口の3割，2040年には，4割近くが高齢人口になる。つまり，大阪府では，今後全国の65歳以上人口増加率よりも高い比率で，高齢者が増加する。

なお，大阪府の2015年国勢調査で，人口減少率が最も高かった能勢町（△11.97％）は，2040年推定人口減少率が最も高い（△45.6％）。能勢町の2015年の総人口は，国勢調査結果によると1万256人。減少率は全国市区町村の中で104番目に大きい。社人研報告書の2015年予測人口より410人（3.8％）少なく，予測よりかなり下振れしている。人口減少が予測よりかなり加速している（大阪府総務部統計課2016，総務省統計局2016cd）。能勢町は2040年には限界集落となることが予想され（高齢者割合56.8％），さらに人口4割弱が後期高齢人口になるものと予測される。

大阪府の他の市町村を見ても，後期高齢人口割合が，2010年より急速に増加し，今後大阪府は総じて，少子高齢社会へと進んでいく。

2）府と地域ブロック別人口

しかし，大阪府を一律に考えることは到底できない。その理由は，他の都道府県と同様に，大阪府内には多様な地域性が存在するからである。884万人の人口を擁する巨大な大阪府では，その人口構成も複雑である。

大阪府を地域ブロック別にみると（図5-4参照），人口集中はとくに大阪市地域で顕著にみられる。大阪市は1889年に市制が施行され，戦後1947年特別市，1956年政令指定都市に移行，1989年に24区となった。現在は人口約270万人

第 5 章 都心に隣接した小さな自治体だからできること

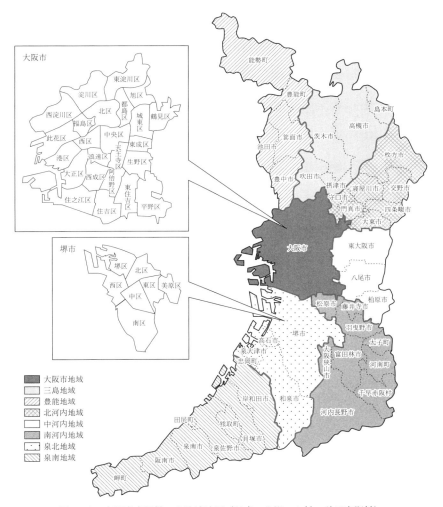

図 5-4 大阪府市町村・8 地域地図（33市，9町，1村＝計43市町村）
出典：Mapion 都道府県地図「大阪府地図」http://www.mapion.co.jp/map/admi27.html（2017年6月12日検索），大阪府ホームページ，および「大阪府～平成27年国勢調査～人口等基本集計結果—平成27（2015）年10月1日現在」大阪府総務部統計課，2016年より筆者作成。

129

（大阪府全人口の三割強），広さ約221km^2。大阪府のほぼ中央に位置し，府庁所在地であり，経済の中心は大阪市内に集まっている（大阪観光局2016）。

2010年国勢調査に対する2015年の人口増減率を地域ブロック別にみると，増加しているのは，三島地域（+1.88%），大阪市地域（+0.87%），豊能地域（+0.77%）の3地域である。他の五地域ではいずれも人口減少が起きている（泉北地域△0.60%，中河内地域△1.53%，北河内地域△1.85%，泉南地域△2.09%，南河内地域△3.04%）（大阪府総務部統計課2016，図5-4参照）。

しかし，同一地域ブロック内でも人口の増減率格差は大きい。例えば，地域ブロック別にみると人口が減少している泉南地域に属する田尻町は，2010年に対する2015年の人口増加率は4.11%で，大阪市以外ではトップの増加率であった（大阪府総務部統計課2016）。また，田尻町の2040年推計人口は，2010年に比べて，3.4%の増加が見込まれる。それは，大阪府43市町村中トップの人口増加率である。

一方，人口が増加している豊能地域に属する能勢町の，2015年人口増減率は，△1.97%で，大阪府内で最も減少率が高い（大阪府総務部統計課2016）。それは，2040年の推計人口増減率についても同様のことが言える（△45.6%）。

これらの多様性は，大阪府に存在する地域性・地域力を象徴する。

（2）田尻町の地域力——人口社会増加率を維持するコンパクトシティ

田尻町は，大阪府のみならず，全国有数の人口社会増加率が高い自治体である。事実，レーダーチャートでは，日本全自治体中第5位と高い増加率を示している。人口は，1995年（6285人）以来継続して増加している（2010年8085人，2015年8417人（対2010年増加率4.11%），2040年推計人口1万5607人（対2010年増加率93.04%）である（大阪府総務部統計課2016）。人口1万に満たない大阪府の自治体がなぜ全国有数の人口増加率を達成しているのであろうか。誰しもが疑問に思う。そこで，田尻町の概要（歴史・地勢），人口，そして，地域力を考える。

1）田尻町の位置と沿革

田尻町は大阪府南部の泉南郡に位置し，泉佐野市，泉南市に接する（図5-4

参照)。沖合5kmには関西国際空港が立地し，その中央部(泉州空港中)が田尻町に属する。田尻町から大阪市中心部までは約40km，和歌山市中心部までは約20km。それぞれの都市とは南海本線によって結ばれ，難波駅(大阪市)までは約40分，和歌山市駅までは約30分の時間距離である。

また，瀬戸内気候区の最東端に位置し，気候は温暖で，古来農業用水をため池に頼るなど，全国的にも雨の少ない地帯とされる(田尻町役場2016)。

田尻町の置かれた位置的利便性と気候の温暖性は，生活しやすい環境をもたらし，転入者の増加につながる。

田尻町の沿革は，律令時代の条里地割が遺されていることなどから，早くに耕地開発がすすんでいた。1871(明治4)年の廃藩置県で田尻町吉見地区は吉見県に，嘉祥寺地区は岸和田県の管轄となった。しかし，同年堺県となり，1881(明治14)年に大阪府の管轄となった。以降3度の合併・町制施行の後1953(昭和28)年に現在の田尻町が誕生した(田尻町役場2016)。

2)田尻町の人口割合

国勢調査報告書によると，田尻町の人口は，1960年(8204人)より1995年(6285人)までは，減少傾向にあった。しかし，その後増加基調に転じている(2010年8085人，2015年8499人，大阪府田尻町2016a)。2010年に対する2015年の実質人口増加率は，5.12％。それは，社人研2015年推計人口(8417人，推計増加率4.11％)を上回る。

田尻町の年齢区分別人口割合の推移は表5-8のとおりである。

2015年の田尻町の人口を年齢区分別にみると，年少人口は，1245人，生産年齢人口は5151人，高齢人口は，1920人となった。2010年に比べ，年少人口122人減少，生産年齢人口は174人増加である。一方，高齢人口は，187人増加となっている。高齢人口割合の増加が大きいが，現時点では，際立って高いとは言えない。しかし，2035年に総人口の4分の1弱，2040年には，3割近くが高齢人口になる。つまり，田尻町では，今後全国平均より速度は遅いが，少子高齢化が徐々に進展する。

田尻町人口増加の要因として，3点を挙げることができる。

表5-8　田尻町の年齢区別人口割合

(%)

	2010年	2015年	2040年（推計）
年少人口割合	16.9 →	15.0 →	14.9
生産年齢人口割合	61.6 →	61.9 →	57.1
高齢人口割合	21.5 →	23.1 →	28.0
後期高齢人口割合	9.9 →	11.2 →	13.4

出典：総務省統計局（2016cd），社人研（2013b）。

　第1は，1994年の関西国際空港開港。第2は，2013年4月の警察学校開校である（しかし，警察学校寮のみで，今後の人口増加は見込めない）。第3は，田尻町内では，大阪府営住宅移転後の跡地に宅地造成が行われ，今後，過去の人口動向から推計できない人口増加が生じることが確実となっている。

　その結果，田尻町推計人口は，2020年に8687人まで増加し，その後減少基調に転じ，2040年には，8003人になるものと推計している（大阪府田尻町2016a，社人研による田尻町2040年の推計人口は，8361人）。

　しかし，田尻町人口ビジョンでは，2点を改善することにより，2040年の人口を8707人に増加（対2010年人口増加率7.61％）することが可能であるとしている。それら2点の改善点とは，第1に人口移動率の改善（現在，町外への流出超過傾向にある，30～49歳，70～89歳の人口の移動が±0の場合を仮定）である。そして，第2に，TFRの改善（2014年田尻町1.40，大阪府平均1.31，全国平均1.42を各種施策の結果田尻町2020年以降に1.6に上昇すると仮定）である。

　したがって，今後，人口移動の改善，出生率の向上を図った場合，2040年の田尻町推計総人口は8707人となる（社人研推計人口8361人を大幅に上回る）。それは，また2016年11月1日現在の人口（8612人）をも上回る。

3）田尻町の地域力

　田尻町の人口維持・増加を図るためには，住民が，地域の地域力・魅力・問題点を認識することが必要である。そこで，田尻町の地域力を，田尻町が実施したアンケート調査からみる（大阪府田尻町2016a）。

田尻町の住民の多く（68%）が，田尻町に住み続けたいと考えている。その理由，あるいは田尻町の良いところとして挙げられた点は，「コンパクトなまちであること」（35.3%），「海の見える景観」（22.5%），「関西国際空港がある」（16.3%），「漁港がある」（9.3%），「秋祭り，だんじり，やぐらがあるまち」（7.4%）であった。

　田尻町住民が期待するまちの将来像は，「子どもからお年寄りまで安心して暮らせる健康と福祉のまち」（50.2%）がもっとも多く，次いで「快適な環境が整った良好な住宅地」（21.2%），「学校教育，生涯学習環境に恵まれた教育文化のまち」（12.5%），「農業，漁業などの地場産業に活気があるまち」（5.5%）などである。

　住民のアンケート結果を踏まえて，田尻町の人口を維持，あるいは増加するための課題の認識とそれに対する対策推進が必要である（大阪府田尻町2016b）。その対策は具体的に以下の5点である。

　＜田尻町の人口維持のための対策＞

　①若者の地元定着促進のために，シティプロモーション事業を拡充。つまり田尻町の魅力を，さまざまな媒体を活用し，積極的に公開し，若者世代を中心とした転入・定住を促進する。

　②健康ニーズをサポートする取り組みを進める。

　③働きながら安心して子どもを育てられる環境をつくる。具体的には，税の優遇策。例えば，働く世代を応援する税の優遇策を実施。三世代同居等支援。例えば三世代がともに住めるまちづくり推進のため，田尻町内の親世帯と同居等をする住民への助成など。

　④コンパクトさを活かした暮らしやすいまちづくりを進める。

　⑤地域のよさを活かしたにぎわいづくりに取り組む。

　これらの課題を認識し，解決策に取り組むことは，決して容易ではない。しかしその結果2040年の田尻町目標人口8700人達成が可能となり，現人口の維持，あるいは増加につなげることができる。田尻町の人口減少をゆるやかにするためには，最善の努力が求められる。

5　小さな自治体の強み

　本書第5章では，都道府県別2015年国勢調査で人口増加率が高く，また2040年推計人口増加率（社人研2013b）が高い，西日本に位置する4府県（沖縄，滋賀，福岡，および大阪）をとりあげた。各県の人口を概観し，注目すべき市町村の地域再生を地域力から検証した。見えてきたことは，県の中心に近く交通の便利な小さな自治体が多かったこと，定住して子どもを育てる市民と，住民アンケートから課題をみつける行政側の距離が近く感じられた。今後の情報発信にも官民一体の協働を期待したい。

　次の第6章では，都道府県平均値で見ると，人口減少率が高いが，特色ある地域再生プログラムを展開する東日本4県の各自治体の人口と地域力を検証する。それら4県とは，秋田，青森，岩手，そして山形である。

注
（1）「滋賀県推計人口」とは，2010年国勢調査人口をもとに，住民基本台帳法に基づく人口移動状況（出生，死亡，転入，転出等）を毎月合算して推計した人口。
（2）「ベッドタウン」は大都市周辺の住宅地域や小都市，住宅衛星都市，大都市への通勤者が夜寝るためにだけ帰ってくるところから，bedとtownとによる和製英語。英語では「commuter town」，「bedroom suburb」（アメリカ英語）などと表現する。海外では「（ラブ）ホテル街」と誤訳・解釈されやすい（コトバンク2016）。
（3）「ドーナツ化現象」とは，都市中心部の常住人口（夜間人口）が減少し，これを取り囲む周辺部に顕著な人口増加がみられる現象。人口増減の分布がドーナツに似ているため，このように俗称され，都心人口の空洞化現象ともいう。（日立ソリューションズ・クリエイト2015）。
（4）　安土町は，滋賀県東部の，琵琶湖東岸に位置していた町。日本史の時代区分の一つである安土桃山時代の語源ともなった安土城が建てられた地として知られる。2010年3月21日に新設合併により近江八幡市となり，旧町域に安土町地域自治区が設けられた。現在でも，JR東海道線琵琶湖線に普通列車停車駅「安土」があり，安土町観光案内所がある（安土町観光協会2016）。

第 5 章　都心に隣接した小さな自治体だからできること

（ 5 ）　NEXCO 西日本管内の建設中の新名神高速道路のうち，城陽 JCT ～八幡 JCT は平成28年度，高槻 JCT ～神戸 JCT は平成30年度（川西 IC ～神戸 JCT は平成30年 3 月18日開通，高槻 JCT ～川西 IC は平成29年12月10日開通），大津 JCT～城陽 JCT と八幡 JCT ～高槻 JCT は平成35年度に開通させるべく建設事業を行っている（NEXCO 西日本2018）。
（ 6 ）　具体的には，以下のとおり。「人口減少を見据えた豊かな滋賀づくりに向けたプロジェクト」①琵琶湖と人の共生でにぎわい創生プロジェクト（重点），②滋賀の農業次世代継承「世界農業遺産」プロジェクト，③滋賀らしいゆとり生活再生プロジェクト④「ひとつながり」の地域づくりプロジェクト（滋賀県総合政策部2015）。
（ 7 ）　「住みよさランキング」に含まれる指標は，「安心度」「利便度」「快適度」「富裕度」，および「住居水準充実度」の 5 つ。それらを総合し，「総合評価偏差値」で表示している。
（ 8 ）　福岡県の市町村数は，2010年，2015年国勢調査時点で60である。しかし，北九州市，および福岡市には，各々 7 区が含まれる。人口関連指標に関しては，両市内でも区によって大きな差異が存在する。しかし，2040年国勢調査結果の区別調査結果数値を得ることはできなかった。したがって，地図作成では，北九州市，および福岡市は各々単独の自治体とし，「福岡県全60市町村」と表示した。
（ 9 ）　福岡県に在住する外国人は， 4 万7097人で，県人口の0.9％を占める。外国人人口は全都道府県中 8 番目に多い（東京都，愛知県，大阪府，神奈川県，埼玉県，兵庫県，静岡県に次ぐ）。また，前回国勢調査に比べて，6780人（16.8％）増加している。国籍別にみると，中国（ 1 万5268人，32.4％），韓国・朝鮮（ 1 万3841人，29.4％），フィリピン（3234人，6.7％），ベトナム（3039人，6.5％），アメリカ（1068人，2.3％）と続く（総務省統計局2016b）。
（10）　「ため池」は，古代から稲作の歴史とともに先人の知恵と経験によって造られてきた水田をうるおす水を溜めるための人工の池。最も古いため池は， 7 世紀初めごろ造られた狭山池（大阪府）と言われる。
　　　福岡県には，ため池が5270カ所あり，九州 7 県で一番多い。ため池の水量は約 1 億トンで，福岡県内最大のダム，江川ダムの 4 倍以上の水量である。ため池は，福岡県北部に多くある。これらの地域は，大きな川がなく，農業用水が不足していたため，ため池が造られた。福岡県内で一番たくさん，ため池がある市町村は，北九州市である。なお，柳川市，大川市，大木町では，ため池はないが，大小のクリークがその役割を果たしている（福岡県庁2017）。
（11）　「人口総合ランキング」調査は，2015年に初めて実施され，2016年は第 2 回目

135

となる。ランキングは，全市区町村（政令指定都市は行政区単位・合計1896団体）を対象に，（1）2010年と2015年（速報）の国勢調査による人口の増減率，（2）社人研が作成した「日本の地域別将来推計人口」（2013年3月）による2040年までの人口増加率，および，（3）日本創成会議による2040年までの女性増加率（人口移動が収束しない場合の20〜39歳女性人口比率）の3要素から算出。この5年間で人口が増えているかどうかに加え，今後の自治体のポテンシャルも含め評価し，ランク付けしたものである。これらの3項目それぞれについて，1位に1896ポイント，最下位に1ポイントを付与し，3項目の合計ポイントが最も高い自治体を1位としてランキングを付けた（日経BP総合研究所2016b）。

(12) 平塚古墳，奉書写大乗妙典一石一字経供養塔，阿弥陀三尊梵字板碑。
(13) 志賀神社のクスノキ，伊賀薬師堂のクスノキ，戸原天神森のクスノキ，熊野神社のフジ，熊野神社のスダジイ，柚須区のゴヨウマツ。
(14) 長卯平翁夫妻肖像画，木造虚空蔵菩薩坐像，大般若波羅蜜多経六百巻，江辻遺跡第4地点出土遺物，新大間堤開鑿図絵。

第6章
不便と過疎と豪雪を地域の強みに
——特色あるプログラムを展開する東日本の自治体——

　今まで検証してきた自治体の，人口増加理由は，多くの場合，ベッドタウン化やニュータウン新設による。本章と次章では，必ずしも人口増加はもたらしていないものの，ユニークな取り組みを展開する8つの自治体（東日本4，西日本4）の人口減少と地域力を検証する。これらの自治体選出基準は，主として，社人研（2013b）による2040年推計人口（対2010年）減少率の高い県を中心とし，各県1自治体とした。

　本章では，これら8自治体中，東日本に位置する4自治体を，都道府県別平均推計人口増減率が低い（減少率が高い）順に検証する。それら4自治体とは，五城目町（秋田県＝第47位），西目屋村（青森県＝第46位），西和賀町（岩手県＝第44位），東根市（山形県＝第43位）である。

1　都会の村民との出会いを生む「シェアビレッジ」——秋田県五城目町

(1) 秋田県の人口の概要

　本章で秋田県を最初に取り上げる理由は，社人研報告書（2013b）で，2040年の推計人口増加率（対2010年比△35.56％）が47都道府県中最下位に位置付けられたことによる（表3-1b参照）。また，2013年対前年比人口増減率は，△1.23％（最大・大潟村△0.51％，最小・藤里町△2.63％），婚姻率3.62‰（最大・秋田市4.62‰，最小・東成瀬村2.18‰）である。秋田県市町村別2013年人口増減率に対する婚姻率の回帰分析結果は，次のとおりである。

　Y（秋田県・市町村別・人口増減率）＝△2.412＋0.274X（CMR‰），R＝0.275，補正 R^2 ＝0.034，P値＝0.193。

表 6-1 秋田県の年齢区分別人口割合

(％)

	2010年	2015年	2040年（推計）
年少人口割合	11.4 →	10.5 →	8.3
生産年齢人口割合	59.0 →	55.7 →	47.9
高齢人口割合	29.8 →	33.8 →	43.8
後期高齢人口割合	16.1 →	18.4 →	28.4

出典：国勢調査，社人研（2013b）。

したがって，秋田県の場合，婚姻率が人口増減率に対し有意な要因とは言えない。

秋田県の総人口は，1985年国政調査以降2015年国勢調査まで7回継続し減少している。2015年10月1日現在の秋田県確定人口は，102万3119人で，前回国勢調査（2010年）に比べ6万2878人（△5.8％）減少した。また，平均年齢は51.3歳である（秋田県2016）。

社人研推計によると，今後2015年から2040年までに秋田県の人口は△31.6％減少し，推計約70万人となり，人口減少率は全都道府県中1番高い。そして平均年齢は，2015年から4.8歳上昇し，56.0歳となる。

秋田県の人口を男女別にみると，男性が48万336人，女性が54万2783人で，女性が6万2447人多くなっている。男女比は，女性100に対し，男性88.50と大分低い（秋田県2016）。

秋田県の年齢区分別人口割合の推移は表6-1のとおりである。

秋田県では少子高齢化が急速に進展している。2040年には，年少人口は1割を下回り，高齢人口は4割を超え，後期高齢者の割合が，全人口の約3割にもおよぶ。まさに超少子高齢社会となる。また，低婚姻率（人口1000人当たり3.9‰，全国平均5.5‰）は，婚姻適齢期該当年齢者が少ないことが考えられる。

2015年国勢調査では，秋田県の総人口は，県内25市町村全てで減少した。しかし減少率は一律ではない。

減少数が最も大きいのは秋田市で，△7768人。次いで横手市の△6170人，大仙市の△5518人であった。減少率が最も高いのは上小阿仁村および藤里町で，

△12.7％，次いで男鹿市の△12.1％，小坂町の△11.8％であった。一方減少率が最も低いのは，秋田市（△2.4％）で，大潟村（△3.4％），潟上市（△3.9％）と続く。秋田県平均減少率（△5.8％）を上回る（減少率が低い）市町村は，わずかに3自治体のみである。

　年少人口および生産年齢人口は，全25市町村で減少した。一方，65歳以上高齢人口割合は，全てで増加した。高齢化率が最も高いのは上小阿仁村（48.7％）で，藤里町（43.6％），五城目町（41.8％）と続く。全国平均高齢化率（26.6％），秋田県平均（33.8％）に比べると，これらの市町村の高齢化率がきわめて高いことが分かる。一方，秋田県内で高齢化率が最も低いのは秋田市（28.6％），次いで大潟村（30.9％）である。

（2）なぜ大潟村ではないのか

　秋田県の人口減少を考える時，変化の目覚ましい大潟村を取り上げることが多い。それは，大潟村誕生に由来する。大潟村は，八郎潟の干拓事業により1964（昭和39）年10月に6世帯14人で誕生した。入植者は，干拓の目的「日本農業のモデルとなるような生産，所得水準が高い農業経営を確立し，豊かで住みよい近代的な農村社会をつくる」を担ったパイオニアであった。大潟村の人口は，1980年には3334人にまで増加した。しかし，その後緩やかな減少傾向で推移し，2015年は，3110人（788世帯）である。つまり大潟村誕生の歴史が他所より遅く，少子高齢化も遅く始まったからに他ならない。

　大潟村の2015年の人口は，前回調査と比べると△3.4％の減少となった。社人研が2010年までの国勢調査に基づくトレンドから予測した2015年人口より109人（3.4％）少ない。つまり，予測を大幅に上回る減少数である。したがって，2040年の大潟村の人口構造も社人研の予測を上回る速度で，減少するであろう。

　よって本章では，大潟村ではなく，五城目町に着目して検証する。五城目町こそ人口減少が急速に進行し，「消滅可能性」の危機にありながら，特色ある試みを展開するからである。

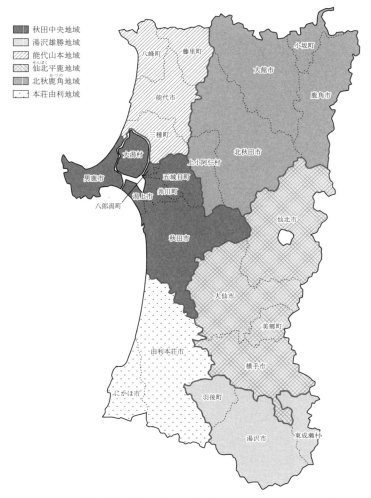

図 6-1　秋田県市町村・地域別地図（13市，9町，3村＝計25市町村）
出典：秋田県企画部（2017）。

第6章　不便と過疎と豪雪を地域の強みに

（3）五城目町の地域力と取り組み
1）五城目町の概要

　五城目町は，秋田市の北方30km，能代市の南方30km，干拓による大潟村の東方に位置し，秋田県秋田市まで約40分の距離にある（図6-1参照）。急峻な山岳地帯から肥沃な水田地帯まで変化に富んだ農業と林業の農山村である。また，中心部には約500年の伝統を誇る露天朝市が栄え，製材，家具，建具，打刃物，醸造業と商店街が発達し，湖東部に商工業都市を形成している（五城目町役場まちづくり課2017）。

　平安時代中期（930年頃）に源　順（みなもとのしたごう）が編集した辞書『和名類聚抄（わみょうるいじゅしょう）』の中に，最北の村として「率浦郷（いさうらごう・いそうらごう）」の名がある。率浦郷は，今の五城目付近と言われる。

　この「率浦」の名前がもとになった「五十目（いそのめ）」という地名が，鎌倉時代末期から使われるようになった。16世紀末期（1590年ごろ）に築城されたと伝えられる五城目・砂沢城の城主の名前は藤原内記であるが，城のある土地の名前を名乗るのが当時のしきたりで，文書には「五十目内記」と書かれている。そのころの地名が「五十目」であることはほぼ確実で，読み方が「ごしゅうめ」であったか，「いそのめ」であったかは不明。当時の城下は五十目上町村と五十目下町村の2つに分かれ，五十目村になるのは江戸時代初期である。江戸時代には，中期から五十目と書いて「ごしゅうめ」と呼ぶようになり，後期には好字を当てて「五城目」と書いたりする人もいたと言われる。

　1896（明治29）年1月18日，五十目村が「五城目町」（読みは「ごじょうめまち」）となった。江戸時代の格好のいい表記を，町制を始めるに当たって採用したと言われる。

　その後，1955（昭和30）年3月31日，五城目町，馬場目村，富津内村，内川村，大川村の5つの町村が合併し，新しい町の名前を「五城目町」とし，現在に至る。

2）五城目町の人口の推移

　五城目町の総人口は，1965年の1万8862人から減少傾向が継続し，2015年国

表 6-2　五城目町の年齢区分別人口割合

(％)

	2010年	2015年	2040年（推計）
年少人口割合	8.7 →	8.0 →	5.5
生産年齢人口割合	54.4 →	50.2 →	43.5
高齢人口割合	36.9 →	41.8 →	51.0
後期高齢人口割合	20.3 →	23.7 →	34.8

出典：国勢調査，社人研（2013b）。

勢調査で9483人（前回調査より△10.0％減），世帯数は3573世帯（前回調査より△4.3％減）となっている。対前年比人口減少率は，1965年以降，概ね△1％程度で推移していたが，2010年には△2％を超えるペースとなった（五城目町2016a，秋田県2016）。また，社人研（2013b）によると，2030年以降の対前年比人口減少率は△2.5％を超え，2040年の推計人口は4992人である（図6-1参照）。

　五城目町の年齢区分別人口割合の推移は表6-2のとおりである。

　五城目町では少子高齢化が急速に進展している。年少人口は，1965年の5397人から減少傾向が続き，それがその後の生産年齢人口の減少，さらには次世代の年少人口の減少を招いている（五城目町2016a）。1985年には，高齢人口割合と年少人口割合が逆転し，年少人口割合を上回った。年少人口は，2010年には全体の1割以下になった。一方，高齢人口が増加し，2025年に生産年齢人口を上回る。また，五城目町の転入と転出による人口増減は，少なくとも過去45年間は一貫して転出数が転入数を上回る社会減である。出生と死亡による人口増減は，1995年にはすでに死亡数が出生数を上回り「自然減」の状態である。2013年には出生数が47人とさらに減少し，「自然減」は△149人と拡大した（五城目町2016a，社人研2013b）。

3）新たな取り組み「シェアビレッジ」

　五城目町を人口から検証すると，負の地域力しか持ち合わせていないように思える。しかし，その負の地域力を地域の課題と考え，新たなまちづくりに活かすことができる。そのような観点から五城目町の地域力を一言で表現すると，

第6章　不便と過疎と豪雪を地域の強みに

「豊かな自然にあふれたふるさと」となる。その骨格をなすのが，①森山と五城目城（五城目町役場2017a），②五城目朝市（五城目町役場2017b，五城目町役場まちづくり課2011），③古民家「三平の家」（五城目町役場2017a）の3点である。

　五城目町の地域力・地域資源，および人口関連課題を踏まえ，町には情報社会に見合う新たな取り組みが生まれている。それが「シェアビレッジ」である（マチノコト2015，SHARE VILLAGE2017，日本デザイン振興会2015）。

①シェアビレッジとは

　人口減少により集落としての機能が失われ，維持費困難を理由に数百年続いてきた日本の文化，多くの古民家が消滅の危機にある。住人がいなくなり，歴史ある古民家・日本の原風景を次世代に残すために多くの人で維持する仕組みが必要である。

　そこで，秋田県五城目町で，「村があるから村民がいるのではなく，村民がいるから村ができる」という考えにもとづく取り組みが2015年5月に始まった。消滅の危機にある古民家を村に見立てて再生させていく活動は，「シェアビレッジ」と名付けられた。多くの人が一つの家を支える仕組みをつくり，全国の古民家をネットワーク化し村に変えていきながら，「100万人の村」をつくることを目指す。維持するのが大変な古民家と，人がいない地域のために，会員を集め，古民家の維持費とその土地に遊びに行く人を生み出す活動である。

②シェアビレッジの仕組み

　シェアビレッジの仕組みは，まず人々が「年貢（NENGU）」と呼ばれる3000円の年会費を支払い，村民（会員）になる。村民は，自分の好きな時に自分の村へ行き，田舎体験をし，村民同士で交流する。村民になる人々は都会にいながらも，田舎が好きな人々である。都市にいると頻繁に地域に行くことは難しい。村に行けなくても毎月都市部で開催する村民限定の定期飲み会「寄合（YORIAI）」がある。都市部にいる村民を対象にイベントを開催することで，村民同士のつながりを強める機会をつくっている。

　村民同士が仲良くなると，住民同士で自分たちの村に遊びに行く「里帰り（SATOGAERI）」や，年に一度のお祭り「一揆（IKKI）」活動に参加できる。田舎に興味がない人，田舎に興味はあるけど田舎がない人，田舎暮らしを体験

したことのない若者たちに田舎を楽しんでもらうことができる。

③シェアビレッジ誕生のきっかけ

　五城目町でこのユニークな村が立ちあがったきっかけは，2014年の春に遡る。シェアビレッジの代表（村長）を務めている武田昌大氏は，当時地元秋田を元気にしようと，町の活性化の活動を行っていた。秋田県の人口減少問題に危機感を抱いた武田氏は，秋田を「知ってもらう」「来てもらう」だけでなく，「住んでもらう」拠点を作る必要があると考えた。そのようななか，膨大な維持費を理由に取り壊される予定の五城目町にある古民家と出会った。その建築の素晴らしさから，秋田への定住を促す拠点にしたいと，古民家のオーナーに相談した結果，日本の原風景を次の100年に残す目的で，多くの人に支えられて古民家シェアビレッジ・プロジェクトが誕生した。

④クラウドファンディング

　「シェアビレッジ」のアイデアを実現させたのは，正に情報社会のたまもの，クラウドファンディングである。それは公的資金に頼らず，インターネットを通じ資金提供を呼びかけたのである。古民家を短期間のうちに補修し，農家民宿としての法的問題を解決し，シェアビレッジをオープン（開村）させた。それは，応援したいと思う人のネットワーク力によるものである。

⑤「村」がきっかけで活気づいた「町」

　五城目町は，高齢化率が秋田県内で3番目に高い地域である。地域住民にも，県外から来た人と交流を図りたい，古民家を残したいという想いがあった。しかしその術が分からずに諦めていたという。そこに，シェアビレッジのプロジェクトが始まったことにより町の活性化につながった。また，シェアビレッジがきっかけで，五城目町に魅力を感じ，移住してきた家族も現在5組ほどいる。

⑥シェアビレッジ成功の理由

　シェアビレッジ成功の理由は2点。第1は，地域のエンターテイメント化である。古民家を村にするだけではなく，その見せ方も演出し人を惹きつける。例えば，「年会費を払ってゲストハウスの会員になろう」と言わずに「年貢を納めて村民になろう」と謳う。また，村を訪れる回数で位が上がる制度をつくり，「ブロンズ村民（ブロシン）」，「ゴールド村民（ゴールシン）」，「名誉村民

(メイソン)」と呼んでいる。

　第2の理由は，都市部の人の「田舎に行ってみたい」という願望をくみ取ったところにある。シェアビレッジが，田舎に「行きたい」という都市部と，「来てほしい」という地域のつなぎ方が重要で，両者が体面する場が必要となる。シェアビレッジでは，「寄合」を定期的に開催し，インターネットの時代にあえて，こうした実際に対面できる場を設けることで，コミュニティづくりの賛同者を得ている。

　⑦シェアビレッジのシステムの広がり

　シェアビレッジのシステムは，秋田の地域の活性化のみならず，日本全体の活性化にも広がりをみせている。2016年5月には第2番目のシェアビレッジが香川県三豊市仁尾町でも始まった（MACHI LOG2017）。さらに，今後は海外にも拠点を増やす計画で，2020年には2万人の村民を目指す。「村民がいるから村ができる」という考えのもと，世界に村を増やし，世界から田舎へ，田舎から田舎へ，さまざまな人が，さまざまな地域に足を運ぶ。それにより各地域の原風景を守っていけることがシェアビレッジの村再生の原点である。

2　若者を取り込む「エコツーリズム」「ダムツーリズム」——青森県西目屋村

（1）青森県の人口の概要

　青森県は，2040年推計人口増加率（対2010年比△32.1％）が47都道府県中秋田県に次いで低い第46位に位置付けられた（社人研2013b，および表3-1b参照）。また，青森県市町村別2013年人口増減率に対する婚姻率の回帰分析結果は以下のとおりである。

　Y（青森県・市町村別・人口増減率）＝△3.110＋0.442X（CMR‰），$r=0.625$，補正$R^2=0.362$，P値$=0.000$。

　したがって，青森県の場合，婚姻率が人口増減率に対し有意な要因である。

　青森県の総人口は，1985年国政調査（152万4448人）以降2015年国勢調査まで7回継続し減少している。2015年10月1日現在の人口は，130万8649人で，前回国勢調査に比べ6万4690人（△4.7％）減少している。減少率は都道府県の中

表6-3 青森県の年齢区分別人口割合
(％)

	2010年	2015年	2040年（推計）
年少人口割合	12.5 →	11.3 →	8.6
生産年齢人口割合	61.7 →	58.7 →	49.9
高齢人口割合	25.8 →	30.0 →	41.5
後期高齢人口割合	13.1 →	15.4 →	25.8

出典：国勢調査，社人研（2013b）。

では3番目に大きい。社人研が2010年までの国勢調査にもとづくトレンドから予測した2015年人口より2755人（0.2％）多い。また，今後2015年から2040年までに青森県の人口は△28.8％減少し，約93万人となる見込みである。その人口減少率は都道府県の中で2番目に高い。このとき2040年の平均年齢は，2015年（49.0歳）から5.7歳上昇し，54.8歳となる。

　青森県の人口を男女別にみると，男性が61万4608人，女性が69万441人で，女性が7万9433人多くなっている。男女比は，女性100に対し，男性88.6である。前回調査の88.9と比べ0.3低下し，青森県内の全人口に女性が占める割合が大きくなる傾向が続いている。青森県の人口性比は，1935年に男性100.3で，男性が女性をわずかに上回っていた。しかし，それを最後に，国勢調査時点では継続して，女性が占める割合が上回っている（青森県2016）。

　青森県の年齢区分別人口割合の推移は表6-3のとおりである。

　今後，青森県では少子高齢化の進展が加速する。2040年には，年少人口が全人口の1割を下回る一方，高齢者は，全人口の4割を超える。さらに，後期高齢者の割合は，青森県総人口の4分の1を超える。

　2015年青森県の人口を市町村別にみると，青森市が最も多く28万7622人（県内全人口の22.0％），次いで，八戸市23万1397人（同17.7％），弘前市17万7549人（同13.6％）である。この3市で青森県全人口の半数以上の割合を占める（53.3％）（青森県2016）。また，市町村別の人口増減率をみると，前回調査より増加したのは，六戸町（人口1万423人，増加数182人，増加率1.8％），おいらせ町（人口2万4220人，増加数9人，増加率0.0％）の2町のみ。その他の38市町村は

第6章 不便と過疎と豪雪を地域の強みに

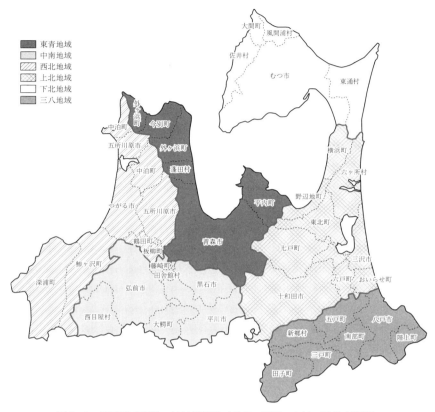

図6-2 青森県市町村・地域別地図（10市，22町，8村＝計40市町村）
出典：青森県（2011）。

全て人口減である。人口減少率が高い市町村は，風間浦村△19.7％，大間町△17.7％，今別町△14.6％，深浦町△13.1％，外ヶ浜町△12.6％，西目屋村△11.2％である（青森県2016）（各自治体の位置は図6-2参照）。

(2) 西目屋村の地域力と取り組み──若者を取り込むツアーづくり
1) 西目屋村の概要
　青森県全40市町村のうち最も人口が少ない西目屋村（1415人，世帯数488）の

147

地域力と取り組みを考察する。

①自然的条件

　西目屋村は，津軽地域の西部（青森県中津軽郡）に位置する。西方は西津軽郡岩崎村，鰺ヶ沢町(あじがさわまち)に接し，南方は秋田県，東北は弘前市，中津軽郡岩木町，相馬村と接する（図6-2参照）。津軽地方の中心都市弘前市から16km（車で約30分），「津軽富士」岩木山の南麓に位置し，リンゴの里として知られ，総面積は246.58km²である。三方を山に囲まれ，全面積の94.4％（うち国有林86.4％）が林野で，耕地面積は非常に少ない。村のほぼ中央を県道（主要地方道）岩崎・西目屋・弘前線と，津軽穀倉地帯の主要水源・岩木川（1級河川）が流れ，周辺に14の集落が散在する。

　西目屋村は，平野部とちがい標高1000m級の山々によって囲まれる細長い山峡の村である。そのため，気温が低く，日照時間も短く，夏は雨が多く，冬は豪雪の日本海側気候が特色である。秋は早霜となり，11月から4月にかけて降雪がみられる。西目屋村の気候区分は暖温帯に分類され，重要な降水量の都市とされる。最も穏やかな月でも，多くの雨が降る。年間平均気温は10.0℃，最高気温約37.0℃，最低気温約△12.0℃，年間平均降雨量は1400mmを超える（青森県本部・西目屋村職員組合2000，日本気象協会2017）。

②歴史的経緯

　西目屋村は，一般に目屋(メヤ)と呼ばれる。目屋は昔「目谷」と書かれ尾太(オップ)，長面(ナガオモテ)などの地名とともにアイヌ語の名残である。村に文化が入ったのは大同時代（806～810年と推定される）。1597（慶長3）年に尾太金山が津軽為信公によって発掘され，地域はようやく活気づいた。最盛期には商町，旅籠町，山師町，吹屋町などおよそ10ヵ町が生まれ繁栄した。しかし，明治に入り廃藩とともに尾太金山が一時中止となり，昔の隆盛も急激に凋落した。1883（明治16）年から田代村ほか8ヵ村に戸長を置き，村を統括し，戸長役場を田代村に建設した。1889（明治22）年市町村制の施工によって戸長制を廃止し，各村は大字に改められ中津軽郡の管轄に入り西目屋村となった（日本の郷文化2017）。

③白神山地と世界遺産

　1981（昭和56）年に暗門の滝が，赤石渓流暗門の滝県立自然公園の指定を受

けた。さらに，1993（平成5）年白神山地が日本初の世界自然遺産に登録され，観光産業の振興，整備が進められてきた（西目屋村2009）。

白神山地は，青森県と秋田県にまたがる広大なブナ原生林である（総面積約13万ha）。ブナの木は，北海道から九州・福岡あたりまで日本全国で繁殖する。しかし，白神山地はほかの木を交えない純林の割合，若木が育ち世代交代の進む勢いが稀有な存在である。アルプス山麓のブナ林が失われた今，白神山地は現存する世界でも最大級の，貴重な手つかずの自然の宝庫である。そのため，貴重な動植物が分布するきわめて価値の高い生態系を有する地域と認められ，1993年12月に日本初の世界遺産（自然遺産）として登録された[3]。

白神山地が世界自然遺産に登録されて以降，年々観光客が増加している。そのため，道路などの基盤整備と観光産業の振興が進められている。1993年に，青森県下最大規模の津軽ダム建設が告示され，2008年にダム本体工事着手，2016年10月完成・竣工式があった。これら西目屋村ならではの自然資源とダム施設は，貴重な地域力として西目屋村の将来的発展を占う契機となる（西目屋村2016b）。

2）西目屋村の人口の推移

西目屋村の総人口は，1960年の5346人をピークに継続して減少し，2017年2月1日現在1373人（男性657人，女性716人）まで減少した。2015年国勢調査では，青森県全40市町村の中で最も人口が少ない（1415人，世帯数488）自治体である。前回調査より人口が△11.2％減，世帯数が△14.4％減となった。それは，社人研推計（2013b）より19人（1.3％）少なく，わずかに下振れ（減少が加速）している。今後2040年までにはさらに△41.8％減少し，824人となる見込みである。その減少率は全国市区町村（2016年10月1日現在1741，ただし東京23区を含む）中で148番目に大きい。そして2040年の平均年齢は，2015年の53.6歳から3.5歳上昇し，57.1歳となる。

西目屋村の年齢区分別人口は表6-4のとおりである。

西目屋村の年少人口は，1980年の516人から減少傾向が続き，その後の生産年齢人口の減少，さらには次世代の年少人口の減少を招いている。1985年には，

表6-4　西目屋村の年齢区分別人口割合

(％)

	2010年	2015年	2040年（推計）
年少人口割合	9.1 →	9.1 →	7.6
生産年齢人口割合	56.7 →	53.0 →	46.6
高齢人口割合	34.1 →	37.9 →	45.8
後期高齢人口割合	21.3 →	23.2 →	28.8

出典：国勢調査，社人研（2013b）。

高齢人口割合と年少人口割合が逆転し，年少人口割合を上回った。また，2010年，および社人研推計の2040年の年齢区分別人口割合を比較すると，年少人口割合が低下し，2010年には全体の1割以下になった。一方，高齢人口割合が増加し，2010年時点で，すでに西目屋村総人口の3分の1を超えた。さらに，75歳以上後期高齢人口が5人に1人の超高齢社会となっている。そして，2035年以降生産年齢人口と高齢人口の割合が，ほぼ同じになる（西目屋村2015a，社人研2013b）。

　西目屋村では産業構造の変化から過疎化が始まり，1971年には過疎地域対策緊急措置法による過疎地域の指定を受けた。しかし，目屋ダム完成（1960年3月）や尾太鉱山閉山（1978年8月）を機に人口は大幅に減少した。津軽ダムの建設に伴い，建設予定地の集落が集団移転する関係から，村外にも多く転出した。同様にこの時期，出生数が一段と低くなった後，安定推移している（西目屋村2015a）。

　西目屋村の資源・地域力としては，世界自然遺産白神山地，津軽ダム周辺域，弘前市隣接の地勢，これまでに力を入れて取り組んできた全国に先駆けた子育て支援対策環境の充実策とその評価の高さ（全国市町村中，児童福祉第63位，老人福祉第67位，防犯第25位，交通安全第42位）など，人口減少課題対応可能なものが多い（西目屋村2015b）。これらに注目し，若者を取り込む施策が将来人口の維持・増加に効果的である。そこで，西目屋村の新たな取り組み「エコツーリズム」と「ダムツーリズム」を検証する。

3)「エコツーリズム」——自然との共生

　西目屋村のかけがえのない世界自然遺産白神山地登録を活かしてのエコツーリズムとは何か。それは，観光客に地域資源（自然環境・歴史文化）を伝えることにより，地域住民も自分たちの資源の価値を再認識する仕組みである。また，地域の一連の取り組みにより地域社会そのものが活性化されていくことになる（環境省2003，環境省地方環境事務所2011，青森県庁2012）。

①エコツーリズムの背景・経緯

　そこで，西目屋村のエコツーリズムの取り組みを検証する（青森県本部・西目屋村職員組合2000，青森県自然保護課2012，環境省2005，全国町村会2014a，林野庁東北森林管理局2015）。

　先に述べたように，西目屋村は青森県で最も人口の少ない過疎の村である。基幹産業である農業の伸びは期待できず，観光産業を中心とした産業の再編整備を進め，村の振興を図ることが必要である。とはいえ，商業主義一辺倒の観光産業の振興は環境破壊を生むことになりかねない。

　西目屋村の南西部には日本で初めて世界自然遺産に登録された白神山地が広がる。そこで，貴重な世界自然遺産・白神山地の「自然との共生」を活かした観光産業の創造が推奨される。そのため，西目屋村では，「世界遺産と水源の里」をキャッチフレーズに自然と共生の村づくりを推進している。

　白神山地の世界自然遺産登録を目指す運動が活発化する前，村を訪れる観光客は年間数万人程度であった。その運動がマスメディア等を通して全国から注目を浴びるようになった。また，1993年の世界自然遺産登録を機に，急激に観光客が増え始めた。それに対応するため，温泉付き宿泊施設や物産施設，ビジターセンターなどが建設され，積極的に観光客受け入れ態勢を整備してきた。

　1996年には白神山地に精通している村民に協力を依頼し「西目屋村観光ガイド会」が設立された。この時初めて村にガイド産業が生まれた。そして，遺産登録から約10年が経過したころ，多い時は1日に40台もの大型バスが訪れるようになった。年間の観光客数も60万人を超えるようになり，観光産業も順調な伸びを示していった。反面，新たな課題が浮かび上がった。

　そこで，2004年度から3年間にわたって，環境省支援の基に，県境で隣接す

る秋田県藤里町と共同で「白神地区」としてエコツーリズム推進モデル事業に取り組むこととなった。しかし，昨今よく耳にするようになった「エコツーリズム」という言葉も，当時西目屋村では全く浸透していなかった。そのため，当初3カ年はあくまでもエコツーリズム推進の本格稼働に向けた準備期間と位置付け，まずはその基盤を確立することを目的とした。初年度は現状把握，2年目は掘り起こした資源をベースに，これまでの受動的観光から，積極的にプログラムを提供する観光へ徐々に変化していった（例えば，りんご・そばの収穫体験や山菜採り，マタギのミニ講演，スノーモービル体験，雪中鍋，地元の伝統行事参加プログラム提供など）。
(5)

　3年目の最終年度は主にガイドのルールづくりに取り組んだ。当時，地域で活動しているガイド団体は村内外合わせて7団体あり，総人数は50人を超えていた。しかし，ガイドの技術・知識はさまざまでガイドによって説明や対応が異なっていた。そこで，地域の関係者が一堂に会し議論を重ね，ツアー参加者が遵守すべき事項やガイド自身の留意事項，また別に西目屋村・藤里町の両町村独自のルールをそれぞれ策定し，地域内の共通認識を整理した。それが現在も運用されている。

　エコツーリズムの取り組みは，当初，青森・秋田両県をまたぐ2町村でスタートした。そして2011（平成23）年2月に青森・秋田両県の8市町村が構成員となる「環白神エコツーリズム推進協議会」が発足し，白神山地全体でより広域的に進められている（環白神エコツーリズム推進協議会2018）。

　②民間の動き

　西目屋村唯一の民間ガイド団体「白神マタギ舎」は，白神山地の伝統的な生活文化とその基盤となる自然を保存・伝承することを目的とし，2000年に設立された。一般の観光客が白神山地本来の自然を味わい，「山歩き」をし，マタギ小屋に泊まり，山の生活の体験など「山暮らし体験」を柱としたエコツアー活動が認められ，権威ある賞を受賞している。
(6)

　西目屋村には旅行事業社はない。従来，ツアーの企画・実施は大都市圏の事業者であった。しかし，最近では西目屋村と，隣接する弘前市の旅行代理店が提携し，着地型ツアーを実施し誘客を進め，行政区域の枠を超え，また県の枠

第6章　不便と過疎と豪雪を地域の強みに

も超えた広域での動きが活発化してきている。以前から人材不足が課題となっていた西目屋村にとって，広域的な取り組みを行い地域外の人材とネットワークを形成することで人材不足解消の一助となっている。

③今後の取り組み

現在多くのガイドが西目屋村で活動している。しかし，ガイドの高齢化，後継者不足が深刻である。ガイド業としての主な活動期間は春から秋の半年間に限られるため，ガイドで生計を立てることは容易ではない。しかし，世界遺産登録後四半世紀が経過した今，西目屋村の観光産業の持続可能のために，白神山地の自然や文化を伝承するガイド後継者の発掘・育成は必須の課題である。

また，これまでの自然体験プログラムよりもさらに踏み込んだ「白神らしさ」の提供が求められる。西目屋村来訪者が白神山地の真の価値や保全の意義について理解を深めるプログラムの開発である。既存資源の見方を変え，未注目の潜在プログラムを模索し，観光の質向上を目指すことが必要である。

西目屋村は，小さな村であることを大きな地域力とする思考の転換が必要である。世界自然遺産の名に相応しい「選ばれる村」として，若者を取り込むエコツーリズムをけん引していくことを期待する。

4）ダムツーリズム──地域活性化へのインパクト

西目屋村の，地域資源を生かす地域活性化の取り組みの2番目は，「ダムツーリズム」である。国土交通省は，社会基盤施設を観光施設として活用するインフラツーリズムを地方創生策の一つとしている。その先駆けとして2013年6月から水源地域の活性化に資する「ダムツーリズム」を提唱している（日刊建設工業新聞2015，国土交通省2016，2017a，須賀2016）。

具体的には，民間ツアー会社と連携し，ツアーの一環として，ダム現場を案内する。建設中のダム現場や超大型の施工機械を見学したり，普段入ることができない管理用通路などダム内部を見学したり，放流の迫力やダムの大きさを間近で体感できるプログラムなど，案内に工夫を凝らす現場もある。ともすると批判されがちな公共事業や土木インフラ建設事業である。それらの事業に対する一般の理解を得る上で，ダムツーリズムは大きな役割を果たしつつある。

ダムツーリズムには，巨大なダムが間近で見られる見学以外に，参加者を引きつける魅力がある。こうしたツアーやダムの魅力の一般への広報活動として，国土交通省ホームページでは，パンフレット「ダムを見に行こう」を4半期ごとに作成している（国土交通省2017a）。

①津軽ダムの概要

津軽ダムは，1960年に完成した60メートル上流側にある「旧目屋ダム」の再開発事業として，1988年4月に事業着手，1991年に建設開始。2014年にダム本体コンクリート打設が完了し，2016年2月にダムの安全性を確認する試験湛水(たんすい)を始め，9月に終了した。一部の周辺整備を除き，計28年の歳月を経て竣工となった（津軽ダム工事事務所2017）。津軽ダム工事事務所では，2017年3月末までに工事完了，4月1日から「岩木川ダム統合管理事務所」(8)（国土交通省2017b）を開設し，ダムの本格運用を開始した。

津軽ダム堤体の高さは97.2m（旧目屋ダムの1.7倍），総貯水容量は1億4090万m³（同3.6倍）で，洪水被害軽減，かんがい用水補給などを行う多目的ダムとして役割を担う。また，周辺地域は，「津軽白神湖パーク」と称し，津軽白神湖を利用したカヌーのイベントなどを行う拠点の一つである。

2017年4月に本格的運用を開始した津軽ダムの見学は，資料館内とダム堤体(ていたい)内等を専門スタッフが同行・案内し行われている（国土交通省2017b）。津軽ダム「展望所」では春（雄大な放流）・夏（ライトアップした津軽ダム）・秋（紅葉を楽しむ）と季節折々の眺望を満喫できる。展望所設置がもたらしたダムツーリズムの地域活性化へのインパクトは多大である（東奥日報 Web2016）。

「津軽ダム水源地域ビジョン」(9)（津軽ダム工事事務所2016）では，「世界遺産と水源の里」の誇りを未来へ発信するというテーマを掲げ，西目屋村が中心となり策定した。そこでは，4つの「基本方針」（自然の恵みを守る，津軽白神湖を活かす，にぎわいを生み出す，文化を伝える）を定めている。

津軽ダム活用の西目屋村地域活性化への動きとして西目屋村では，「津軽ダム水源地域ビジョン」を受け，津軽ダムを観光資源ととらえ，地域活性化につなげるさまざまな取り組みが始まっている。そのうちの2例を簡単に述べる。

②「ニシメヤ・ダムツーリズム」の始動

　津軽ダム水源地域ビジョン部会メンバーでもある財団法人ブナの里白神公社では，2015年12月に旅行代理店の免許を取得し，西目屋村初となる「津軽白神ツアー」を開始した。また，西目屋村でも物産施設「ビーチにしめや」の道の駅化計画の他，ダムツーリズムを考える首長の会（三条市長・横手市長・西目屋村長）による「ダムツーリズムを考える会」を開催（2016年4月20日，約550名が聴講・約300名が放流状況・満水位状況等を見学）するなど積極的に地域活性化に取り組んでいる（ダムツーリズムを考える首長の会2016）。

③「ニシメヤ・ダムレイクツアー」（津軽ダム・水陸両用バスツアー）

　西目屋村では，2016年秋に完成した津軽ダムとダム湖「津軽白神湖」を観光に生かそうと，水陸両用バス（40人乗り車両，9000万円）を購入した。水陸両用バスを自治体が保有するのは全国初めてである。2017年4月津軽ダム本格的運用とともに水陸両用バスによるダム周辺ツアー「ニシメヤ・ダムレイクツアー」を開始（10月末まで，1日4便運行，乗車予約は，乗車の2カ月前から受け付け）。冬季は長崎県島原市にバスを貸し出し，共同で観光プロモーションに取り組む。両市村は2016年共同観光プロモーション事業に関する協定を結んだ。1200kmと「日本一離れた」自治体間の地方創生連携である（西目屋村2016b，河北新報2016，白神公社2017）。

　西目屋村は世界遺産・白神山地を観光資源とし，なかでも「暗門の滝」散策コースは観光客に人気がある。しかし，2015年の落石事故を受け，2016年シーズンから同コースは上級者向けに変更されたため，観光客の減少が懸念されている。その代わりとして，水陸両用バスの運用で，これまでにない客層が来ることが期待されている。「ニシメヤ・ダムレイクツアー」の映像は素晴らしく，今後「ニシメヤ・ダムレイクツアー」が，西目屋村の地域活性化にとり大きな地域力となるものと期待される。

　西目屋村の「白神山地エコツアー」や，「ニシメヤ・ダムツーリズム」の取り組みは，人口減少対策そのものではない。しかし，若者の興を喚起し，西目屋地域の活性化，地域財政向上，村民福祉に貢献することは疑う余地がない。

3　豪雪を活かす「ユキノチカラプロジェクト」——岩手県西和賀町

（1）岩手県の人口の概要

　本章で岩手県を第3番目に取り上げる理由は，社人研報告書（2013b）で，2040年の推計人口増加率（対2010年比△29.5％）が47都道府県中東日本では青森県に次いで低い第44位に位置付けられたことによる（表3-1b参照）。また，2013年対前年比人口増減率は，岩手県全33市町村平均△0.69％（最大・滝沢市0.72％，最小・西和賀町△2.18％），婚姻率4.13‰（最大＝北上市5.34，最小＝岩泉町2.19‰）である。岩手県市町村別2013年人口増減率に対する婚姻率の回帰分析結果は，次の通りである。

　　Y（岩手県市町村別人口増減率）＝－3.538＋0.656X（CMR‰），r＝0.711，補正R^2＝0.491，P値＝0.000。

　したがって，岩手県では，婚姻率が人口増減率に対し有意な要因である。

　岩手県の総人口は，1960年国政調査（144万8517人）以降2015年国勢調査まで，多少の変動はあるものの，おおむね継続して減少している。2015年の岩手県人口は，127万9594人で，前回国勢調査に比べ5万553人（△3.8％）減少している。減少率は都道府県の中では7番目に大きい。社人研予測より1万3206人（1.0％）多く，わずかに上振れしている。上振れ率では全国47都道府県中第7位である（社人研2013b）。

　岩手県の人口を男女別にみると，男性が61万5584人，女性が66万410人で，女性が4万8426人多い。男女比は，女性100に対し，男性92.7。前回調査の91.3と比べ1.4増加し，県内の人口性比はわずかながら狭まっている。岩手県では，1920年第1回の国勢調査（人口84万5540人，性比99.2％）以来，国勢調査時点では継続して，女性が占める割合が上回る（岩手県2016）。

　社人研推計（2013b）によると，今後2015年から2040年までに岩手県の人口は△26.7％減少し，約94万人となる。その人口減少率は都道府県の中で秋田県，青森県に次いで3番目に高い。このとき2040年の平均年齢は，2015年の49.0歳から4.6歳上昇し，53.6歳となる。

第6章　不便と過疎と豪雪を地域の強みに

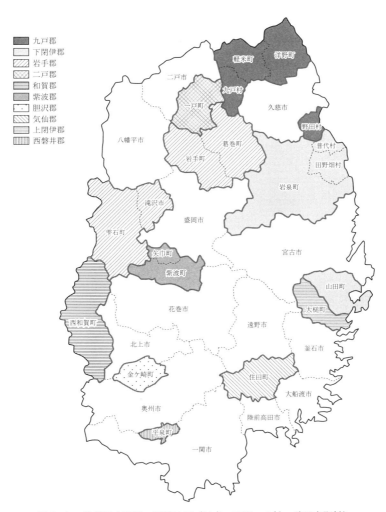

図6-3　岩手県市町村・郡別地図（14市，15町，4村＝計33市町村）
出典：Mapion「岩手県地図」http://www.mapion.co.jp/map/admi03.html（2017年2月9日検索）。

表6-5　岩手県の年齢区分別人口割合

(％)

	2010年	2015年	2040年（推計）
年少人口割合	13.2 →	11.9 →	10.0
生産年齢人口割合	60.1 →	57.8 →	53.9
高齢人口割合	27.2 →	30.4 →	36.1
後期高齢人口割合	11.1 →	12.8 →	20.7

出典：国勢調査，社人研（2013b）。

年齢区分別人口割合はどうであろうか。

岩手県では秋田県，青森県ほど急速ではないが，今後少子高齢化が進展する。2040年には，年少人口は，全人口の1割，高齢者は，全人口の3分の1を超える。また，後期高齢者は，岩手県総人口の5分の1を超え，5人に1人が75歳以上の後期高齢者になる（表6-5）。

2015年10月1日現在の岩手県の人口を市町村別にみると，盛岡市が最も多く29万7631人（県内全人口の23.3％），次いで，一関市12万1583人（同9.5％），奥州市11万9422人（同9.3％）である。この3市で岩手県全人口の4割以上（42.1％）を占める（岩手県2016，図6-3参照）。

（2）西和賀町の地域力と取り組み──雪の力を利用した温泉と福祉の町

ここで，西和賀町を検証する理由は，2010年から2040年の推計人口減少率が，岩手県33市町村中最大（△51.8％）だからに他ならない（社人研2013b）。地域力とは，そこに住み続ける覚悟と地域への主体的な関わりで生み出されていく。したがって，たとえ人口増加にすぐにはつながらなくても，地域力を活かしての斬新な取り組みが若い世代に，地域再生の力を与える。

1）西和賀町の概要

西和賀町は，JR北上線のほっとゆだ駅，秋田自動車道の湯田インター，国道107号線の北上市と横手市のほぼ中間地点に位置する。そして，主要地方道盛岡横手線と接する秋田県境にある。

第6章　不便と過疎と豪雪を地域の強みに

　総面積は590.78km^{2}で，南北約50km，東西約20kmの広がりがある。地目別の面積でみると，山林が大部分（81.9％）を占める（西和賀町2014）。

　また，奥羽山脈の山岳地帯に広がる豊かな自然に囲まれた地域にある。北は国定自然環境保全地域・和賀岳，南には栗駒国定公園内の一部南本内岳がそびえ，和賀川が南北に貫き，豊富な水資源に恵まれる。和賀川源流域はブナ原生林に覆われ，錦秋湖（きんしゅうこ）周辺は湯田温泉峡県立自然公園に指定されている。

　西和賀町は岩手県内屈指の豪雪地帯で，平均年間降雪量が10mを超え，積雪は2mを超える特別豪雪地帯でもある。雪は毎年11月頃から降り始め，2月下旬には2m近く積もり，交通や産業活動を妨害する。しかしその雪に守られた自然こそが西和賀町の地域力である。例えば，柔らかい山菜，夏の岩魚，豊富なきのこ，錦秋湖に映える紅葉，豊富な温泉郷など。昔ながらの人々が，昔ながらの産物を，昔ながらの方法で，自然に生まれた財産を自慢できるのが西和賀町である（西和賀町2008, 2014）。また今，西和賀町では雪を克服する「克雪」から雪を使ったイベントの「親雪」，そして雪の力を利用する「利雪」へと，資源・地域力に変えていく取り組みを実践している。

　西和賀町は，旧湯田町と旧沢内村が合併誕生した。湯田町は，1889（明治22）年町村制施行により湯田村となり，1964（昭和39）年町制を施行した。一方，沢内村は，先の町村制施行により，川舟村，猿橋村，太田村，前郷村，新町村，大野村の6カ村が合併し沢内村となった。そして，2005年11月1日湯田町および沢内村両町村が合併し，西和賀町が誕生した。

　1964（昭和39）年，旧湯田町に多目的ダム・湯田ダムが建設され，当時，国内最大規模の600世帯が移転する大事業であった。このダムによって出来た人造湖が錦秋湖で，周辺は岩手県立自然公園に指定され，環境整備が進む。

　旧湯田町は，古くから秋田県と岩手県を行き交う人々の交通の要所で，温泉があったことから，旅の疲れを癒す湯治場・温泉郷としても知られる[12]。湯田温泉峡には，清流・和賀川に沿って11カ所の源泉・温泉場があり，豊富な温泉資源と美しい景観に恵まれている。また，全国初の温泉付き駅舎である「ほっとゆだ駅」や，東北地方初の砂風呂「砂ゆっこ」をはじめ，特徴のある公衆浴場を町内8カ所に設置し，地域住民の健康増進や福祉向上に貢献している（西和

賀町2012)。

 2）西和賀町の人口の推移

　西和賀町の総人口は，1970年の１万2667人をピークに継続して減少し，2017年９月30日現在5867人（男性2758人，女性3109人）にまで減少した。2015年国勢調査結果では，岩手県全33市町村の中で28番目（下から６番目）の人口数である（人口5880人，世帯数2146）。前回調査より人口が△10.9％減，世帯数が△5.5％減となった。減少率は全市区町村の中で162番に大きい。2015年に総人口は，社人研予測（2013b）より72人（1.2％）少なく，予測よりわずかに下振れし，2010年の見込み人口よりわずかに減少テンポが速くなっている。

　また，社人研によると，今後2015年から2040年までにはさらに△49.5％減少し，3183人（男性1467人，女性1716人）となる見込みである。その減少率は全国市区町村中70番目に大きい。このとき2040年の平均年齢は，2015年の58.7歳から3.2歳上昇し，61.8歳となる。（西和賀町2015a，岩手県2016）。また，「平成22年市区町村別生命表」（厚生労働省）によれば，2010年の西和賀町の平均寿命（０歳児の平均余命）は，男性が全国平均よりも0.4歳短い79.2歳，女性も全国平均より0.1歳短く，86.3歳である。

　西和賀町の年齢区分別人口割合の推移は表６-６のとおりである。

　西和賀町の年少人口は，1980年の1804人から減少傾向が続き，2015年には，486人にまで減少した。それがその後の生産年齢人口の減少，さらには次世代の年少人口の減少を招いている（西和賀町2015a）。1985年には，高齢人口割合と年少人口割合が逆転し，年少人口割合を上回った。その後年少人口の減少が加速する一方，高齢人口割合が増加し，2015年には高齢人口割合が生産年齢人口を上回った。それ以降は，高齢人口が生産年齢人口を大幅に上回る。そして，高齢人口割合は限界集落の域を超え，後期高齢者が全人口の４割を超える（西和賀町2015a，社人研2013b）。

　西和賀町のレーダーチャートの総合評価は，全1742市町村中第383位で，悪くはない。その理由は，人口自然増加率（第1673位），人口社会増加率（第1352位）であるが，TFR649位でもある。また福祉関連指標が高い評価を受けてい

第6章 不便と過疎と豪雪を地域の強みに

表6-6 西和賀町の年齢区分別人口割合
(%)

	2010年	2015年	2040年（推計）
年少人口割合	9.0 →	7.8 →	7.3
生産年齢人口割合	48.0 →	45.3 →	38.0
高齢人口割合	43.0 →	46.9 →	54.7
後期高齢人口割合	26.3 →	30.0 →	41.3

出典：国勢調査，社人研（2013b）。

る（児童福祉26位，老人福祉143位，病院198位）ことが総合評価を高くしている（熊谷2016）。

　西和賀町の福祉プログラムは長い歴史を持つ。すでに述べたように，西和賀町は，総面積の9割が山林の細長い地形で，2005年11月に旧湯田町と旧沢内村の合併によって誕生した。南部に位置する旧湯田町は，かつて鉱山と観光で栄えた。また，北部の旧沢内村は，農林業を生業とした，豪雪，貧困，多病・多死という三悪に住民と共に立ち向かい，全国の自治体で初めて60歳以上の村民と乳児の医療費を無料化（1960年），そして，全国初の乳幼児死亡率ゼロの偉業を達成した（全国町村会2010）。

　若者を取り込む施策が将来人口の維持・増加に対し効果的と思われる。そのうえで，時代変化に対応して西目屋村の持つ地域力・地域資源を有効に活用し，若い世代を支援し，村の活力を維持するために的確な施策の方向性が必要となる。

　2008年と2009年には西和賀町を舞台にした2本の映画が公開された（2008年「いのちの作法」[13]，2009年，「いのちの山河」[14]）。これらの映画は，西和賀町の若者が，自分の住む地域に目を向けるきっかけを生み，旧地域間の絆を生み出している。合併後人口7000人余り，そして2015年には6000人を割り，高齢化率5割の状況でも，西和賀町には，元気があふれている。そこで，次に西和賀町の新たな地域ブランドへの取り組み「ユキノチカラプロジェクト」を考察する。

3)「ユキノチカラプロジェクト」の取り組み

　西和賀町は岩手県内で最も若年女性の人口減少率が高く，このままでいくと，2040年の人口減少率は県内で最も高くなる（対2010年岩手県平均△29.5%，西和賀町△51.8%）。定着人口増加には，地域経済活性化が必須である。そこで，岩手県内一の積雪量を誇る西和賀町が考えたのは，マイナス資源「雪」をプラスの地域力に転換するプロジェクトである。西和賀町では，地元の乳製品，漬け物，だんごの加工食品等，「雪」の力から生まれる素晴らしい素材を加工し付加価値の高い「商品」として発信し，若い世代がこの町で生活していく糧を生むチャンスをつくりあげることを企画した。その結果，全国初の地方創生先行型交付金活用「地方創生 地域づくりデザインプロジェクト」「ユキノチカラプロジェクト」が誕生した（2015年6月開始）。

　従来，多くの地域が抱える課題として，自治体と地元企業だけでは，資金調達やデザインを含む，全国を視野に入れたビジネス展開の知見が不足しがちであった。そこで，「ユキノチカラプロジェクト」では，信用金庫（セントラルバンク「信金中央金庫」），県内企業の商品開発を支援する「岩手県工業技術センター」，グッドデザイン賞を主催する「日本デザイン振興会」が一体となり，「つくる」から「売る」までを総合的に支援した。つまり地域の「稼ぐ力」を育て，「ビジネス全体をデザイン」したのである。魅力的な町をどう実現するか。町の「稼ぐ力」を高めるために西和賀町に必要なのは，商品をどう売るかというノウハウである（事業構想2016，マガジンハウス2017，西和賀町2015a）。

　そこで打ち出されたコンセプトは，「ユキノチカラ」である。西和賀町は豪雪地帯で，住民にとって，雪はマイナス要素であった。しかし，それは雪と共生してきた住民の底力を表現し，生活にぬくもりを感じさせる。そこで，この「ユキノチカラプロジェクト」は，逆転の発想で生きる人のパワーが感じられる「雪」（マイナスの地域力）を地域資源に変える狙いがある。

　「ユキノチカラ」ブランド商品は，2015年12月以降順次販売され，2016年3月22日〜23日には「JDP復興デザインマルシェ＠東京ミッドタウン」で，8事業者，13商品が展示・販売され大好評を得た。[15]

　西和賀町の人は，「以前，岩手県外に行くと，『西和賀なんて誰も知らない』

と言われました。でも，三重県がステーキの松阪牛で覚えられているように，イメージする商品があれば，地名も記憶されます」と言う（西和賀町2015a）。西和賀町をイメージできる商品を生み出し，それを軸に人を呼び込み，観光につなげ，経済力を高める。「地域づくりデザインプロジェクト」が，その第一歩になる。それと共に，地域の活性化，経済力の向上，そして，新たな人の流れ・定住人口を生むことにつながる。

4　子育てするなら東根市──山形県東根市

(1) 山形県の人口の概要

　次に山形県を考察する。山形県は，社人研報告書（2013b）で，2040年推計人口増加率（対2010年△29.5％）が47都道府県中東日本では，岩手県に次いで低く第43位に位置付けられた。また，2013年対前年比人口増減率は，山形県全35市町村平均△1.53％（最大＝東根市0.23％，最小＝大蔵村△3.11％），婚姻率3.80‰（最大＝東根市5.93，最小＝最上町2.60‰）である（表3-1b参照）。山形県市町村別2013年人口増減率に対する婚姻率の回帰分析結果は，次の通りである。

　Y（山形県・市町村別・人口増減率）＝ －3.551 ＋ 0.534X（CMR‰），r ＝ 0.546，補正 R^2 ＝ 0.278，P 値 ＝ 0.000。

　したがって，山形県の場合，婚姻率が人口増減率に対し有意な要因である。

1) 県の歴史と地縁の四区分

　山形県は，酒田・鶴岡の2つの都市を中心とした庄内と，それ以外の最上（旧置賜，村山，最上部）に二分される。しかし，生活文化は，現在でも庄内・最上・村山・置賜の4つに区分される（図6-4参照）。それは，山形県内に，4つの地縁（居住地に基づく地域のつながり）が存在することを意味する。それらの各々の特徴は，次のように言われる。

　庄内：日本海側の南北に位置し，酒田・鶴岡中心。重厚で勤勉な気質。
　最上：秋田に隣接し，新庄中心。口重で素朴。
　村山：宮城県西部に隣接し，山形中心。進取で直情径行。

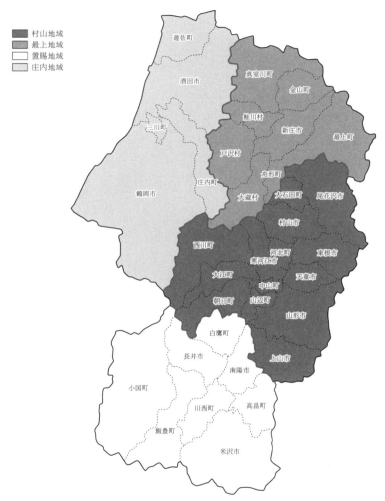

図 6-4　山形県市町村・地域別地図（13市，19町，3村＝計35市町村）
出典：山形県内市町村ホームページ http://www.pref.yamagata.jp/link/others/clink.html（2017年2月12日検索）。

置賜：福島県北部に隣接し，米沢中心。律儀で質実剛健。
　なぜ，同一県内にこのような生活文化あるいは，地域性・地域力があるのか。それは，個々の地域の持つ歴史的背景による。
　庄内地方に708（和銅元）年越後国・出羽郡が設けられ，その4年後に，出羽国に昇格した。さらに，陸奥国（むつのくに）から最上地方が分離され出羽に吸収された。しかし，山形県は，典型的な小藩分立圏であり，県全体は同質ではなかった。江戸時代に多数の藩と幕府直轄領が交錯し，藩主の交代が頻繁に行われ，最上（山形）・上杉（米沢）・酒田（庄内）・戸沢（新庄）・松平（上山）に細分されたなかで，山形藩が比較的有力であった。また，新庄，山形，米沢すべて盆地にあるため，近代になり交通の便が整備されるまで，相互の交流が少なく，各々独自に文化が発展した。その結果，領地は一定せず，一揆も多発し（記録されているものだけでも26回），統一した藩風も育たなかった。それが，現在の4地域の源流である。（熊谷2011）。
　明治に入り，山形，置賜，鶴岡の3県となり，1875（明治8）年に現在の山形一県となった。

2）県の人口

　山形県の総人口は，1950年国政調査時に135万7347人のピークに達し，以降1975年122万302人まで減少し，1985年までの10年間は増加した（126万1662人）。しかし，その後は継続して減少し，2015年国勢調査時人口は，112万3891人で，前回国勢調査に比べ4万5003人（△3.9％）の減少である。減少率は全都道府県中6番目に大きい（山形県企画振興部2016）。社人研予測（2013b）の2015年人口より7655人（0.7％）多く予測よりわずかに上振れしている。
　2015年の山形県の人口を男女別にみると，男性が54万226人，女性が58万3665人で，女性が4万3429人多い。男女比は，女性100に対し，男性92.6（前回調査の92.2とほぼ同様）である。山形県の人口性比は，1920年第1回目の国勢調査（人口96万8925人，性比97.5％）以来継続し女性の割合が上回る（山形県企画振興部2016）。
　現在の山形県の総人口をみると，4地域の特色がみえる。2015年人口は，村

表6-7　山形県の年齢区分別人口割合

(％)

	2010年	2015年	2040年（推計）
年少人口割合	12.8 →	12.1 →	9.9
生産年齢人口割合	59.6 →	57.1 →	50.8
高齢人口割合	27.6 →	30.8 →	39.3
後期高齢人口割合	15.4 →	16.9 →	25.1

出典：国勢調査，社人研（2013b）。

山地域55万1524人で，山形県総人口の半数（49.1％）を占め，庄内地域 27万9497人（同24.9％），置賜地域 21万4975人（同19.1％），最上地域 7万7895人（同6.9％）である。

社人研推計（2013b）によると，今後2015年から2040年までに山形県の人口は△25.7％減少し，約84万人となる。その人口減少率は都道府県の中で秋田，青森，岩手，高知に次いで5番目に高い。2040年の平均年齢は，2015年（49.1歳）から4.2歳上昇し，53.3歳となる。

山形県の人口の年齢区分別割合の推移は表6-7のとおりである。

今後，山形県では秋田県，青森県ほど急速ではないが，少子高齢化が進展する。2040年には，年少人口は，全人口の一割を下回り，高齢者は，全人口のほぼ4割となる。さらに，後期高齢者の割合は，山形県総人口の4分の1を超え，4人に1人が75歳以上の後期高齢者になる。

2015年の山形県の人口を市町村別にみると，山形市が最も多く25万3832人（県内全人口の22.6％），次いで，鶴岡市が12万9652人（同11.5％），酒田市が10万6244人（同9.5％）である。この3市で山形県総人口の4割以上を占める（43.6％）（山形県企画振興部2016）。

また，市町村別人口増減率をみると，前回調査と比べ人口が増加したのは，山形県全35市町村中唯一村山地域の東根市（人口4万7768人，増加数1354人，増加率2.9％）である。その他は全て人口減となっている。なお，人口が減少となった市町村の中で，最も減少数が大きかったのは鶴岡市（△6971人）で，酒田市（△4907人），米沢市（△3448人）がこれに続く。また，人口減少率が大きいの

第6章 不便と過疎と豪雪を地域の強みに

は，真室川町，小国町，鮭川村（いずれも△11.2％），尾花沢市（△10.6％），西川町（△10.1％）である（山形県企画振興部2016，各自治体位置は図6-4参照）。

（2）東根市の地域力と取り組み——先進的子育て支援

　山形県全35市町村の中で，東根市の人口は5万人に満たない。しかし，東根市を検証する理由は，社人研による2010年から2040年の推計人口減少率が，山形県（平均△28.5％）で最も低い（△9.4％）からに他ならない（社人研2013b，および表3-2参照）。また，すでに述べたように，2015年国勢調査では，東根市は，山形県内唯一の人口増加自治体である。そこで，どのような取り組みと地域力が，人口増加に貢献しているのかを検証する。それは，人口減少問題に取り組む他府県の自治体に参考になるであろう。

1）東根市の概要

　東根市は，山形県の中央部，村山盆地に位置し，東は仙台市，南は山形市・天童市に隣接し，温泉のある自然豊かな田園都市である。東根市の面積は，206.94km^{2}で県内13市の中では8番目の大きさである。また，国道13号・48号・287号が通り，古くから政治，経済上の中心地として，また交通の要衝として発展してきた。しかし，東根市は県内最大の乱川扇状地にあり，中央部は水利の便が悪く開発されたのは比較的新しい。その結果，現在のような見事な果樹地帯に生まれかわったのは近代に入ってからである。現在は，さくらんぼ，りんご等山形県有数の果樹産地である。また，大森工業団地にはハイテク産業が集積し，空の玄関山形空港の所在地として発展を続ける。土地区画整理による新都心の形成，山形新幹線延伸に伴うさくらんぼ東根駅の開業，東北中央自動車道の開通など，高速交通網の拠点都市として，今後も発展が期待される（東根市2017）。

　東根市の歴史は古く，縄文時代の遺跡が数多く発見されている。大昔，村山盆地の真ん中に「藻が湖」という大きな湖があり，東に連なる奥羽山脈の麓に最も早く拓けた所を「東根」と呼んだことに由来するといわれる。

　平安時代には，東根の北西部の低湿地が開拓され，村山郡が新設され，政治

上の中心地となった。その後，まもなく東北地方では記録上最も古い小田島荘が成立した。南北朝時代には，鎌倉から来た地頭小田島長義が，この地を支配し，南朝方の武将として勢力をふるった。戦国時代には，坂本氏，次いで里見氏が一帯を支配した。里見氏（東根氏）は広大な東根城の整備に力をそそぎ，東根の町の基礎を築いた。しかし，1622（元和8）年に，最上家の改易に伴い東根氏も阿波徳島藩に預けられた。その後山形藩領主がしばしば変わった。このころ，東根は，秋田街道が整備され参勤交代によって江戸文化が直接入り，また，上方文化は庄内地方経由で伝播した。その結果，紅花，たばこ等の換金作物の生産も盛んで，先進的な気風のある土地に発展した。1889（明治22）年町村制施行により，東根村，東郷村，高崎村，大富村，小田島村，長瀞村の6カ村が成立し，1896（明治29）年には東根村が東根町となった。そして1954（昭和29）年には，これらの町村が合併し東根町となり，1958（昭和33）年に市制を施行し，東根市となった（東根市2017，熊谷2011）。

　山形盆地は，全国有数の果樹生産が盛んなところである。中でも東根市はさくらんぼを市の花としており，「佐藤錦」銘柄発祥の地でもある。また，その生産高は全国一の約22％を占める。ほかにも，もも，ぶどう，りんご，ラ・フランス（洋梨）など四季の果物が豊富である。農林水産省「山形農林水産統計年報2015年」による農業産出額をみると，山形県のさくらんぼ産出額は，年々伸びている。2001年229億円，そして2012年産出額は，過去最高の332億円となった。山形県のさくらんぼ総産出額のうち，東根市の産出額は毎年4分の1を超え（26～27％）傑出して高い（天童市20％弱，寒河江市15％弱，山形市，川北町，村山市各7％ほど。東北農政局統計部2015）。

　2）東根市の人口の推移

　東根市の総人口は，1970年の3万9113人以来継続して増加し，2018年3月1日現在4万7857人（男性2万3593人，女性2万4264人），1万7308世帯である。2015年国勢調査人口は，山形県全35市町村（13市）中6番目に多い（人口4万7768人，世帯数1万5473）。前回国勢調査より人口が2.9％増，世帯数が7.5％増となり，東根市が山形県内唯一の人口増加率プラスを達成した自治体である。

増加率は全国市区町村中122番目に高い。また，社人研予測人口（2013b）より1503人（3.2％）多い。

しかし，人口は今後2015年から2040年までに△12.0％減少し，約4万2000人となり，平均年齢は，2015年の45.9歳から3.4歳上昇し，49.2歳となる（東根市2015b，山形県企画振興部2016図6-9参照）。2040年の東根市民推計平均年齢（49.2歳）は，日本人推計平均年齢（51.6歳），山形県人推計平均年齢（53.3歳）よりも大分若い。ということは，東根市では，少子高齢化の進展の度合いが他の自治体に比べて，緩やかであることがうかがえる。

東根市の年齢区分別人口割合の推移は表6-8のとおりである。

東根市の年少人口割合は2040年でも1割を超える。一方，高齢人口推計割合は，総人口の3分の1となる。また，全人口の5人に1人が後期高齢者となると予測される（東根市2015b，社人研2013b）。

東根市のレーダーチャートの総合評価は，全市町村中第282位で，悪くはない。その理由は，TFR291位，人口自然増加率383位，人口社会増加186位と人口動態指標が比較的良い評価となっているためである。また，地域内総生産100位と高い評価指数である。それは，全国一の生産量・産出額を誇るさくらんぼ生産によるところが大きい。2010年国勢調査における産業別就業者数および構成比をみると，第一次産業3212人（13.7％，山形9.4％，全国4.0％），第二次産業7463人（31.9％），第三次産業1万2749人（54.4％）で，第一次産業の割合が全国平均と比べきわめて高い（東根市2015b）。

東根市は東根市総合計画策定（1973年）から，区画整理事業をはじめとする定住人口の増加施策，高速交通網などの都市基盤整備，生産性の高い農業などの産業基盤強化等に取り組んでいる。その結果，子育て世代を含む生産年齢人口が増え，出生率が高くなっている。

現在，東根市では農業就業者の6割以上が60歳以上の高齢者である。そのため，今後若手就農者の確保が大きな課題である。日本政府が目指している「超スマート社会[16]」の到来を見据え，産業構造の変化等に対応できるよう次代を展望した産業の活性化策が求められる。

なお，「平成20年～24年　人口動態保健所・市町村別統計」（厚生労働省2014）

表6-8　東根市の年齢区分別人口割合

(％)

	2010年	2015年	2040年（推計）
年少人口割合	14.4 →	14.3 →	12.3
生産年齢人口割合	61.2 →	59.6 →	55.5
高齢人口割合	24.4 →	26.1 →	32.1
後期高齢人口割合	13.5 →	14.7 →	19.9

出典：国勢調査，社人研（2013b）。

によると，東根市の2008～12年の出生数は，年平均447人。人口1000人当たりでは9.7人（全国平均8.4人）となり，全国市区町村中177番目である。同期間のTFRは1.66で291番目。また，婚姻率は，人口1000人当たり6.2‰（全国平均5.5‰）で全国平均よりかなり高く，離婚率は1.73‰（全国平均1.94‰）で，全国平均より低い。先に述べたように，山形県の人口増減率と，婚姻率の市町村別関係では，婚姻率は有意な要因である。そのため，東根市の婚姻率が高いことが，人口増加をもたらす大きな要因と解釈できる。

　東根市が実施した市民・市外在住者を対象としたアンケート調査（「平成27年東根市総合戦略策定に係る市民・市外在住者意向調査」東根市2015c）によれば，成人未婚男女の結婚志向は強い。いずれは結婚したいと考えている独身者は66.7％で3分の2に上る。独身の理由として最も多かった回答が「異性と知り合う機会がない（少ない）」（41.4％）である。また効果的な結婚支援策として回答が多かったのは，「雇用・労働などの環境改善（結婚をためらうことのないように）」（72.6％），「婚活イベントの実施」（40.2％）である。また，理想とする子どもの人数よりも，現実的に考えている人数が少ないのは経済的理由が最も多い。これらの回答から，出会いの場の創出が不可欠である。と同時に，結婚後，いわゆる子育てにかかる費用など経済的な生活不安の解消も大きな課題である。これらの点の解消が，東根市のみならず，地方自治体の婚姻率を高めることにつながる。

3）東根市の新しい子育て支援策

　東根市では，「子育てするなら東根市」というキャッチフレーズのもと，市を挙げて子育て支援の先進的な取り組みを行っている。ここでは，その中心的拠点である3つの施設を紹介する。それらは，①さくらんぼタントクルセンター（2005年設立），②ひがしねあそびあランド（2013年設立），そして③まなびあテラス（2016設立）である。

①さくらんぼタントクルセンター

　さくらんぼタントクルセンターは，東根市と「クリエイトひがしね」[17]の連携による福祉・保健・医療の複合子育て支援拠点施設で，2005年4月に開設。6つのエリア（子育て支援，保健，福祉，医療，共有，事務の各エリア）から成り，子どもたちから高齢者まで世代を超えたさまざまな人々がたくさん訪れる。施設面・運営面が全国的に高く評価され，設立以来10年間で，354万人の来館者があった（そのうち遊育施設の「けやきホール」来館者は160万人を超える）。山形県内市町村の先駆けとして環境ISO14001[18]を取得している東根市は，施設全体の熱源をオール電化方式とし，一部太陽光発電設備を設け環境に配慮し，人にも優しいハートビル法[19]にも適合した施設である。

　名称の「タントクル」は，イタリア語の「tanto」（たくさんの意），日本語でも「たくさん・たっぷり」を意味し，「たくさんの人に来てほしい」との願いが込められ，公募により決定した（東根市2012，2015d，東根市さくらんぼタントクルセンター2017）。

②ひがしねあそびあランド

　けやきホールの屋外版として「ひがしねあそびあランド」が2013年5月にオープンした。子どもたちに思いっきり遊び，「自主性」「社会性」「創造性」を学んで欲しいと，4haの広大な土地に開設した。敷地の中には，5つのゾーンがある（「シンボルゾーン」「農業体験ゾーン」「冒険広場ゾーン」「幼児広場ゾーン」「斜面ゾーン」）。それは，「遊びから学ぶ」子どもの遊びの理想郷（ユートピア）で，子どもが安心し失敗できる遊び場づくりを支援する「プレイリーダー」が常駐している（ひがしねあそびあランド2017，むらやま子育てナビ2013，東根市2015d，亀田博子ホームページ2016）。

③まなびあテラス

「まなびあテラス」は，図書館（蔵書12万冊，インターネット予約の上，館外設置ロッカーで受け取る），美術館，市民活動支援センターを備えた東根市公益文化施設で，最新の ICT 技術を活かした工夫が随所に凝らされ，情報社会にふさわしい施設である。東根市市制施行58周年となる文化の日，2016年11月３日に開館した。名称の「まなびあ」は「学び」の意，「テラス」は「たくさんの人が集う」と未来を明るく「照らす」の両方の意味が含まれる。

東根市は民間の資金や経営手法を導入する PFI 方式[20]を採用した。ゼネコンやビル管理会社などでつくる特別目的会社「株式会社メディアゲートひがしね」が施設を設計，建設し，完成後20年間，施設の維持管理・運営をする。運営費を含む総事業費は65億円，うち施設整備担当分が34億円。試算では東根市が単独で建設，運営するより７億8000万円を削減できる（まなびあテラス2017，朝日新聞 DIGITAL2016，山形新聞2015，山形経済新聞2016）。

5　不便でも村民がいなくても生まれるアイディア

本章では，人口過疎化，少子高齢化問題を抱える東日本の自治体の４県から，特色ある試みを中心に検証した。五城目町（秋田県）の「シェアビレッジ」，西目屋村（青森県）の「エコツーリズム」と「ダムツーリズム」，西和賀町（岩手県）の「ユキノチカラプロジェクト」，そして東根市（山形県）の「さくらんぼタントクルセンター」「ひがしねあそびあランド」「まなびあテラス」である。第４，５章の自治体と比べると，利便性が悪く，住環境も寒さ厳しいところであるが，その不便を「負の地域力」ととらえている。つまり村民が不足するなら都会で村民を増やし，若者もユニークなツアーで取り込もうと発想を転換している。いずれの取り組みも，消滅の危機に瀕する自治体のレッテルからは考えられないユニークなものである。それらは，みな地元の力，地域力のたまものである。

次の第７章では，ひき続き特色ある取り組みを展開する自治体から，西日本の高知県，島根県，徳島県，そして鳥取県の場合を検証する。

第 6 章　不便と過疎と豪雪を地域の強みに

注
（ 1 ）「五城目町朝市」は，秋田県内で最も歴史のある朝市で，1495（明応 4 ）年から520年にわたる歴史を持ち，毎月 2 ・ 5 ・ 7 ・ 0 のつく日の午前 8 時から正午まで開催される。また， 5 月 4 日（祭り市）， 8 月13日（盆市），12月31日（歳の市），「山菜まつり」， 6 月中旬に，五城目朝市の守り神「市神」の祭典，「市神祭」が開かれる（五城目町役場2017b）。
（ 2 ）　三豊市仁尾町は，香川県西部に位置し，高松空港から車で 1 時間ほど。三方が山，そして一方は海に囲まれた陸の孤島，人口約6300人の小さな港町。古民家「松賀屋」が今ひとつの「村」に生まれ変わろうとしている（MACHI LOG2017）。
（ 3 ）　2017年 7 月 9 日，「宗像・沖ノ島と関連遺産群（福岡）」がポーランドで開催のユネスコ世界遺産委員会で，正式に世界文化遺産として登録された。これにより，日本の世界遺産登録数は21（文化遺産17，自然遺産 4 ）となった（2017年 7 月現在）。
（ 4 ）　過疎地域については，1970（昭和45）年以来，過疎対策立法のもとで各種の対策が講じられてきた。2000（平成12）年 4 月 1 日，「過疎地域自立促進特別措置法の一部を改正する法律」が施行された（総務省2000）。
（ 5 ）「マタギ」はクマ，カモシカなど大形山獣の集団猟を業とした東北山村の狩人（かりゅうど）。山奥に独自の集落生活を営み，農耕，山稼ぎに従事し，冬から春にかけては深山に分け入り，仮泊の生活を続けながら狩猟に専念してきた。（小学館2017）。
（ 6 ）「第 2 回エコツーリズム大賞優秀賞（環境省2006年度），「平成25年度地域づくり総務大臣団体表彰」（総務省2013年度）
（ 7 ）　案内書では，ダムツアーの情報，ダムの魅力，見学が可能なダム建設現場を紹介し，水源地域では，ダムカレー，ダムにちなむお土産などの取組みも広がる。
（ 8 ）「岩木川ダム統合管理事務所」は，岩木川流域の洪水調節と河川環境の保全，水道用水の供給，発電等のために，浅瀬石川（あせいしがわ）ダムと津軽ダムの統合管理を行い，岩木川の管理体制の強化を図る（国土交通省2017b）。
（ 9 ）「津軽ダム水源地域ビジョン」は，津軽ダム完成後のダム周辺の豊かな自然環境，歴史，文化，観光資源，人材などを活用し，水源地域の自立的・持続的な活性化の方策および関係行政機関が行う支援，方策などを定める（津軽ダム工事事務所2016）。
（10）　（財）ブナの里白神公社は，1994年設立の世界遺産白神山地の玄関口にある西目屋村のサービス施設 4 店舗を運営（宿泊，温泉，レストラン，売店他）する。
（11）　暗門渓谷ルート（旧暗門の滝遊歩道）は近年，落石が頻発し，登山初心者や軽装での通行者の事故・遭難防止のため，平成28年度より通行時「通行届」「入山

届」の提出，ガイドの同行，ヘルメット着装などを呼び掛けている（西目屋村役場2017）。
(12)　1893（明治26）年，俳人・正岡子規が秋田県六郷町（現在は秋田県美郷町）から山越えをして西和賀町（旧湯田町）に入り，湯本温泉に投宿した記録が残る（西和賀町2014）。
(13)　映画『いのちの作法──沢内「生命行政」を継ぐ者たち』は，岩手県西和賀町（旧沢内村）を舞台に，いのちを大切にするという「生命尊重の理念」を受け継ぐ若い世代を記録した作品。小池征人監督，2009年カラー，107分。
(14)　地方行政から見放され多くの問題を抱えていた山あいの小さな沢内村の人々が，その苦難に立ち向かう姿を描いた実話の映画化。監督は大澤豊。「生命行政」に徹した深澤晟雄村政は，1960年に全国の自治体で初めて60歳以上の村民と乳児の医療費を無料化，全国でも最悪の乳児死亡率だった村が，全国初の乳児死亡ゼロという偉業を達成した。
(15)　13の加工商品は以下のとおり。湯田牛乳，プレミアムヨーグルト，ゆきぽっこ（湯田牛乳公社），ユキノチカラめし，寒ざらしそば，大根の一本漬け（西和賀産業公社），ユキノチカラぽんせん（サンタランド），雪のようせい（雪国のだんご屋・団平），西和賀の雪玉ほろりん，わらび粉みるくぷりん（工藤菓子店），金と銀のフィナンシェ（お菓子処たかはし），西わらび（西わがネット），小森さんのばっけみそ（森の公房小森一彦）。
(16)　「超スマート社会」とは，情報通信技術の発展により，あらゆるものがネットワーク化し，必要なもの・サービスを，必要な人に，必要な時に，必要なだけ提供でき，社会のさまざまなニーズに対し，きめ細かに，効率良く対応できる社会のことである（文部科学省2016）。
(17)　「NPO法人クリエイトひがしね」は，少子高齢社会の地域づくりをめざし，子どもから高齢者まで世代を超えた交流を促し，県民，市民が希望を抱き，すこやかに生き，やすらぎをもてる地域社会創造のために種々の事業を企画運営する。
(18)　1992年地球サミットの前後から，「持続可能な開発」実現に向けた手法の一つとして，事業者の環境マネジメントに関する関心が高まってきた。そこでISO（国際標準化機構）は，1993年から環境マネジメントに関わるさまざまな規格の検討を開始した。これがISO14000シリーズと呼ばれ，中心となるのが，1996年発行の「環境マネジメントシステムの仕様」を定めているISO14001である（環境省2017）。
(19)　「ハートビル法」（heartful+buildingからの造語）は，公共性の高い建築物に対し，高齢者や身体障害者に利用しやすい施設整備を求めた法律。国土交通省2000

年施行。正式名称は,「高齢者,身体障害者等が円滑に利用できる特定建築物の建築の促進に関する法律」。2006年,同法と交通バリアフリー法を統合したバリアフリー新法が施行された。

(20) 「PFI方式」「PFI (Private Finance Initiative ― プライベート・ファイナンス・イニシアティブ)」とは,公共施設等の建設,維持管理,運営等を民間の資金,経営能力及び技術的能力を活用して行う新しい手法(内閣府2017)。

第 7 章
人がつながる ICT で孤島も活性化
——特色あるプログラムを展開する西日本の自治体——

　本章では，人口減少が進むなかインターネットやドローンを活用したり，地域のオリジナル性を海外に発信したり，若い世代とつながるユニークなプログラムに取り組む西日本の４自治体の地域力とその取り組みを検証する。それら４自治体とは，高知県大豊町，和歌山県高野町，島根県海士町，徳島県那賀町である。

1　憩いの集落「大豊シャクヤクの会」——高知県大豊町

（1）高知県の人口の概要

　高知県は，2040年推計人口増減率（対2010年比推計△29.82％）が全都道府県中第45位，西日本で最下位である（社人研2013b，および表３－１b，表３－２）。また，2013年対前年比人口増減率は，△0.91％（最大＝香南市△0.38％，最小＝大豊町△4.44％），婚姻率4.34‰（最大＝土佐町5.78‰，最小＝大川村および馬路村0.00‰＝婚姻なし）。高知県全34市町村別2013年人口増減率に対する婚姻率の回帰分析結果は，次のとおり。

　Y（高知県・市町村別・人口増減率）＝△2.290＋0.201X（CMR‰），R＝0.296，補正 R^2 ＝0.088，P 値＝0.084。

　したがって，高知県の場合，婚姻率が人口増減率に対し有意な要因とは言えない。

　高知県の総人口は，1955年国勢調査時の88万2683人をピークに継続して減少している（1985年84万人，2015年国勢調査時72万8276人）。前回国勢調査（2010年）に比べ３万6180人（△4.7％）減少（高知県総務部統計課2016）。減少率は都道府県

表7-1 高知県の年齢区分別人口割合

(％)

	2010年	2015年	2040年（推計）
年少人口割合	12.2 →	11.6 →	9.2
生産年齢人口割合	59.0 →	55.5 →	49.8
高齢人口割合	28.8 →	32.8 →	40.9
後期高齢人口割合	15.9 →	17.2 →	25.7

出典：国勢調査，社人研（2013b）。

のなかでは秋田，福島，青森県に次いで4番目に大きい（総務省統計局2016f）。また，社人研2015年予測人口より1403人（0.25％）少ない。

社人研推計（2013b）によると，今後2015年から2040年までに高知県の人口は△26.3％減少し，約54万人となり，平均年齢は，2015年（49.8歳）から4.3歳上昇し，54.2歳となる。

高知県の人口を男女別にみると，男性が34万2672人，女性が38万5604人で，女性が4万2932人多くなっている。男女比は，女性100に対し，男性88.87と大幅に低い（高知県総務部統計課2016）。

高知県の年齢区分別人口割合の推移（社人研2013b）は表7-1のとおりである。

現在，高知県の65歳以上の高齢人口割合は，高知県総人口の約3分の1で，高齢化が進展している。全国平均は，26.6％，秋田県（33.8％）に次いで高い。2040年には，後期高齢者の割合が，全人口の4分の1を超え，4人に1人が75歳以上の後期高齢者となる。

2015年高知県の人口は，前回調査より県内34市町村全てで減少した。減少数が最も大きいのは高知市（△6203人），次に，いの町（△2295人），土佐清水市（△2251人）であった。高知県平均減少率（△4.7％減）を上回る（減少率が低い）のは，全34市町村中高知市（△1.8％減），香南市（△2.6％減），南国市（△3.0％減），大川村（△3.8％減）4自治体のみ。減少率が最も高いのは馬路村△18.8％減，次いで大豊町△16.0％減，仁淀川町△14.6％減，土佐清水市△14.0％減であった（各自治体の位置は，図7-1参照）。

年少人口および生産年齢人口は，全34市町村で減少した。一方，65歳以上高

第 7 章　人がつながる ICT で孤島も活性化

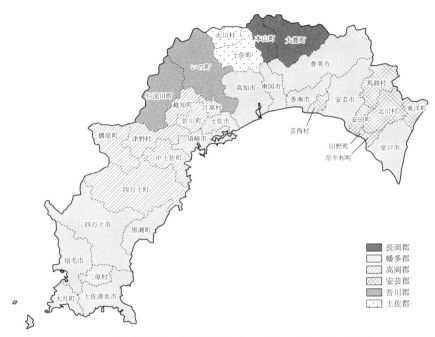

図 7 - 1　高知県市町村・郡別地図（11市，17町，6 村＝計34市町村）
出典：高知県 産業振興推進部 計画推進課 (2016)。

齢化率は，全34市町村で増加した。最も高いのは大豊町 (55.9%)，次いで仁淀川町 (53.9%)，土佐清水市 (46.0%)，越知町 (45.4%)，室戸市 (45.3%) で，いずれも限界集落の域にある。

(2) 大豊町の地域力と「大豊シャクヤクの会」

　大豊町は，2010年以降限界集落となり，消滅の危機に瀕する。しかし，そこには山村ならではの，山河と共に生きる「生活の営み」，環境を生かした「生産の営み」，自然を楽しむ「アウトドアスポーツ」，森林の緑の中で人間性あふれる「山村の原風景」がある（大豊町2015）。そこで，大豊町が元気に生きつづける取り組みを検証する。

179

1）大豊町の概要

大豊町は，高知県東北端四国山地の中央部に位置し，県庁所在地の高知市より約40kmの距離にある。東部，南部は香美市，西部は本山町，北部は愛媛県四国中央市および徳島県三好市に接する。一級河川吉野川が町のほぼ中央部を流れ，東西32km，南北28km，総面積は315.06km^{2}を有する（図7-1参照）。

大豊町は，高知随一の豪雪地帯である。平均標高450mの山岳地帯に位置し，平地が少ない。代わりに大豊町の住民が代々つくりあげてきた大棚が，急勾配の山の斜面に延々と続く。田植えの時期は青々とした水田が，稲刈りの時期は黄金色の稲穂が，冬には積もった雪が，季節ごとに色を変えて棚田を彩る（大豊町2015）。

大豊町は古くは豊永郷と呼ばれ，南北を結ぶ交通の要として，吉野川およびその支流沿いに発展した。藩政時代土佐藩参勤交代時土佐路最後の藩主の宿所として重要視された国防の要衝でもあった。

大豊町の歴史は，1955（昭和30）年3月31日，東豊永村，西豊永村，大杉村，天坪村の4カ村が合併し大豊村となる。そして，旧天坪村南部5集落が香美市（旧土佐山田町）に編入された。その後，全国屈指の大村として推移し，現在の行政区画が設けられた。1972（昭和47）年4月1日に高知県下25番目の町として町制を施行し，大豊町と改称し今日に至る（大豊町2015）。

2）大豊町の人口の推移

合併前の大豊町4村の人口（1950年）は2万3542人であった。しかし，1960年代の高度経済成長・経済環境の変化のなかで，首都圏への人口流出が始まり，急激な人口減少時代に突入した。1980年に1万人を割り（9411人），その後も人口は継続して減少。少子高齢化も影響し，2015年総人口3962人（前回調査時より△16.0％），2050世帯（同△11.3％）となった（高知県総務部統計課2016，大豊町2016）。

2015年の大豊町の人口減少率は全国1718市区町村（2015年10月1日時点，総務省2016a）中30番目に大きい。また，社人研予測の2015年人口より126人（3.1％）少なく，減少が加速している。そして，今後2015年から2040年までに大豊町の

第 7 章　人がつながる ICT で孤島も活性化

表 7 - 2　大豊町の年齢区分別人口割合

(％)

	2010年	2015年	2040年（推計）
年少人口割合	5.1 →	4.7 →	4.3
生産年齢人口割合	40.8 →	39.3 →	35.6
高齢人口割合	54.0 →	55.9 →	60.1
後期高齢人口割合	34.4 →	36.3 →	45.2

出典：国勢調査，社人研（2013b）。

　人口は△58.7％減少し（減少率は全国市区町村中 4 番目に大きい），約1600人となる。そして，住民の平均年齢は，2015年の63.1歳から2.3歳上昇し，65.5歳となる（社人研2013b）。これは，日本人推計平均年齢（51.6歳）より14歳も高い。大豊町は超高齢化状況にあり，すでに限界集落の域をはるかに超えている。
　大豊町年齢区分別人口割合の推移は表 7 - 2 のとおりである。
　大豊町は高知県全市町村中，人口減少率が最も高い（2013年対前年△4.44％，2015年対前回国勢調査△16.0％，社人研2040年推計年△65.3％）。また，少子高齢化・過疎化の進展が著しく，大豊町の2010年，および社人研推計の2040年の年齢区分別人口割合を比較すると，年少人口割合は2000年に 1 割を下回り（8.5％），そして2040年にはさらにその半分となる。生産年齢人口割合は，2000年にすでに全人口の半数以下（47.1％），2040年には，全人口の 3 分の 1 にまで低下する。一方，高齢人口割合は，2005年に全人口の半数を超え（50.8％），2040年には，総人口の 6 割となる。また，後期高齢人口割合は，2000年にすでに全人口の 5 人に 1 人（20.6％）で，2040年には全人口の半数弱になる。大豊町の人口推移数値からみると，2040年には大豊町の消滅が危惧される（大豊町2016，社人研2013b）。
　大豊町のレーダーチャート総合評価は，全市町村中第1476位で，最下位の部類に属する（なお，EvaCva レーダーチャート作成時，2014年の全自治体数は1742であった）（第 2 章注（ 8 ）参照のこと）。例えば，経済指標（富裕度1724位，歳入1563位など），および人口動態指標（人口自然増加率1738位，人口社会増加率1668位など）評価の多くがきわめて低い。しかし，福祉関連指標（児童福祉 8 位，病院77位，

老人福祉620位）は比較的高い評価を得ている（熊谷2016）。

3）大豊町の地域力と取り組み
①「大豊シャクヤクの会」

大豊町は，過疎化，超高齢化，少子化，若者流出と大きな課題に直面している。急激な人口減少（過疎化），高齢化の進行（超高齢化），子育て世代の減少による出生数の減少（少子化），地域産業の低迷による若者流出は，町の将来にとり大きな課題である。そんな中で，民間による地域活性化の新たな試みが生まれている。その一例が「大豊シャクヤクの会」である。

大豊町東部の山あいにある八畝(ようね)地区は人口約80人。住民の平均年齢は65歳を超え，高齢化率が50％を超える限界集落である。かつては美しい棚田の風景が広がっていたが，管理の行き届かない耕作放棄地が増えている（マガジンハウス2016a）。

そこで，地元住民や高知大学農学部の学生が2013年10月「大豊シャクヤクの会」を立ち上げた。耕作放棄地を借用開墾し，シャクヤク等で整備し，棚田の景観保全活動で大豊町八畝集落を活性化する目的である。高知県の気候は温暖・多日照でシャクヤク育成に適する（高知新聞2015，2017，高知大学農学部公式ブログ2016）。

ヤマシャクヤクは，環境省により準絶滅危惧種に指定されている。その希少性や可憐な姿から盗掘，森林開発，植生の遷移等により減少しつつある。幸いに，大豊町八畝集落には群生地が残り，宿根草で増殖する。そのため，高齢者の負担も少なく簡単に栽培可能である。「大豊シャクヤクの会」では，これら貴重な花の維持管理も同時に行うこととした（高知大学農学部公式ブログ2016）。

②クラウドファンディング

資金調達は，当初財団法人の助成金などに頼っていた。しかし，さらなる調達に向け，高知大学の学生らがインターネットで出資を募る「クラウドファンディング(1)」に挑戦。高知大学地域コーディネーターが提案，賛同学生3人が集まり，準備を進めた。集まった資金は耕作放棄地に植えるシャクヤクの苗購入費等に充て，「限界集落の再生に支援を」と呼び掛けた。2015年3月，イン

ターネットサイト「READYFOR」で支援開始，4月30日午後11時，目標金額達成・成立（目標金額100万円に対し，92人の支援者，支援総額119万8000円）。2015年末までに約3500㎡に1200株ほどのシャクヤクを定植。さらに，地キビと餅キビ，タマネギを栽培・収穫している（READYFOR2015，高知大学農学部公式ブログ2016）。

③「限界集落」を「憩い集落」へ

地域住民と学生の協働により相互関係が生まれ，地域再生が行われる。協働作業の後，ご飯を一緒に食べることが学生，地域住民双方の心の支えとなる。耕作放棄地を整備し，シャクヤクを植え，多くの人々の笑顔を生む，そんな地域住民と学生の協働がつながり，大豊町八畝地区の限界集落が「憩い集落」に変身しつつある。定住人口増加には結びつかないが，大豊町地域住民と若い学生の協働により過疎の集落が活性化し，地域再生が実現している。

2　宗教都市へのインバウンド——和歌山県高野町

（1）和歌山県の人口の概要

次に和歌山県を検証する。和歌山県は，社人研報告書（2013b）で，2040年推計人口増減率（△28.2％）が全都道府県中第42位で，西日本では高知県に次いで低い（表3-1b参照）。また，2013年対前年比人口増減率は，△0.80％（最大＝日高市1.14％，最小＝高野町△3.68％），婚姻率4.59‰（最大＝北山村8.49‰，最小＝古座川町1.31‰）。和歌山県全30市町村別2013年人口増減率に対する婚姻率の回帰分析結果は，次のとおりである。

Y（和歌山県・市町村別・人口増減率）＝△1.816＋0.120X（CMR‰），r＝0.149，補正 R^2 ＝△0.012，P値＝0.424。

したがって，和歌山県では，婚姻率が人口増減率に対し有意な要因ではない。

和歌山県の総人口は，1985年国勢調査時の108万7206人をピークに国勢調査毎に減少し，2015年初めて100万人を下回り，96万3597人となった。2010年に比べ△3万8619人（△3.85％）減少した（和歌山県企画部企画政策局調査統計課2016）。減少率は秋田，福島，青森，高知，山形に次いで6番目に大きい。社

表7-3 和歌山県の年齢区分別人口割合

(%)

	2010年	2015年	2040年（推計）
年少人口割合	12.9 →	12.1 →	9.4
生産年齢人口割合	59.9 →	57.0 →	50.8
高齢人口割合	27.3 →	30.9 →	39.9
後期高齢人口割合	14.0 →	15.5 →	24.1

出典：国勢調査，社人研（2013b）。

人研予測人口より2201人（0.2％）多く，平均年齢は48.7歳である（総務省統計局2016f）。

社人研推計（2013b）によると，今後2015年から2040年までに和歌山県の人口は△25.3％減少し，約72万人となる。そして，2040年の平均年齢は，2015年から4.8歳上昇し，53.5歳となる。

和歌山県の人口を男女別にみると，男性が45万3216人，女性が51万363人で，女性が5万7147人多い。男女比は，女性100に対し，男性88.80で女性の割合が大幅に上回る（和歌山県企画部企画政策局調査統計課2016）。

和歌山県の年齢区分別人口割合の推移は表7-3のとおりである。

2015年時点で65歳以上高齢人口割合は，和歌山県総人口の3割を占める。全国平均は，26.6％で，都道府県では，秋田（33.8％），高知（32.8％）に次ぎ全国第3位と高い。2040年には，高齢者の割合が4割に迫り，後期高齢者4人に1人が75歳以上の後期高齢者になる。

和歌山県の人口を市町村別にみると（図7-2参照），県内30市町村中3市町で人口が前回調査より増加した。増加数が最も大きいのは岩出市（570人増加，増加率1.08％），次いで日高町（209人増，増加率2.81％），そして上富田町（182人増，増加率1.23％）である。一方減少率が最も高いのは，高野町（△15.67％減）で，すさみ町（△12.75％減），九度山町（△11.81％減），紀美野町（△11.40％），由良町（△10.31％減）と続く。和歌山県平均減少率（△3.85％減）を上回る（減少率が低い）のは，全30市町村中人口が増加した3自治体（日高町，上富田町，および岩出市）のみ。このように，和歌山県内でも人口減少は各自治

第 7 章　人がつながる ICT で孤島も活性化

図 7-2　和歌山県市町村別地図（9 市，20 町，1 村＝計30市町村）
出典：和歌山県ホームページ（2017）より。

体により大きく異なる。

（2）高野町の地域力と取り組み──宗教都市を世界にPR

　高野町には，弘法大師によって開創された，密教の聖地金剛峰寺高野山がある。しかし，近年人口減少が著しく，旧年の面影はない。が，そこには新たな取り組みが始まり，これまでと異なった町，日本有数の国際観光地「インバウンド都市」が成長している（全国町村会2016a）。その高野町の地域力と人口を検証する。

1）高野町の概要

　高野町は，和歌山県の北東部，伊都郡の南東高地にあり，東経135度35分，北緯34度12分（高野町役場所在地）に位置する（図7-2）。町域は東西約22km，南北約12kmで，総面積137.08km^{2}と広い。高野山一体は，おおむね台地状の高野高原で，標高800mから850mと比較的標高差が少なく，富貴(ふき)盆地とともに山頂緩斜面となっている。そのため，総面積の95％以上を山林が占め，農用地，宅地はそれぞれ1％程度。年平均気温は約10℃で，冬季には最低気温が－10℃前後となり，年間降雨量は約2000mm。降雪量は，和歌山県内で最も多く，最深積雪は例年30cm前後。路面の凍結や，冠雪害が発生することがある。この条件のもと，霊峰高野山を中心として大小あわせて19の地区が山あいの狭小な平地に点在するのが高野町の地勢である（高野町2010，2017，全国町村会2016a）。

　高野山は，816（弘仁7）年，時の帝，嵯峨天皇から弘法大師空海が，真言密教の人材育成修行道場を開くため，「真土(まつち)（現在の橋本市隅田町真土）以南の七里四方」を賜ったことに始まる。以後，伽藍の造営が始まり，次第に高野山内は宗教の町，仏教の町（仏都）としての体裁を整えてきた。2015（平成27）年，開創から1200年の節目の年を迎えた(2)（高野町2017，全国町村会2016a）。

　高野山は，1200年の歴史のなかで，真言密教を基本とした独特の伝統文化を守り育てて来た。また，奈良や京都，大阪から遠く離れた山間に位置したことから，政治や時代の流れに翻弄されることなく，真言密教の根本道場（「学びの地」）として，また敬虔な信者の「信仰の対象」として時を重ねてきた。さら

に，伝統文化とともに，「山の正倉院」と称される程，貴重な仏教美術品を始め，さまざまな書画や工芸品が遺されている（高野町2010）。

町の中心である高野山上は，町人口の約70％を占め，産業，文化，経済の中心地であり，また日本有数の山岳仏都，観光の町として発展している。一方，高野町の他の地区は過疎化状態にある。農林業の生産基盤の整備，道路網の整備改良，教育環境の改善など積極的に推進している。しかし，地理的悪条件はいかんともしがたく最大の課題である（高野町2017）。

2）高野町の人口の推移

高野町の総人口は，1955年の高野町誕生時には1万人を超え（1万202人）ていた。しかし，1960年代日本の高度経済成長の社会・経済環境の変化のなかで，首都圏への人口流出が始まった。それとともに，高野町は，急激な人口減少時代に突入した（1970年総人口7604人に減少）。その後も人口は継続して減少し，加えて少子高齢化の影響も大きい。その結果2015年には，総人口3352人（前回調査時より減少率△15.67％は，全国のなかで35番に大きい），世帯数1468世帯（同△17.90％減）となった。社人研予測人口より175人（5.0％）少なく，人口減が加速している（和歌山県企画部企画政策局調査統計課2016，高野町2015）。

社人研（2013b）によると，今後2015年から2040年までに高野町の人口は△41.4％減少し，約2000人となる。その減少率は全国市区町村中160番目に大きい。そして，高野町住民の2040年の平均年齢は，2015年の53.0歳から6.1歳上昇し，59.1歳となる。これは，日本人推計平均年齢（51.6歳）より8.5歳高い。このことからも，高野町住民の少子高齢化の進行が加速していることが分かる。

高野町の年齢区分別人口割合の推移は表7-4のとおりである。

高野町の年少人口割合は2000年にすでに1割を下回り（8.7％），2040年にはさらにその半分となる。生産年齢人口割合は，2000年には，全人口の3分の2で，2040年には，全人口の半数以下となる。一方，高齢人口割合は，2010年に全人口の3分の1を超え，2040年には，総人口の半数弱となる。また，後期高齢人口割合は，2010年にすでに全人口の5人に1人を上回り，2040年には全人口の3分の1弱となる。高野町の2040年推計高齢人口割合は，ほぼ限界集落状

表7-4　高野町の年齢区分別人口割合

(%)

	2010年	2015年	2040年（推計）
年少人口割合	6.6 →	7.2 →	4.3
生産年齢人口割合	56.9 →	53.8 →	48.0
高齢人口割合	36.5 →	39.0 →	47.6
後期高齢人口割合	21.6 →	23.0 →	31.1

出典：国勢調査，社人研（2013b）。

態で，高野町の存続が危惧される（高野町2015，2016，社人研2013b）。

高野町のレーダーチャート総合評価は，全市町村中第1715位で，最下位の部類に属する。その理由は，社会指標（例えば，交通安全・1675位，防犯・1275位，平均寿命・1307位），人口動態指標（例えば，人口自然増加率・1693位，人口社会増加率・1686位など），および経済指標（例えば，地域内総生産・1525位，財政・1437位，および歳入・1246位など）の多くが1200〜1600位の評価に甘んじている。しかし，児童福祉（266位），老人福祉（751位），合計特殊出生率（TFR）（930位）は1000位以内の評価を得ている。

3）インバウンドの取り組み

日本は今，空前のインバウンド[3]（Inbound：訪日外国人旅行または訪日旅行）で活気を呈している。訪日外国人旅行者急増の理由は，ビザ要件の緩和，免税措置を始めとしたビジット・ジャパン事業の展開，円安基調，近隣諸国の観光旅行の緩和・解禁等があげられる（JTB総合研究所2017）。

訪日外国人旅行者数は，東京オリンピックが開催された1964年35万3000人弱，そして半世紀後の2005年は670万人であった。しかし，2015年は1973万人を数え，実に1970年以来45年振りに，訪日外国人旅行者数が日本人海外旅行者数を上回った。さらに，2016年には訪日外国人旅行者総数が，2404万人と，初めて2000万人を超えた（日本政府観光局〔JNTO〕2017）。

人口減少が続く高野町に，今多くの外国人観光客が訪れ，インバウンドで活気づいている。日本国内からの高野山参拝観光客数は2006年ごろから30万人台

を大きく割り込み，減少傾向にあった。こうしたなか，高野山が1999年にフランスのル・モンド紙に取り上げられ，フランスからの観光客が増加し始めた。そして，2004年7月7日，「紀伊山地の霊場と参詣道」として世界文化遺産に登録された(4)。資産と資産を結ぶ「道」が「文化的景観」概念に基づき世界遺産に登録された例は少ない。フランスからスペインへと続くキリスト教の聖地巡礼の道の一つ「サンチアゴ・デ・コンポステーラへの巡礼路」(5)とともに，非常に珍しい例として知られる（地域ドットコム2016，全国町村会2016a）。

高野山への外国人観光客数は，世界遺産に登録された2004年を境に顕著な伸びを見せている（2004年1万530人，2014年，5万4511人と10年間で5倍以上に急増）。外国人が高野山に宿泊し，宿泊客全体の20％（5人に1人）を外国人が占める。とくにフランスからの訪問者の比率が高い（約7000人，宿泊客の13％弱）のが特徴である。

高野町は，外国人観光客に配慮した取り組みを積極的に行ってきた。また，外国人観光客，とくにフランス人の増加には理由がある。それら6点を以下にまとめる（吉田燿子2015，2016ab）。

第1は，宗教的基盤である。キリスト教（ローマ正教）と仏教（真言密教）の相違はあるが，根底に宗教の基盤があり，二者の文化には日常の敬虔な「祈りの光景」が相通じる（西洋教会の「早朝ミサ」列席と高野山宿坊本堂での早朝「勤行」参加など）。また，「どちらにも「巡礼の文化」が根付いている（海外のキリスト教巡礼地（エルサレム，ローマ，アッシジ，サンチアゴ・デ・コンポステーラなど）と，日本の「高野詣」(6)「四国八十八箇所巡礼」や「西国三十三箇所巡り」など）。

第2は，積極的な情報発信である。フランスの新聞や情報媒体で大きく取り上げられたことで欧州の人々の間で認知される存在となった。そこで，2009年にはイタリアのアッシジ市（前述のヨーロッパ巡礼文化都市の一つ）との間で，「高野町・アッシジ市日伊世界遺産都市の文化と観光の相互促進協定」を締結した。そして，高野山を数多くのカトリック教徒が巡礼に訪れる聖地アッシジに伍する，「日本のアッシジ」として積極的にPRを行っている。

第3は，日本の生活文化体験である。高野町は外国人にとり「日本らしい」と感じる街である。周囲が森で囲まれ，お寺の屋根が軒を接する日本的な景観，

堂塔伽藍の持つ神秘性，奥之院の静寂など多くの外国人は「日本らしさ」「日本の原風景」を感じる。高野町には，民間施設・観光旅館がない。そのため，高野山を訪れる人の多くは52軒の宿坊に宿泊する。この「お寺に泊まる」という宿泊形態と生活文化体験（精進料理，勤行，写経・阿字観・瞑想）は他の観光地では見られない高野山独特のもので高野山ならではの魅力である。

第4は，景観の整備である。景観向上のため，電線の地中化の実施（1985年から），独自の景観条例に基づく景観行政団体として，ファサード整備の補助金の創設と合わせ，高野山地域として特色ある街並みを守り，より美しい景観作りに努力している。それらは，外国人観光客が高野山に対して抱く宗教都市としてのイメージを守るうえで効果をあげている。

第5は，言語問題である。案内板や誘導板のサインは，多言語を羅列せず，景観に配慮し日本語と英語の2カ国語に絞り表記している。また，世界共通のピクトグラムを導入することで，「見て解る」ものに統一。案内板は，外国の観光地の多くで利用されている距離や方角が直観的に解る地図を基調としたものを使用。さらに，民間業者（南海電鉄・南海りんかんバス）と連携し，観光案内の多言語化も同時に推進。例えば，高野山を訪れる主要交通手段・ケーブルカー内ではフランス語案内が始まっている。

第6は，事業連携である。4つの事業体（高野町・高野山観光協会・高野町商工会・高野山真言宗総本山金剛峯寺）から成る「高野町観光事業推進協議会」が統一した施策を実施している。

4）課題と今後の展望

訪日外国人が高野山へ来ることのみを目的に増加するとは限らない。高野町を含めた近畿圏には，京都，奈良，大阪，神戸など「ゴールデンルート」と呼ばれる世界に誇る観光地が多い。近隣の空陸交通の利便性を活用し，いかに外国人観光客増大を図るかが問われる。WiFi環境の充実，多言語スマートフォンアプリの開発などが盛んに行われるようになってきたのは好ましい。

日本政府観光局（JNTO）や和歌山県などから依頼される海外旅行会社や海外メディアのファムトリップ(8)の受け入れ強化，海外旅行会社や海外メディアと

の商談・情報交換，海外各地で行われる旅行博覧会への積極的参加により「聖地高野山」の正しいイメージを一般に直接PRすることも必要である。さらに，前述の「高野町アッシジ市・日伊世界遺産都市の文化・観光相互促進協定」をヨーロッパ諸国などキリスト教圏からの観光客誘致に活用できる。また，2016年釈迦牟尼仏陀生誕地・ネパール国ルンビニと交わした「世界遺産都市の文化・観光相互協定」のインバウンド活用に期待したい。

　これらひとつひとつ地道な対応を重ね，よりよい参拝観光地高野山を創造する。それは，必ずしも高野町に人口増加をもたらすものではない。しかし，経済的効果をはじめ，地域活性化に大いに貢献するものとなろう。

3　「ないものはない」に学ぶ――島根県海士町

（1）島根県の人口の概要

　次に島根県を考察する。島根県は，2040年推計人口増減率（対2010年比推計△27.4％）が全都道府県中第41位（下から7番目），また西日本では高知，和歌山に次いで3番目に低い（表3-1b参照）。島根県全19市町村平均2013年対前年比人口増減率は，△0.77％（最大＝海士町1.81％，最小＝美郷町△2.42％），婚姻率平均4.24‰（最大＝松江市4.78‰，最小＝美郷町2.27‰）である（図7-3参照）。

　また，島根県全19市町村別2013年人口増減率に対する婚姻率の回帰分析結果は，次のとおりである。

　Y（島根県・市町村別・人口増減率）＝△0.802＋△0.112X（CMR‰），r＝0.116，補正R^2＝△0.041，P値＝0.627。

　したがって，島根県の場合，婚姻率が人口増減率に対し有意な要因ではない。

　島根県の2015年総人口は，69万4352人（男33万3112人，女36万1240人，全都道府県中第46位，鳥取県に次いで少なく，男女比は，女性100に対し，男性92.21）。前回調査より△2万3045人（△3.2％，減少率は全都道府県中第35位）減少している（島根県政策企画局統計調査課2016）。

　島根県人口を市町村別にみると，最も多いのは松江市（20万6230人），次いで出雲市（17万1938人），最も少ないのは知夫村（615人）である。前回調査より増

表7-5　島根県の年齢区分別人口割合

(％)

	2010年	2015年	2040年（推計）
年少人口割合	12.9 →	12.6 →	10.5
生産年齢人口割合	58.0 →	55.0 →	50.4
高齢人口割合	29.1 →	32.5 →	39.1
後期高齢人口割合	16.6 →	17.7 →	24.7

出典：国勢調査，社人研（2013b）。

加したのは出雲市のみ（増加率0.3％，平均増減率△3.2％，減少率最高は川本町△11.7％）。

　島根県の人口推移をみると，1955年に92万9066人で最多であった。しかし，以後減少に転じ，1980年，1985年は一時増加したものの，1990年以降は継続して減少。減少率は全都道府県中9番目に大きい。社人研予測2015年人口より7247人（1.1％）多く，平均年齢は49.5歳である（総務省統計局2016f）。

　今後2015年から2040年までに島根県の人口は△25.0％減少し，約52万人となる。その人口減少率は，全都道府県の中で7番目である。そして，2040年の平均年齢は，2015年から3.5歳上昇し，53.0歳となる（島根県政策企画局統計調査課2016）。

　島根県の年齢区分別人口割合の推移は表7-5のとおり。

　2015年島根県の年少人口割合は，全都道府県平均と同一で，第27位。しかし，生産年齢人口割合は，全国平均割合（60.7％）に対し，全国で最も低い（第47位）。（島根県政策企画局統計調査課2016）。65歳以上高齢人口割合は，島根県総人口の3分の1を占め，高齢化が進展している（全国平均26.6％，都道府県別では，秋田，高知に次いで全国第3位，最も低いのは沖縄県19.6％）。2040年には，高齢者の割合が4割に迫る勢いで増加する。また，後期高齢者割合が，全人口の約4分の1で，4人に1人が75歳以上の後期高齢者になる。

　島根県の人口を市町村別にみると，県内19市町村のうち総人口が前回調査より増加したのは，出雲市（453人増，増加率0.3％）のみ。島根県平均増減率（△

第7章　人がつながる ICT で孤島も活性化

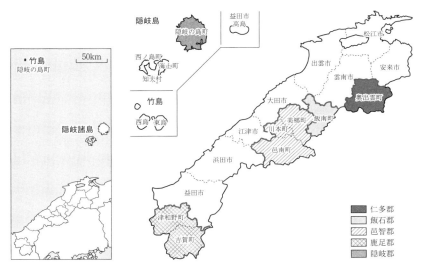

図7-3　島根県市町村・郡別地図（8市，10町，1村＝計19市町村）
出典：「島根県の地図」http://uub.jp/47/shimane/map.html および，Mapion 都道府県地図「島根県」
　　　http://www.mapion.co.jp/map/admi32.html　（2017年2月27日検索）。

3.2%減）を上回る（減少率が低い）のは，全19市町村中人口が増加した出雲市，および人口がわずかばかり減少した海士町（△21人減，減少率△0.9%）の2自治体のみである（図7-3）。

（2）海士町の取り組み──借金経営から高校改革への道
　隠岐島海士町は，超過疎，超少子化，超高齢化で公共事業で生きてきた島である。地元では，「このままでは無人島になる」との強い危機感のもと，「ないものはない」の精神で，地域課題を地域資源（マイナスの地域力）ととらえ，島の自立に向け多くの挑戦を続けてきた。その挑戦する姿が島の魅力となり交流を生み，さらなる挑戦へとつながっている（海士町2015b）。そのため，今海士町が注目されている（朝日新聞DIGITAL2017b）。
　海士町は，島根県全19市町村のなかで，2013年人口増減率が最も高い（対前年1.81%，2015年対前回国勢調査△0.9%は，島根県第2番目。2040年推計対2010年

193

△40.4％は島根県第10番目，社人研2013b）。海士町の人口は1950年（6986人）をピークに継続して減少し，2015年は2353人である。しかし，2009年以降，海士町の社会人口は増加し続け，町は活気にあふれている（海士町2017，全国町村会2015）。そこで，海士町の地域力と人口を検証する。

1）海士町の概要

島根県海士町は，日本海の島根半島沖合約60kmに浮かぶ隠岐諸島の一つ中ノ島にある1島1町の小さな島である（面積33.46km^2，周囲89.1km）（図7-3参照）。対馬暖流の影響を受けた豊かな海と，環境省指定・名水百選の水に選ばれた豊富な湧水に恵まれ，半農半漁の島で，第一次産業を中心に自給自足の生活ができる。本土（島根県の本州側）から海士町までの所要時間は高速船で約2時間，カーフェリーで3時間弱から5時間弱を要する（海士町2008，2015a，COMMUNITY TRAVEL GUIDE 編集委員会（編）2012）。

隠岐諸島は，大小180ほどの島々からなるが，人が住んでいるのは，島前と呼ばれる中ノ島・海士町，西ノ島・西ノ島町，知夫里島・知夫村の3島と，島後と呼ばれる島後島・隠岐島町である。隠岐は，かつて隠岐国一国で，古来から都とのつながりがあり，平城京跡から海士町の「干しアワビ」等が朝廷に献上されていたことを示す木簡が発掘されている。その史実からもわかるように，古くから海産物の宝庫として「御食つ國」（天皇の食物を献上する国）に位置付けられていた（海士町2008，2015a，COMMUNITY TRAVEL GUIDE 編集委員会（編）2012，総務省2008）。

奈良時代から流刑地として，遣唐副使の小野篁や承久の乱（1221年）に敗れた後鳥羽上皇などがこの島に流された。江戸時代から外部との交流がさまざまな形であり，よそ者に対する拒否感がなく，もてなしの精神を持つ土地柄が醸成されてきた。近世になると，明治の文豪小泉八雲（ラフカディオ・ハーン）は，隠岐旅行の際中ノ島菱浦港を非常に気に入ったと小説『知られぬ日本の面影――伯耆（ほうき）から隠岐へ』[9]の中に記している（海士町2008，全国町村会2015）。

海士町には，島とは思えないほどに田園が広がる。島内には100haほどの田

んぼがあり，島前の3つの島（隣の2つの島には田んぼはない）が食する米の生産量がある。山の中腹から湧き出る豊富な水を使い，100haの田をまかなう。ダムに頼らず，掘れば出る地下水を飲料水にして暮らす（COMMUNITY TRAVEL GUIDE編集委員会（編）2012）。

2）海士町の人口の推移
　海士町の総人口は第1回国勢調査が実施された1920年には5478人であった。しかし，1950年代の6986人をピークに継続して減少し，2015年には，2353人（前回調査時より△0.9％減），世帯数1057世帯（同0.5％増）となった（島根県政策企画局統計調査課2016，海士町2015a）。社人研2015年予測人口より160人（7.3％）多い（上振れ率全国第21位）。
　しかし，社人研（2013b）によると，今後2015年から2040年までに海士町の人口は△39.8％減少し，約1400人となる。その減少率は全市区町村中203番目に大きい。その時平均年齢は，2015年の52.9歳から4.1歳上昇し，57.0歳となる。これは，日本人推計平均年齢（51.6歳）より5.4歳高く，少子高齢化が加速する。
　海士町の年齢区分別人口割合の推移は表7－6のとおり。
　海士町の年少人口割合は現在総人口の1割を占める。しかし，2020年頃に1割を下回り，2040年にはその状態が持続すると推測される。生産年齢人口割合は，2000年には，全人口の半分強（51.5％）で，2040年には，全人口の4割強となる。一方，高齢人口割合は高い。すでに1995年に全人口の3割を超え（31.3％），2040年には，総人口の半数弱となる。また，後期高齢人口割合は，2005年にすでに全人口の2割弱（19.6％），2040年には全人口の3分の1弱となる。高齢者と生産年齢人口は同率で，1人の成人が1人の高齢者を支えていく社会となる。人口推計だけからみると，2040年に海士町は消滅可能性都市となる（海士町2015ab，社人研2013b）。
　海士町のレーダーチャート総合評価は，全市町村中第41位ときわめて高い。過疎・高齢化の問題を抱える海士町が高い評価を得る理由は，人口動態および，社会指標の多くが高い評価を得ていることによる（人口社会増加率・第8位，交

表 7-6　海士町の年齢区分別人口割合

(%)

	2010年	2015年	2040年（推計）
年少人口割合	10.5 →	10.5 →	9.6
生産年齢人口割合	50.6 →	50.5 →	44.1
高齢人口割合	38.9 →	39.0 →	46.3
後期高齢人口割合	23.7 →	22.3 →	32.3

出典：国勢調査，社人研（2013b）。

通安全・第1位，防犯・第80位，児童福祉・第158位，老人福祉・第291位）。経済指標は，雇用（第20位）を除いて高い評価ではない。人口自然増加率指標評価は低い（第1306位）が，社会増加率の評価がきわめて高いことが，海士町の地域力の鍵を握る。そこで，なぜ孤島・海士町に，人口転入現象が起こるのかを検証し，地方再生・地域おこしにつなげたい。

　海士町の人口動態（自然増減）の状況を見ると，国勢調査統計が表示されている1995年以降継続して，死亡数が出生数を上回る人口の自然減が続いている。しかし，近年は，出生数に増加傾向が見られる（海士町2015a）。一方，海士町の人口社会動態は，長期減少傾向が続いていたが，近年は，転入が転出を上回り，社会動態増加が続く。これは，海士町独自の地域力を生かした政策の成果である。総人口は減少傾向が続くが，海士町活性化，地域おこしは，近年の人口社会増に貢献している。そこで次に海士町の地域力を検証する。

3）海士町のマイナスの地域力

　海士町は，3つの大きなマイナスの地域力を抱える。

　第1は「離島」という地理的ハンディキャップ。海士町と本土を結ぶ交通手段は，高速船とフェリーのみ。冬季は北西の季節風が強く吹き荒れ，船が欠航し孤島化することも珍しくない。しかし，このマイナスの地域力をプラスに変えることこそが，海士町活性化に期待される（海士町2008, 2015a, 2017, 総務省2008, 全国町村会2015）。

　第2は，「過疎化と超少子高齢化」である。就労先，教育・医療機関などの

生活環境不備のため，高校卒業後，ほとんどが島外へ流出する。若者の島外流出，自然減が急激に進む。この点も海士町が抱えるマイナスの地域力である（海士町2017）。

　第3は，「財政悪化」。農業・漁業を主な産業とする海士町では，1953年の離島振興法制定以来，国の経済対策に呼応した公共事業への投資で社会資本を整備してきた。その結果島民生活はある程度改善された。一方，財政力以上に地方債残高が膨らみ，町の借金が膨大な額（102億円）に上り，財政破たんが危惧される状態であった（海士町2017）。

　1999年海士町では，このまま何もしなければ，2002年には町の基金が底をつき，赤字転落することが判明した。この状況打開のために，町は「第三次海士町総合振興計画・行財政改革やるぞ計画—キンニャモニャの変」(11)（1999～2003年度）を策定し，財政健全化への取り組みを開始した。また住民参画の「海士町自立促進プラン推進懇話会」を立ち上げ，行政改革のための「海士町自立促進プラン」（2003年度～中長期）を策定した。人件費削減などの徹底した行財政改革からの財源を子育て支援など少子化対策や定住促進策に充てた。一方，町を発展戦略として，産業振興を推し進めていく方針がまとめられた（海士町1999，総務省2008）。その成果は，「島ならではのモノづくり」および「島ならではのヒトづくり」にある（海士町2015b，2017）。

4）「ないものはない」の着眼点
①「ないものはない」のモノづくり

　海士町は「ないものはない」（＝必要なものはすべてここにある，知恵次第で何とでもなる）のスローガンを掲げ「やれば，できる！」を体現している。「ないものはない」は，逆にいえば「あるものはある」ということである。海に囲まれ豊かな海産物に恵まれた海士町は，良質な湧き水で米の自給が可能である。豊かな海の幸と良質の水，そして農産物。島の人々は，ないものを嘆くよりも，あるものを楽しもうという気概を持つ。また，「ないものはない」は，逆説的に「すべてがある」と解釈できる。換言すると，必要なものは全てここにあり，知恵次第で，何でも自分たちでつくり出すことができることを意味する（海士

町2017，COMMUNITY TRAVEL GUIDE 編集委員会（編）2012）。

　海士町では，カレーライスに肉ではなく「さざえ」を入れるのが当たり前の食文化である。しかし，外部から見れば「変わった地域の食文化」となる。そのような指摘を外部から受け，海士町では「さざえカレー」の商品化を試みた。「商品開発研修制度」(12)で，島へＩターンした若者が，地域資源を生かした商品開発に着手した。そのアイデアから開発され「島じゃ常識さざえカレー」が発売されるに至った（1998年商品化）（COMMUNITY TRAVEL GUIDE 編集委員会（編）2012）。

　海士町では，白いか等の新鮮な魚介類が採れるが，離島のため，市場に着くまでに時間と費用がかかり，商品価値を落とす。しかし，2004年に導入した鮮度を保つ特殊冷凍技術CAS（Cells Alive System）(13)で凍結した白いかや，岩がき冷凍加工食品は，首都圏を中心に海外にまで販路を広げている。商品は特産品の白いか，いわがき春香などの水産加工品の主力商品の他，「いわがきご飯・さざえ飯」，「フライ類」などの加工商品にも力を入れている（COMMUNITY TRAVEL GUIDE 編集委員会（編）2012）。

　これら数々のユニークな施策によって雇用機会が増え，また明るくたくましい島民性に惹かれて都会から移住する若者が後を絶たない。その結果，現在島の人口の１割以上がＩターンした若者で構成されている（海士町2017）。

　②地域をフィールドにした海士町のヒトづくり

　海士町が近年最も注目されているのは，ヒトづくりである。そのなかでも代表的な取り組みが，島前３島（西ノ島，中ノ島，知夫里島）の高校生らが通う島根県立隠岐島前高校の学校改革「島前高校魅力化プロジェクト」である（島根県立隠岐島島前高等学校2017，山内他2015，渡邊2014）。

　島前高校は，2009年には少子化による生徒減で学校存続の危機に瀕していた。１学年30人を下回り，本土の高校に併合される危機に直面していた。その時，大手企業で人材育成を担当していたＩターン者が「島留学」を提案した。都会の子どもたちに島の環境のなかで学ぶことの大切さを説いた。すると，毎年10〜20人の学生が入学するようになり，廃校の危機を脱した。2013年度入学者は45人，内22人が島外からの留学生で，彼らの多くが難関大学を目指す「特別進

学コース」に進んだ。元一流企業勤務者や有名大学出身のIターン者を講師にした町営学習塾も開講し、学力アップに取り組む。この22名は精一杯集めた人数ではない。東京や大阪での説明会には200人以上が集まったが、受け入れ施設の限界のため22人に絞らざるをえなかった。施設が整えば、さらに生徒数増加が見込めるほど、島前高校は魅力的に映る。

「島前高校魅力化プロジェクト」が始まってから、廃校の危機にあった島前高校への入学希望者は増加に転じ、生徒数は2008年の89人から2014年には156人となった。過疎地の高校としては異例の学級増（定員40人から80人へ）が実現し、教職員数も増え、学校全体の活力が高まっている。

海士町では保育園から小・中・高校までの縦の連携にも力を入れている。今後も引き続き、地域総がかり教育、島全体を学校ととらえた独自の教育を一層推進し、「子育て島」「ヒトづくりの島」としてブランド価値を生み出し、子ども連れの若いUIターンの定住促進にもつなげていきたいとしている。

③グローカル人材育成の「島前研修交流センター三燈」

2014年末、海士町に新たな学びの拠点が誕生した。島前高校敷地内に新設された「島前研修交流センター三燈」である。地域住民に足を運んでもらうことで高校生と交流を深める。生徒たちが卒業後も「三燈を第2の故郷としてまた帰ってきたい」と思える場所、地域の人々に支えられていることを実感できる場所になるようにと、施設の基本コンセプトは「島家」と設定された（島根県立隠岐島島前高等学校2017）。

「島前研修交流センター」設立の意図は、島前高校、隠岐國学習センターと並び、海士町が取り組む「全人教育」[14]の3拠点の一つとなるようにとの願いを込めている。地域はもちろん世界にも開かれた場、多文化・多世代交流の場として「グローカル人材」の育成を目指す場で、島前の課題に自ら立ち向かっていける若者がここから輩出されるよう期待する。それは、「モノづくり」に取り組みながら、「ヒトづくりこそ島づくりの核心」として地域ぐるみのグローカル教育に本格的に取り組む海士町の意気込みである。

5）光ブロードバンドを「地方創生」の基盤に

　光ファイバー敷設によるブロードバンドの整備は，地域を大きく変える可能性を秘める。海士町では，NTT西日本と連携し，独自のアイデアで「モノづくり」「ヒトづくり」の両面に光ブロードバンド環境を活用。Iターン者の増加など，地方創生に確かな成果をあげている。すでに述べたように，海士町では2004年に「海士町自立促進プラン」を策定した。その挑戦を後押しし，離島の課題克服の方策の一つが光ブロードバンドである。海士町はNTT西日本の協力のもと，2010年に島内一円に光ファイバー網を整備し，「モノづくり」と「ヒトづくり」の基盤として，光ブロードバンドをフル活用している（事業構想2017a）。

　「モノづくり」では，地域特産品のプロモーションやブランディングに光ブロードバンドの強みである高精細な映像配信を活かしている[15]。先述の海士町にはいわがき，白いかなどの海産物のほか，海士乃塩，隠岐牛，さざえカレーなどの特産品・加工品がある。これらの特産品の情報を映像化し，都市部の飲食店のモニターに配信する。ブランディングや購買意欲の向上に併せて，海士町への移住希望者の誘引手段としても期待を寄せている。

　一方「ヒトづくり」では，島の次代を担う子どもたちを育むための先に述べた「島前高校魅力化プロジェクト」がある。生徒数の確保と学力向上だけではなく，地域住民とのつながりを礎とし，島外，さらには海外と交流することによる多様性のある人材づくりにも力を入れている。このような交流を実現する，学習環境にも光ブロードバンドを活用しているのがこのプロジェクトの特徴である。内航船欠航による通学不能生徒宅への授業の遠隔配信や，他県の高校との遠隔交流学習などの先進的な取り組みは全国からも注目されている。

　この他にも，都市部と同等の高速インターネット環境（あま光ネット）を整え，UIターン者を支援している。また，双方向通信が可能なIP告知システムで行政情報やフェリー発着情報の配信を行っている。さらに，独自のローカル放送局を開局するなど，光ブロードバンドを最大限に活用。海士町では，地方再生のアイデア具現化インフラとして光ブロードバンドを活用している。

　小さな離島海士町が，「ないものはない」をスローガンに，「守り」の行財政

改革の実施，「攻め」の産業創出と島留学を実現している。2013年から2015年の3年間で，海士町内の事業所等では104人の新規雇用を創出した。海士町自立促進プランの策定（2004年）から2015年までに海士町に集まったIターン者は，約250世帯，400人に上る。このうち20～30歳代の働き盛りが70人を占める（海士町2015a）。1950年に7000人いた島民が今2400人を割る。そして，65歳以上の高齢者が4割を占める。したがって，海士町の危機はまだまだ続く。しかし，海士町は着実に変わりつつある。地方再生で問われているのは，その自治体の決断力に他ならない。国は地方の自主的・主体的なチャレンジを促す一方，各自治体の地方再生に対する覚悟・決意・本気度が試されている。

4　山林限界集落のドローン特区──徳島県那賀町

（1）徳島県の人口の概要

本章最後に取り上げるのは徳島県である。徳島県は，2040年推計人口増減率（△27.3％）が全都道府県中第40位（下から8番目）で，西日本では高知，和歌山，島根に次いで4番目に低い（表3-1b参照）。徳島県全24市町村平均2013年対前年比人口増減率は，△0.76％（最大＝北島町1.106％，最小＝上勝町△3.514％），婚姻率平均4.41‰（最大＝松茂町7.11‰，最小＝海陽町2.12‰）である。また，徳島県市町村別2013年人口増減率に対する婚姻率の回帰分析結果は，次のとおりである。

Y（徳島県・市町村別・人口増減率）＝△4.227＋0.711X（CMR‰），r＝0.648，補正 R^2 ＝△0.394，P値＝0.000。

したがって，徳島県では，人口増減率に対し婚姻率が有意な要因である。

徳島県の総人口は，2015年75万5733人（男35万9790人，女39万5943人，全都道府県中第44位，鳥取，島根，高知に次いで少ない）で，前回調査より△2万9758人減少した（△3.8％，増減率は全都道府県中第40位で8番目に低い）。徳島県人口の推移をみると，1950年に87万8511人で最多であった。以後減少に転じ，1970年には，80万人を下回った。その後徐々に増加し，1985年には，83万4889人にまで回復したが，1990年以降継続して減少している（徳島県統計戦略課2016b）。

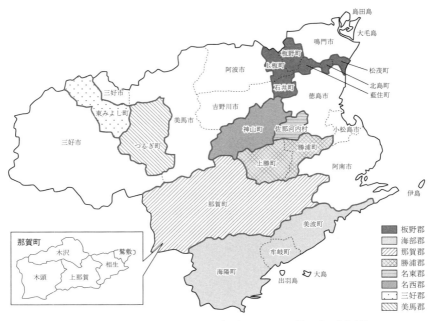

図7-4 徳島県市町村・郡別地図（8市，15町，1村＝計24市町村）
出典：Mapion 都道府県地図「徳島県」http://www.mapion.co.jp/map/admi36.html および，那賀町「町のプロフィール」http://www.town.tokushima-naka.lg.jp/docs/2011041300187/（2017年3月12日検索）

　徳島県の人口を市町村別にみると，最も多いのは徳島市（25万8554人，徳島県総人口の34.25％），次は阿南市（7万3019人，同9.7％）で，最少は上勝町（1545人，同0.2％）。前回調査と比較すると，全24市町村中増加したのは藍住町（増加率3.9％），北島町（同3.6％），松茂町（同0.9％）の3町で，他の21市町村では減少した（図7-4参照）。また，人口を男女別にみると，男性が35万9790人，女性が39万5943人で，女性が3万6153人多い（男女比は，女性100に対し，男性90.90，徳島県統計戦略課2016b）。

　社人研推計（2013b）によると，今後2015年から2040年までに徳島県の人口は△24.4％減少し，約57万人となる。その人口減少率は，全都道府県中8番目で，平均年齢は，2015年（49.0歳）から4.9歳上昇し，54.0歳となる。

　徳島県の年齢区分別人口割合の推移（社人研2013b）は表7-7のとおりである。

表7-7　徳島県の年齢区分別人口割合

(%)

	2010年	2015年	2040年（推計）
年少人口割合	12.4 →	11.7 →	9.2
生産年齢人口割合	60.6 →	57.4 →	50.5
高齢人口割合	27.0 →	31.0 →	40.2
後期高齢人口割合	14.7 →	16.0 →	25.0

出典：国勢調査，社人研（2013b）。

　少子高齢化が急速に進展している。年少人口割合は，全都道府県平均（12.6％）に比べると大幅に低く，全都道府県中第42位。しかし，生産年齢人口割合は，全国平均割合（60.7％）に対し，第33位である。65歳以上高齢人口割合は，2015年に徳島県総人口の約3分の1を占め，高齢化が進展している。2040年には，高齢者の割合が4割を超え，後期高齢者が急速に増加し，徳島県全人口の4分の1が75歳以上の後期高齢者になる。

（2）那賀町の地域力と取り組み──陸の孤島の集落で自由に買い物

　那賀町(なかちょう)は，情報化時代最先端の取り組みを推進する「徳島ドローン特区」として，脚光を浴びている。那賀町は，先に検証した島根県海士町と同様に「超過疎，超少子化，超高齢化」の自治体で，地方分権推進，地方交付税削減による財政難など，さまざまな行政課題に直面してきた。が，地域の課題・マイナスの地域力に新たな発想で対処する那賀町に注目する。

1）那賀町の概要

　徳島県南部，那賀郡那賀町は，2005年3月1日，丹生谷(にゅうだに)5町村（那賀郡鷲敷町(わじき)，相生町(あいおい)，上那賀町(かみなか)，木沢村(きさわ)，木頭村(きとう)）が合併し成立した。これら5町村は，地理的・歴史的，また産業・文化面で古くから結びつきがあり，丹生谷地域全体の課題に共に取り組んできた。そこで，過疎・少子高齢化，諸々の行政課題に対応するため，5町村が合併し「那賀町」が誕生した（図7-4参照）。

　那賀町は徳島県南部に位置し，東は阿南市，西は高知県，南は海部郡(かいふ)，北は

勝浦郡，神山町，美馬市，三好市に隣接する（図7-4参照）。那賀町の面積は694.86km²で，徳島県の総面積（4146.65km²）の約17%を占め，徳島県では，三好市に次いで第2番目に広い。地域の北西部に四国山地，南部に海部山脈を配し，剣山をはじめ，標高1000m以上の山々に囲まれる。地域の95%を山林が占める中山間地域で，那賀川の中流から上流に位置し，国道193号が南北に，195号が那賀川に沿って東西に走る（那賀町2011，徳島県統計戦略課2016a）。

　平均気温は13.4℃（2017年現在）で，朝夕の寒暖の差（10℃ほど）が大きい。町内にはさまざまな地域資源がある。例えば，坂州八幡神社の拝宮農村舞台[16]（1974年に徳島県県文化財・1998年国指定重要有形民俗文化財指定），沢谷のタヌキノショクダイ発生地[17]（1954年国指定史跡名勝天然記念物指定），旧鷲敷町内の鷲敷ライン景勝地，旧相生地域にある川口湖畔もみじ川温泉，相生森林美術館，森林文化公園あいあいらんど，旧上那賀町地域にある長安口ダム（1956年完成）と資料館（ビーバー館）[18]，旧木沢村地域のスギの美林，旧木頭村地域のスギの美林と剣山国定公園[19]など地域・自然資源あふれる那賀町である。しかし，人口減少は深刻で，このままでは，限界集落が増え続け，山林や田畑は荒廃し，ふるさとの風景が消滅する。そこで，那賀町の人口を検証し，地域再生の方策を図りたい（環境省2005）。

　2）那賀町の人口の推移

　那賀町の人口は，5町村合併前1980年には1万4360人であった。以降継続して減少し，2015年には，総人口8402人（前回調査時より△9.8%減），世帯数3481世帯（同△6.1%減）となった（徳島県統計戦略課2016ab）。社人研予測（2013b）の2015年人口より228人（2.8%）多く，社人研予測よりわずかに上振れしている。

　しかし，社人研によると，今後2015年から2040年までに那賀町の人口は，△54.1%減少し，約3900人となる。その減少率は全国市区町村中14番目に大きい。那賀町住民の2040年の平均年齢は，2015年の58.1歳から6.6歳上昇し，64.7歳となる。これは，日本人推計平均年齢（51.6歳）より5.4歳高い。このことからも，那賀町住民の少子高齢化の進行が加速し，那賀町が限界集落になることが分かる。

第7章　人がつながる ICT で孤島も活性化

表7-8　那賀町の年齢区分別人口割合

(％)

	2010年	2015年	2040年（推計）
年少人口割合	9.3 →	8.4 →	6.0
生産年齢人口割合	48.3 →	44.7 →	33.5
高齢人口割合	42.4 →	46.9 →	60.5
後期高齢人口割合	26.0 →	28.9 →	45.2

出典：国勢調査，社人研（2013b）。

　那賀町の年齢区分別人口割合の推移は表7-8のとおりである。

　那賀町の年少人口割合は2010年に1割を下回り，2040年にはさらに減少する。生産年齢人口割合は，2010年には，全人口の半分を下回り，2040年には，全人口の3分の1に減少する。一方，高齢人口割合は高く，2000年にすでに全人口の3分の1（32.8％），2040年には，総人口の6割強となる。また，後期高齢人口割合は，2005年にすでに全人口の約5分の1（19.6％），2040年には全人口の半数弱になる。那賀町の人口は2015年に限界集落状態に近い。人口推計数字からみると，2040年には那賀町の消滅が危惧される（那賀町2015ab，社人研2013b）。

　那賀町の人口動態（自然増減）を見ると，自然動態は，死亡者数が出生者数をはるかに上回っているが，出生者数は2013年以降微増傾向にある（2013年38人，2014年41人，2015年44人）。また，若年女性（20～39歳）人口は減少し続けているが，子ども（0～4歳）人口は2010年以降，微減傾向にとどまる（2010年246人，2015年224人）。一方，25歳以上女性有配偶率は，徳島県や日本全国平均割合を上回り，未婚化・晩婚化が進行する中で，比較的高い婚姻率となっている（那賀町2015a）。

　那賀町のレーダーチャート総合評価は，全市町村中第398位で，人口増加傾向にある藍住町（第547位）よりも高い評価を得ている。那賀町は，経済的指標評価が低く，また人口社会増加率・自然増加率評価がきわめて低い。しかし，児童福祉（第110位），老人福祉（第117位）が比較的高い評価を受け，町の治安状況も比較的好ましい（第100位）。したがって，那賀町の過疎地・超少子高齢化をマイナスの地域力としてとらえ，それらを逆手に取り活用する。その結果，

地域再生・地域おこしが可能と考えることができる。

３）マイナスの地域力とドローン特区の可能性
①ドローンとは
　那賀町は，三重苦を抱えている。総面積の95％が山林の中山間地域，少子高齢化が進展し限界集落の域にある，そして超過疎化である（2015年1km^{2}当たり人口密度・那賀町12.0人で，徳島県内最小，徳島県182.1人，日本全国平均341人，徳島県統計戦略課2016a）。このようなマイナスの地域力を抱える那賀町が，2015年に徳島版ドローン特区[20]に認定され，「那賀町ドローン推進室」が発足した（那賀町ドローン推進室2016）。
　ドローンとは無線で遠隔操作や自動制御によって飛行できる「小型無人航空機」（UAV—Unmanned Aerial Vehicle）の総称。英語の「drone」は，ミツバチのうち，とくに女王蜂との生殖専門の雄バチを意味する。それが発するブンブン（ブーン）という音に由来する。ドローンには，人が乗れる程の大きなものから，手のひらに乗るような小さなものまである。人が乗ることなく，なおかつ人の意志に従って飛行するものは全てドローンということになる（LOVE-DRONE2017）。現在よく使われているのは，ラジコンヘリのようなタイプで[21]，その場で離着陸できる利点がある。
　ドローンの歴史は意外と古い。ドローン研究は，第二次世界大戦中に開始した。開発目的は完全に軍事使用のためであった。当初は無人機に爆弾を搭載し体当たりさせるのが主目的であった。しかし，第二次世界大戦中に実用化に成功することはなかった。第二次世界大戦終了後もドローンの軍事開発は継続し，1970年代には，偵察目的のドローンが作られるようになった。そのうち有名なのは，アメリカ軍によって製造された「RQ‐1プレデター[22]」である。
　1970年代以降，無線技術の進歩により，ドローンの小型化が進んだ。日本でもドローンが広く使われるようになった。それは農薬散布が目的で，1990年代に広まった。ドローンの民間活用では，日本は世界に先んじ，2002年の段階で世界中のドローンのうち65％は日本で農薬散布に使われていた（日本経済新聞2014）。現在，プログラミングしたコンピュータを登載し，人が操縦せずにプ

ログラムに沿って飛行するドローンも登場している。

　ドローンの開発が始まったのは戦前とはいえ，人間生活に関わる形で利用するようになってからまだ日が浅い。趣味の空撮など，個人で楽しむ人が増えたのはここ最近のことである。使用法によっては危険を伴うドローン活用には，さまざまな問題がある。ここでは3つの問題点を指摘する。

　第1に，プライバシーの問題である。最近のドローンはカメラを搭載しているものが多く，フライトしながら簡単に周囲の風景を撮影できる。たとえ盗撮目的の飛行でなくても，それを脅威に感じる人がいる。ドローンを飛ばす側も，人のプライバシーには十分留意し，フライトを楽しむことが求められる。

　第2にドローンは本来軍事目的で開発された。したがって，現在一般に利用されているものも同様で，それらが偵察や爆撃に使われている。人命を損なうリスクなしで攻撃できる軍事用ドローンではあるが，精度面での問題点もあり，批判されることも少なくない。

　第3の問題点は，法律との兼ね合いである。リモートコントローラーを使って遠隔操作を行うドローンは，ラジコン感覚で楽しむ人が多い。しかし，飛ばす場所の制限がある。航空機の安全な飛行を妨げないように，航空法などで高度の規制が行われている。また，道路交通法や民法の土地の所有に関わる規定に抵触するところも飛ぶことが出来ない。したがって，実際に日本国内で自由に飛ばすことのできる場所というのはかなり限られる。ドローンの可能性を考慮しどのような規制が適切か，といった点が今後の課題である。

　ドローンを知れば，那賀町のマイナスの地域力故に那賀町がドローン特区に認定されたことが理解できる。そして，那賀町ドローン推進室が中心となり，那賀町の地域おこしへのドローン活用を積極的に試みている（徳島県2016，徳島県地方創生推進課2015）。

　②那賀町ドローン推進室

　過疎化と少子高齢化が進行する那賀町が，ドローンの先進的な活用事例として，何度もメディアに取り上げられてきた。人口減少や高齢化が進む地域の課題解決にドローンを利用していくことを決めた徳島県は，「首相官邸ドローン落下事件」[23]直後の2015年5月に，「徳島県UAV活用検討会」を設置した（徳島

県内産学官代表者35人で構成)。その数カ月後には徳島版の地方創生特区として那賀町をドローン特区に指定し，実証実験を次々と成功させた。例えば，林業の木材運搬用ロープを張る実験（2015年12月），過疎地の高齢者向けの食料品の輸送実験（2016年2月）などがある。

そして，那賀町に2016年4月「ドローン推進室」が設置された。実証実験の取り組みを強化しながら日本全国に那賀町をPRするのが狙いで，「ドローン」という言葉が入った自治体の部署としては日本全国初の事例である（DRONE MEDIA2016，徳島県地方創生推進課2015)。

那賀町では，ニュースになるような派手な実証実験だけではなく，地域住民を巻き込む地道な活動も行っている。那賀町各地区で「ドローン1日体験プログラム」を定期的に開催し，地域住民のドローンへの理解を得ながら，操縦者のすそ野を広げようとしている。そして，このような日常の活動はFacebook「ナカ町おこしドローンラボ」で情報発信されている。

また，10月6日をドローンの日とする「とくしまNAKAドローンの日条例」[24]が町議会で可決（2016年3月23日，条例第25号）施行（2016年4月1日）した。その主旨は，全国に那賀町をPRし，ドローン普及に向けた機運を高めようと，10（とお）6（ろん）と語呂を合わせたものである。

このように，那賀町では，あらゆる手段を用い地域全体でドローン普及に向けた機運を高めようとしている。

③那賀町の今後の取り組み

那賀町では，今後那賀町ドローン推進室を中心に，他の自治体に先んじた先進的な取り組みを続けていく。例えば，ドローンの空撮に適した場所を紹介する「ドローンマップの制作」（テスト版はすでに公開中，徳島県ドローン安全協議会2016），「（飛行制限の案内などの）看板の設置」，「鳥獣害対策のための夜間空撮実験」，「実証実験のアイディアを出し合う企画会議ドローンソンの開催」などがある。

那賀町は，過疎化の進展，低人口密度，超少子高齢化の限界集落，消滅可能性都市というマイナスの地域力をかかえている。しかし，それらは，ドローンにとってはむしろ好条件である。那賀町は，それらのマイナスの地域力を逆手

にとり，「ドローン最先端地域」，「ドローンを最も活用する町」を目指している。

　基礎的操縦法を習得すればドローンの操縦は難しいものではない。那賀町が今後実施を企画する，ドローン勉強会やオペレーター養成講座には地元の高齢者にも参加を促す。高齢者ドローンオペレーターの出現は，人材活用・地域活性化にもつながる。

　那賀町には豊かな自然や日本の滝100選にも選出された名瀑「大釜の滝」[25]など，ドローンによる撮影ポイントも随所にある。こうした取り組みを通じ交流人口を増やし，日本で一番ドローンが飛ぶ町として，那賀町の認知度を高めることで地域おこしを実施している。那賀町を地域再生の成功モデルとして，全国各地の自治体で生まれたオリジナルアイディアによる地域おこしが始まることを期待する。それにより，東京一極集中の流れにも変化が現れるのではないであろうか。ドローンの活用については第8章でも述べるのでご覧いただきたい。

5　人ありき・アイディアありきのICT活用

　本章では，人口減少が著しい西日本の4県（高知，和歌山，島根，徳島）で，ユニークな地域おこしプログラムを展開する自治体を検証した。それらの自治体は，人口動態指標でみると，いずれも「消滅可能性都市」の範疇に入る。しかし，職員や市民の意識改革がまず起こり，限られた予算で最大の効果を求めた結果，情報社会にふさわしいICTを活用した教育改革ネットワークの取り組みを模索し，人の交流から地域活性化につながっている。しかし人が集まる理由は，人の魅力，まちの魅力である。2040年の地域再生は，従来と異なる情報社会の新たな手法導入が必要である。

　そこで，次章では，簡単なまとめとともに，地域力からみる，今後の地域再生の施策を考える。

注

（１）「クラウドファンディング」は，米国発祥のサービスで，「Crowd」（群衆）と「Funding」（資金調達）を掛け合わせた造語。資金を必要とするプロジェクト等がインターネットを介し不特定多数の人々から比較的少額な資金を幅広く調達する手段。海外では，すでに大きな市場を形成している。日本では，2001年に初めてクラウドファンディングサービスが提供され，その後，東日本大震災を契機に，2011年以降，寄付を募るプロジェクトから認知が進み，社会貢献性や共感性の高いプロジェクトが多数起案され本格的展開となった（矢野経済研究所2016）。

（２）2015年4月2日から5月21日の50日間，「高野山開創1200年記念大法会」が執行され，60万人の参拝観光客が訪れた。

（３）「インバウンド」（Inbound）は，外国人が訪れる旅行で，日本へのインバウンドを「訪日外国人旅行」または「訪日旅行」という。これに対し，自国から外国へ出かける旅行を「アウトバウンド」（Outbound）または「海外旅行」という（JTB総合研究所2017）。

（４）和歌山，奈良，三重三県にまたがる仏教（高野山），神道（伊勢），修験道（吉野）の聖地とその聖地をつなぐ道で世界遺産として登録されている（Nippon.com2017）。

（５）「サンチアゴ・デ・コンポステーラへの巡礼路」1998年にユネスコの世界遺産に登録されたフランスとスペインを貫く長い巡礼のルート。サンチアゴ・デ・コンポステーラの聖堂の地下に聖ヤコブの墓に参る目的を持つ（フランス観光機構2017）。

（６）高野山に詣でることは，現在のように交通が開けるまでは難行苦行であったが，平安時代中期以来，法皇，上皇，摂政関白をはじめ，貴賤衆庶が詣でた。この高野詣の功徳を説いて，諸国から参詣者を誘引したのは高野聖（ひじり）である（朝日新聞社2017）。

（７）「ファサード（façade 仏語）」は，建物の正面をなす外観。日本の木造建築は正面も側面もそれほど極端に材料や仕上げを変えない。しかし，西欧建築では正面の外観だけを一段と装飾豊かに飾ることが多く，建物の格式と性格を表現し，共同体である都市の景観への参加意識も現す（朝日新聞社2017）。

（８）「ファムトリップ」（Familialization Trip）（下見招待旅行，略して「ファム」（Fam）と言う。）観光地などの誘客促進のため，旅行環境事業者を対象に現地視察をしてもらうツアー。外国人観光客拡大を目的に実施されることが多い（株式会社シーポイントアジア2015）。

（９）小泉八雲の『知られぬ日本の面影（Glimpses of Unfamiliar Japan, 1894）』は，

小泉八雲の文学活動の柱であるルポタージュ・紀行文の最高傑作といわれる。タイトル「Glimpses」には，来日第1作目でまだこの国を「瞥見したにすぎない」という来日外国人の謙虚さが込められている。一方「Unfamiliar」には，まだ先学が切り開いていない日本文化の未知の部分，つまり古代出雲文化を継承する「知られざる民衆の精神生活」を描出した自信に満ちた言葉が，緊張関係をもって並記されている（八雲会2012）。

(10) 「離島振興法」は，離島の後進性と基礎条件を改善し，産業振興対策を行うための法律（1953年制定）。首相による離島振興対策実施地域の指定，首相・知事による電力・水道・道路・漁港・教育・厚生等の振興計画の作成，事業の実施および助成方法等を定める。

(11) 海士町発祥の隠岐民謡「キンニャモニャ」には，自然と文化・人情が上手にうたい込まれ，人々が忘れかけていた「生き抜く術」が秘められている。「キンニャモニャ」の唄にさまざまな願いを織り込み，第三次海士町総合振興計画の基本的な考え方を「キンニャモニャ宣言」として掲げた。この取り組みを支える町民の合い言葉が「キンニャモニャ」の囃子ことば「キクラゲチャカポン持って来いよ」（キクさんもチカさんもみんな来いよ）である（海士町1999）。

(12) 1998年度から海士町が募集している「商品開発研修生制度」。「よそ者」の発想と視点で，特産品開発やコミュニティづくりに至るまで，海士にある全ての宝の山（地域資源）にスポットをあて，商品化に挑戦する。島の基幹産業，水産資源の加工・販売などの業務を経験しながら，生まれてくる「気づき」を商品化する。（海士町2017）。

(13) 「CASシステム」（Cells Alive System）特殊なCAS発生装置を使って細胞組織に8つの組み合わせのCASエネルギーを均一に与え，細胞組織の中にある水分子を振動させ，生成される氷晶を微細化し，細胞壁や細胞膜を壊しにくくする。1997年，株式会社アビーによって開発された（株式会社アビー2017）。

(14) 「全人教育」とは，人間性を一面的な知識・技能にのみ偏らせることなく，全面的，調和的に発展させることを目的とする教育。音楽，体育を重視した古代ギリシアの教育以来，身体と精神の全面的・調和的発展の教育思想はヨーロッパ教育思想の基調である（朝日新聞社2017）。

(15) 「ブランディング」とは，「露出」と「イメージの浸透」を積極的に行い，他の製品やブランドよりも，消費者に選択してもらえる可能性をより高める。このブランド競争力を高める一連の行為を指す。したがって，競合が存在する限り，本質的には全てのビジネスでブランディングは必要である（artisan2017）。

(16) 「拝宮農村舞台」江戸時代後期の建築と推定される徳島県内で最古の舞台の一

つ。1991（平成3）年6月に旧上那賀町の有形民俗文化財に指定された。阿波農村舞台は，浄瑠璃語りが座る太夫座の付いた人形芝居系という大きな特徴を持ち，全国一の現存数を誇る。毎年5月下旬に農村舞台公演が行われる（那賀町観光協会2017）。

(17)　「沢谷のタヌキノショクダイ発生地」世界的珍奇植物で多年生腐生植物の発生地（1954年国指定天然記念物）。陰湿の腐植土中に生じ，6月下旬から8月中旬まで開花。希少植物のため鑑賞には，那賀町教育委員会木沢分室に問合せが必要（那賀町2011）。

(18)　「ビーバー館（長安口ダム資料館）」徳島県企業局が設置，管理。建物が森に囲まれたダムの湖畔にあり，木造であることからビーバーを連想させ，子どもたちにも親しみやすいことから名付けられた（徳島県・ビーバー館・長安口ダム資料館）（那賀町観光協会2017）。

(19)　「剣山国定公園」は石鎚山と並ぶ四国の主峰・剣山を中心とした剣山地にある国定公園。1964年3月3日指定。徳島県を中心とし，一部は高知県の山も含む。剣山や三嶺（みうね）を中心とした山岳地帯のほか，祖谷渓や大歩危，小歩危を中心とした渓谷もこの国定公園の見所である（那賀町観光協会2017）。

(20)　「ドローン特区」は地方自治体が「ドローンを使った国際競争の強化および経済活動の拠点に」と掲げたのもの。ドローンを積極的に活用しようとする地方自治体。2017年1月28日現在，実際に活動している日本国内の主要「ドローン特区」は以下のとおり。宮城県仙台市，茨城県つくば市，千葉県千葉市，東京都多摩地域，静岡県，愛知県，広島県，および徳島県那賀町である（LOVE-DRONE2017）。

(21)　「ラジコンヘリ」はラジオコントロール（Radio Control），無線操縦できるヘリコプターで「RCヘリ」とも表記される。娯楽利用をはじめ，農薬散布や空撮といった産業用，「ドローン」と同じく軍事用としても使われている。「ラジコンヘリ」も無人の航空機であることから「ドローン」の一種といえる（LOVE-DRONE2017）。

(22)　「RQ‐1プレデター」は，1990年代初めに，米ジェネラル・アトミックス社が開発したGNAT‐750をベースとし，米空軍の主導により開発された無人航空機（UAV）。プレデター（Predator）は「捕食者，略奪者」を意味する。「RQ‐1」のRは偵察（Reconnaissance），Qは無人機，1は無人偵察機の第1号を表わす。2002年以降は，すべてのプレデターの名称を「MQ‐1」に変更した。Mは多用途（Multi）の意。

(23)　「首相官邸ドローン事件」は，東京都千代田区永田町にある首相官邸屋上でド

ローンが発見された事件。2015年4月，首相官邸に放射能汚染土や発炎筒を搭載したドローン（小型の無人飛行機）が落下し，2週間後に官邸屋上で発見された。反原発派の福井県小浜市在住の男性（40歳）が，反原発を訴え，福井県知事選に影響を与える目的で墜落させた。事件発覚後，容疑者は地元の警察署へ出頭し，威力業務妨害容疑で逮捕された。首相官邸の警備体制が問題視され，4月24日夜から屋上に24時間体制で警察官を配置し，防犯カメラが設置された（産経ニュース2015年）。

(24) 「とくしまNAKAドローンの日条例」とは，那賀町が無人航空機「ドローン」の住民生活レベルでの普及を目指すに当たり，さまざまな見地から調査研究を重ね，ドローンを利用した住民生活の飛躍的向上に寄与することを目的とし，自他ともに認める先進的地位を確立していくため，とくしまNAKAドローンの日（10月6日）を定めるものである（那賀町ドローン推進室2016）。

(25) 「大釜の滝」（所在地・徳島県那賀町沢谷釜ヶ谷）「日本の滝百選」の一つ。切り立った岩盤がそびえ立ち，日本とは思えない雄大な景色の中にある。滝そのものは20mと大きくないが，釜の形をし，青くきれいな色をしている滝壺は深さが約15mある。滝壺の底には大蛇が住むという伝説がある（日本の森・滝・渚全国協議会2017）。

第8章
自治体が消滅する前にできること
――マイナス資源をも活かす意識のシフトチェンジ――

　本書では，これまで，日本の人口減少社会を地方自治体の地域力を中心に考察してきた。最終章ではこれまでのわかったことをまとめる。まず，地域再生の課題と，主としてICTを活用しての施策について検証する。人口増加はもたらさないが，地域経済を潤すことで地域活性化につながる。従来のようなベッドタウン，コミュニティタウンなど物理的ハードな課題から脱却し，ICTの積極的活用によるソフトな施策が求められている。また地域再生に必要な意識改革に成功した自治体例として北海道東川町を検証する。

1　市町村の地域力分析の必要性

(1) 人口増減率上位都府県
　人口増減率を一瞥すると，同一県内でも市区町村別に大きな差がある。
　例えば，東京一極集中と言われるが，東京都内にも大きな多様性がある（第4章）。都心部（中央区）ではその利便性のために人口増加が続く。また，副都心として人口増加が続く豊島区が，2040年「消滅可能性自治体」の一つに挙げられるのは意外である。
　また，東京都には島嶼部もある。過疎化・少子高齢化・人口減少というステレオタイプでみられがちな島嶼部である。しかし，御蔵島村では若者の流入が盛んである。一方，東京都檜原村は，すでに限界集落に達し，過疎化・超高齢化が進行する。しかし，檜原村にもプラスの地域力は存在する。地域再生は，地域住民がその地域力を能動的・主体的にとらえ，行動に移すか否かにかかる。
　2015年国勢調査で，前回国勢調査（2010年）より人口増減率が増えた自治体

215

表 8-1　伝統的な地域再生モデル

都道府県・番号	市町村名	ベッドタウン化	交通の利便性	学園都市	宅地造成	駅前開発・区画整理	大規模商業施設	豊富な地域資源	観光資源の活用
11 埼玉	伊奈町	○			○				
12 千葉	印西市		○	○					
13 東京	中央区	○	○			○	○		
	御蔵島村								○
14 神奈川	川崎市		○						
	開成町				○				
23 愛知	長久手市	○	○	○					
25 滋賀	草津市		○	○		○	○		
27 大阪	中央区						○		
	田尻町		○	○					
40 福岡	粕屋町						○		
47 沖縄	那覇都市圏	○							○
	中城村					○			
	各自治体								○

出典：各自治体検証により筆者作成。

を見ると，そこには伝統的な地域再生モデルが見られる（表8-1参照）。

　これらの人口増加に資する要素は，いわば全国に共通した，多様な要素と言える。

（2）人口減少県の取り組み

1）東日本の場合

　今日，人口減少県の取り組みは，従来の伝統的な地域再生モデルとは大きく異なる。第6章で紹介した東日本をみてみよう。人口減少県の筆頭にあげられる秋田県の場合，県単位でみると確かに2040年には，秋田県そのものの存続が

危ぶまれる。しかし，五城目町をみると，新しいコンセプト「シェアビレッジ」が始動している。そこでは，町の若者世帯に対する定住促進プログラムの提供もあり，若い人たちの流入が続く。

青森県は，秋田県に次いで人口減少率が高い。しかし，西目屋村では，自治体消滅をもたらすダム建設をむしろ逆手に取り，新たな産業，例えば「エコツーリズム」「ダムツーリズム」を創出し，ダム建設と自然と共生する村づくりが行われている。必ずしも定住人口に結びつくものではないが，観光客集客の流れをもたらし，自治体の財源増に貢献している。

雪深い岩手県では，マイナス資源「雪」を，プラスの地域力に変え，「ユキノチカラプロジェクト」を創出している。新商品は，東京で開催する物産展や，インターネット通販で日本全国に販売網を拡大している。

同様に人口減少が続く山形県では，「子育てするなら東根市」のスローガンのもと，従来にない新たな子育て支援プログラムを創出している。事実，日本全国からその子育てプログラム（さくらんぼタントクルセンター，ひがしねあそびあランド，まなびあテラス）に対し注目が集まり，多くの専門家が視察に訪れている。

2）西日本の場合

次に第7章の西日本の人口減少県をみてみる。まず取り上げたのは，高知県である。大豊町では，高齢の住民と若者の力が結集。「クラウドファンディング」を導入し，休耕地に産業（大豊シャクヤクの会）を復活させている。

和歌山県高野町は自然減・社会減ともに人口減少率が際立って高い。しかし，伝統的宗教都市の地域力を活かし，「インバウンド」に成功している。

島根県海士町では，「ないものはない」をスローガンに，孤島というマイナスの地域力を見事に克服している。そこでは，強力なリーダーシップのもとに，あるものを最大限に活用し，ヒトづくり・モノづくりに成功している。島前高校には，「島留学」希望生徒が島根県内はもちろんのこと，日本全国から集まる。

徳島県那賀町は，過疎化，少子高齢化が進行する限界集落の中山間地域であった。しかし，今や「ドローンで地域おこし」に成功し，日本中の注目を集め

る。過疎地ゆえに，ドローン活用の地域再生が可能である。

　これら人口減少県の自治体分析は，地方再生の新たな方策を示唆する。また，人口減少率がきわめて高い青森県，秋田県の場合でも，小地域データを分析すると，各自治体でその様相が大きく異なることがわかる。各地域の若者が，他地域に転出することなく，あるいは，たとえ転出しても出身地域に UI ターンし，安心して結婚・家族生活を営むことができる地域社会の基盤構築の施策が求められる。それは，日本全国一律ではなく，各地域固有の地域力に基づく。つまり，各々の自治体の地域力を知ることこそが，各地域再生につながる。

　本書では，各市町村別データで見る婚姻率が，人口増減率に対し有意な決定要因である県の存在を検証した（もちろん，有意でない県も存在する）。したがって，若者が結婚し，地域社会で家族生活を営む環境作りが県に課せられた，急務である。

　地域再生の方策は，日本全国一律ではない。2040年の「地域消滅」をただ傍観するのではなく，地域再生に向け，各自治体独自に問題解決に取り組むことが必要である。たとえ，人口総数が少ない小さな自治体でも，活性化の可能性があることは，いくつもの地方自治体が立証している。地域消滅回避のためには，各自治体が持つ地域力を明確に把握し，それを最大限に生かす取り組みを立案・計画・実施することを期待したい。その各々の取り組みこそが，人口減少社会をより活発な社会へと推し進める地域再生につながる。

2　ICT 活用のこれからの地域づくり

　自治体により緩急の度合いは異なるが，日本社会が人口減少問題に直面していることは明らかとなった。そのため，政府主導の「地方創生」という言葉がもてはやされる昨今である。

　問題解決には各市町村の地域力を認識し，「地域社会」を全国的に広める必要がある。それは，半世紀近く前の「日本列島改造計画」[2]に始まる。しかし，残念ながら問題解決には至っていない。

少子化問題が指摘されて久しい。そのため，多くの自治体が，「子育て政策」により，人の流れを取り込もうとしてきた。それ自体は誤りではない。しかし，根本的な問題は，地域づくりには何が必要かということである。本書では，市町村レヴェルからの婚姻率と人口増減率の因果関係を検証・指摘した。まず婚姻率低下が出生率低下につながる。その結果少子高齢社会となり，必然的に人口減少社会となる。地域社会の婚姻率を上げるには，結婚年齢層が，地域社会に生活可能な社会環境を整える必要がある。

　地域づくりは，「ヒト・モノ・カネ」の三位一体である。つまり，地域力・地域資源を見出す「人材づくり」「ものづくり」による雇用の創生，それらを可能にする「財源づくり」の協働作用・作業による。そのためには，情報化社会にふさわしい，斬新な考え方と最先端の技術が必要である。そこで，本章では，新しい地域づくりとして，ICT を積極的に活用した自治体の施策を考える。

(1) ドローン活用の地域づくり

　第7章でも述べたが，ドローンを活用してのまちづくりに大きな関心が集まっている。しかし，ドローンを使った実証実験は，都市部では行われてこなかった。これまで安全性を考慮して人口過疎地や中山間地域，あるいはドローン特区（近未来技術実証特区）等，テスト飛行が可能な練習場（飛行場）のみで行われてきた。つまり，人口密集地域でドローンを飛行させると，万が一事故が起きた場合，大きな被害が発生するおそれがあるからである。

1) 人口密集地域でのドローン活用

　都市部で仮に大地震などの災害が起きた場合，国や企業の中枢が集中しているだけに，被害状況の把握，情報の共有等を何処よりも迅速・正確に行う必要がある。そのためにもドローンを含む IoT，ICT の技術を駆使することは今後必須となる。これまで不可能であった実証実験は見直され，2017年2月11日，「新宿駅周辺防災対策協議会」のメンバーにより，日本で初めてドローンを活用し超高層ビル街・新宿で災害対応実証実験が実施された。損害保険ジャパン

日本興亜，SOMPOリスクケアマネジメント，工学院大学，理経および，新宿区（以下，「チーム・新宿」）による合同実施で，日本有数の人口密集地・超高層ビル街新宿西口エリアで，災害時の情報収集と滞留者誘導を目的とし，ドローン活用の実効性と課題を確認した。

　また実験は，新宿中央公園から工学院大学までの約550mを専用の無線通信網で結び，そこでドローンの飛行から，主として4事項（安定飛行，情報収集を目的とした画像，画像送受信，および滞留者への情報伝達能力）を検証した。この結果，ドローンが人口密集地域でもその威力を発揮することを実証し，今後「チーム・新宿」の取り組みを継続的に続けていく必要性を示す好材料となった（損保ジャパン日本興亜2017，DRONE PRESS2017a，Yahoo!ニュース2017）。

　2）佐賀，産官学連携の「ノリ養殖」

　2017年3月，佐賀県有明海域の主要産業「ノリ養殖」で，ドローン・ICTブイ・AI等を活用した，第四次産業革命型水産業の実現に向け，6者間連携協定を締結した。それら6者は，行政（佐賀県），大学（佐賀大学），漁協（佐賀有明海漁協），金融（農林中央金庫），通信（NTTドコモ），IT（オプティム）である。

　佐賀県のノリ養殖販売額は日本国内全体の約25％を占め，13年間連続1位を誇り，佐賀海苔として有名である。しかし，近年は有明海域のアカグサレ病等の病害や，赤潮による色落ちに悩まされている。そこで，LPWA・セルラー通信機搭載固定翼型ドローン「オプティムホーク」や，ICTブイなど最新のIoT機器を活用し，AIを用いて得られた情報を解析し，収量の向上，海苔漁家の作業負担軽減や所得向上を目指す。今後は，病害対策，赤潮対策，カモ被害・バリカン症対策にもドローンを積極的に活用する予定である（DRONE PRESS2017b）。

　3）ドローン，新領域へ

　ドローン活躍の場は，「野生鳥獣対策」（大日本猟友会2016），「害鳥対策」（Jタウンネット2016），「高層気象観測技術開発」（日本気象協会2016），「医療分野」（マ

ラソン走者見守り,「救急医療・災害対応無人機等自動支援システム活用推進協議会」(7)(略称 EDAC) などがあり，これまで困難とされたことが可能になり，関係者の関心は高い（朝日新聞 DIGITAL2017a）。

「DRONE MEDIA ニュース」(DRONE MEDIA2017) を閲覧すると，毎日のように新しい記事が掲載されている。ドローン機器技術革新はもちろんのこと，ドローン活用の取り組みもいろいろな分野に対し行われている。ドローン活用の地域づくりが，過疎・中山間地域のみならず，人口密集地でも有効なことが明らかになり，産業育成にもその威力を発揮することが試されている。今後，AI や IoT のさらなる進化と共に，日本の地域づくりにもそれらの技術進歩の成果が導入されることは疑う余地がない。

(2) ICT で地域づくり

少子高齢化や過疎化，東京圏一極集中などが進む現在，地域は多くの社会課題を抱えている。子育て環境の整備，教育の質的向上，観光客の増加，商業活性化，地場産業の強化，独居老人の見守りなど，その分野はさまざまである（事業構想2017b）。日本各地域自治体の多様性・地域力を認識した今，各地の取り組みは一様であるはずがない。各地域に寄り添いながら，こうした課題解決に取り組むことが求められている。そこで，いくつかの取り組み事例を紹介する。

1) 地域の見守りシステムの構築

NTT 西日本は，高知県土佐町と連携し，地域の見守りシステムを構築し，独居高齢者宅に「IP 版緊急通報端末」と「安否センサー」を設置した。緊急時には端末のボタンを高齢者が自ら押すことで，県外に設置されたコールセンターへ通報が入る。また，居間や寝室，玄関に設けられた安否センサーによって，起床，就寝，外出などの高齢者の生活リズムをコールセンターが確認し，異常を感知した際には近隣の支援者へ確認を要請し，駆けつけてもらう。この結果，地域が一丸となって高齢者を見守る体制が構築された（NTT 西日本2016）。

2）保育の登降園管理システム

　待機児童解消に向けて，保育所の定員拡大や新設が進む一方，保育士の業務負担増大の課題が存在する。2015年度から「子ども・子育て支援新制度」(8)（厚生労働省）が始動した。各家庭の保育区分を把握し，園児の登降園時間を正確に記録し，市区町村へ提出する帳票を作成する業務が追加された。

　NTT西日本の「登降園管理システム」は，ICカードをカードリーダーにかざし，タッチパネルに触れるだけで，園児の登降園時間の記録・蓄積を自動的に行う。また，市区町村へ提出する園児の登降園時間を記録した帳票を自動作成し，指導計画・保育日誌を手軽に作成・管理できる。登降園自動管理システムにより自治体へ提出する帳票の手間が大幅に削減され，保育士の周辺業務の負担軽減と，保育の質向上に大きな成果をあげている（事業構想2016c）。

3）ICTで共創のまち・肝付プロジェクト

　鹿児島県肝付町には，多くの限界集落が孤立点在する。肝付町は，課題解決の活路を企業や研究機関との共創によるICT活用地域包括ケアに見いだした。

　都市部に比べ少子高齢化と人口減少が進み，最先端のICT活用実験現場となっている肝付町では，ICT利用者は一方的な製品の受け手（消費者）で，利用者の声が製品に反映されない。その結果，最新技術と課題（困りごと）がマッチせず，未解決の課題が増加する一方である。

　そこで，「共創のまち・肝付」プロジェクトでは，豊かな自然と高速インターネット通信設備を活かした滞在型の開発環境を，製品開発や研究フィールドとして企業や大学等に提供する。そして，町民や各種団体と共に活動し，地域の課題に密着した製品の開発や研究を行う。そのような共同作業を通じ，少子高齢化・人口減少に伴う課題の解決を意図する。

　肝付町は，2015年7月1日，ICT利活用のコーディネート・人材育成，総務省地域情報化アドバイザーを行う，たからのやまと共に「共創のまち・肝付」プロジェクトを開始した。(9)それは，肝付町をICTの実証フィールドとして企業や研究機関などに提供するものである。肝付町の地域課題である地理的制約や，人手不足を解決するICTの実証実験のフィールドとなることで，最

第8章　自治体が消滅する前にできること

先端 ICT を安価で利用できる環境を作ることができ，事業所の参入や人口増加などの活性化につながる。ICT 機器や介護ロボットなどに代表される製品の共同開発や実証実験・検証のフィールドを提供する事業を開始した。共創案件の一つが，人型ロボット「Pepper」の介護分野での活用である。ロボットは，たとえ動かなくても存在感があり，手を差し伸べたくなる。こうしたロボットの能力が，人工知能や IoT など他の技術と組み合わさることで，地域包括ケアを支えるシステムになる。肝付町の共創案件の実績としては，ICT を利用した次世代型徘徊者捜索(10)（エー・ジェー・シー，LiveRidge），顔認証による徘徊抑制サービス(11)（NEC ソリューションイノベータ）などがある。

　「共創のまち・肝付プロジェクト」は，深刻な限界集落の課題を抱える肝付町のフィールドを実証の場とし，企業や研究機関に新たな気付きを提供する。一方で，住民に刺激を与えて活性化を図る。肝付町の特徴は，こうした仕組みを地域包括ケアの一端とする。肝付町では，今後町の課題を解決する ICT アイディアなどを競うアイディアソン・ハッカソンの企画も検討している。(12)

　このように，ICT がさまざまな形態で，まちづくりに貢献している。技術革新の急速な進展とともに，ICT 機器，IoT，ロボット技術などが結集し地域づくりに貢献していくことは疑う余地がない（肝付町役場2015，日経 BP 総合研究所2017a）。

(3) クラウドサービス活用の地域づくり

　人口減少がすすむ日本の地域社会では，「クラウドサービス」(13)（Cloud Service）を活用した取り組みが進んでいる。それは，従来利用者が手元のコンピュータで利用していたデータやソフトウェアを，ネットワーク経由で，サービスとして利用者に提供するものである（総務省「国民のための情報セキュリティ」。日本語で表記すると紛らわしいが「クラウド（雲）サービス」と次節で述べる「クラウド（群衆）ファンデイング」では「クラウド」の単語が異なる）。クラウドサービス活用の地域づくりでは，地域住民が主体となり，人口減少に負けない自治組織づくりシステム構築を目指す。その例を島根県益田市，および宮城県丸森町の取り組みから検証する。

223

1）島根県益田市の「人口減少に負けない自治組織づくり」

島根県益田市は「日本創成会議」が発表した「消滅可能性都市」の一つである。1985年から継続して人口減少が進み，多くの課題（農業の担い手不足による不耕作地の増加，管理しきれていない山林や里山の荒廃がもたらす鳥獣被害増加，空き家の増加など）が指摘されている。

益田市では2013年から，地域一体となり課題解決に向けて取り組める自治組織づくりを開始した。取り組みが順調に進んだ地域では，活動が拡大し，自治組織の事務局スタッフや，行政が配置したサポートスタッフへの負担が大きくなってきた。自治運営の担い手不足は，今後も恒常的な課題になる。益田市は課題の抜本的な解決に向け，ICT活用の運営効率化の検討を開始した（サイボウズ株式会社2016）。

① kintone活用のふるさと教育

効率的な自治運営を実現するシステムの検討を進めていたところ，当時益田市ふるさと教育の情報共有ツールとして採用されていた，サイボウズ株式会社のクラウドサービス「kintone」（キントーン）に目が止まった。[14][15][16]

益田市では，保育園，小学校，中学校の先生と教育委員会の職員が，ふるさと教育で実施した内容をkintoneで共有している。その結果，過去の実施内容をもとに，教育機関が連携した「ふるさと教育プラン」が作成可能で，体系だった学習活動が実現できている。この取り組みでは，保育士や教員，地域コーディネーターなど，さまざまな職種，世代のメンバーが，kintone上で密にコミュニケーションを重ね，教育活動を構築している。

② kintone活用の地域づくり実証実験

「kintone活用の益田市ふるさと教育」をみた益田市は，同サービスを地域づくりにも活用できると考えた。また，サイボウズも，以前より地域のチームワークづくりに向けフィールドワーク活動を進めていた。そして，益田市の取り組みに賛同したサイボウズ，益田市，住民代表として中国地方を活動拠点に，地域づくりに取り組んでいる一般社団法人小さな拠点ネットワーク研究所が連携し，2016年7月1日から6か月間実証実験を行った。[17]

この実証実験成果報告会が，2017年2月に益田市立保健センター大ホールで

第 8 章　自治体が消滅する前にできること

開催された。成果報告の一例は以下のとおりである（益田市2017）。
・クラウドで鳥獣から農地・住民を守る：地域自治組織「二条里づくりの会」の取り組みとして，農地を荒らす鳥獣の目撃情報や被害報告を住民から集める体制を構築し，寄せられた情報は kintone へ入力。自宅からでも情報が閲覧でき，狩猟免許を持つメンバーが分析し，迅速な対策が可能となった。また，入力された情報は市役所や公民館とも共有でき，地区住民への注意を促す放送などにも役立っている。
・公民館の利用状況をクラウドで共有：公民館では，毎日の行事や来訪者・利用者などを記録する日誌をつけ，毎月，教育委員会に報告することが義務付けられている。実証実験の結果，二条公民館では，その日誌を kintone で入力し，公民館の利用状況をデータ蓄積している。教育委員会では，2017年度から益田市の全公民館で運用を開始し，公民館の利用状況を共有する体制を始動した。益田市はこの取り組みを通じ，地域住民主体の地域課題解決チームづくりを目指している。

2）宮城県丸森町の地域づくり

　日本の人口がこのまま減り続けると，2040年ごろには現在の1742自治体の半分の存続が難しくなるといわれる（増田2014）。自治体消滅の危機を回避しようと，今，全国の自治体では都市部からの移住者を招き入れるなど，クラウドサービスを活用してさまざまな取り組みが行われている。

　その一例が宮城県丸森町である（日経 BP 社2016a，ラシック（LASSIC）HOME2016）。丸森町では，自分たちが危機にあると率直に語り，抱える課題を解決してくれる移住者を求めている（日経 BP 社2016a）。丸森町は宮城県の最南端に位置し，南西部は福島県に隣接する。町の北部を阿武隈川が貫流し，阿武隈高地の支脈で囲まれた盆地状の中山間地町で，2015年国勢調査では人口減少率が△9.79％（宮城県全35市町村中下から 6 番目）で，人口減少に歯止めがかからない。

　丸森町は人口減少打破のために，2016年 4 月「まるもり移住・定住サポートセンター」を開設。移住者の獲得に向けた活動を開始した。その活動の一環として，訪問客や丸森町に関心を持つ人を顧客と見立てて CMR[18]（Customer Managed Relationships) に着目した。訪問客の動態情報の収集，動態の一覧表示，動態のアドホック分析の 3 つをクラウドサービスで行い，施策の改善や新たなプロモーションの提案につなげることにした。

「第五次丸森町総合計画」に基づき移住を検討している人たちの窓口になる「まるもり移住・定住サポートセンター（じゅーぴたっ）」を開設し，「HELP！MARUMORI」プロジェクトを立ち上げ「たすけてください！　どうか丸森の人になって町を救ってください」と直接的なメッセージを発信した（丸森町役場2016）。

丸森町が着目したのが CMR である。他の自治体が未だ取り組んでいない移住をテーマに，移住希望者や移住者となり得る観光客，訪問客を顧客と考え，その人たちの行動を把握・検証し，施策の改善や新規格提案につなげる。そこで丸森町は，2016年10月他の 6 団体と高度 ICT を活用し町内への移住・観光客誘致を促進するパートナーシップ協定を締結し，「高度 ICT を利活用した移住定住促進プラットフォーム構築の共同プロジェクト」を開始した。

このプロジェクトは，「第五次丸森町総合計画」に基づく「HELP！MARUMORI」プロジェクトの新たな施策として，移住・定住施策（地方創生交付金採択事業）の一環で進める事業である。IoT，AI 等の先進技術を活用し，移住希望者や定住者，観光客の行動履歴をビッグデータとして収集・蓄積し，データを分析・パターン化することで，深刻化する人口減少の改善に取り組む。そして，プロジェクトで構築するシステムは2017年 2 月に丸森町移住定住サポートセンター「じゅーぴたっ」の移住定住者向けのサービスとして稼動開始した（丸森町役場2017）。丸森町ではシステムを活用することで，ICT を使い，地域課題を解決する先進自治体への飛躍を目指している（詳細は日経 BP 社2016a 参照）。

（4）クラウドファンディング活用のまちづくり
1 ）日本の市場環境

クラウドファンディングは，米国発祥のサービスで，「Crowd」（＝群衆）と「Funding」（＝資金調達）を掛け合わせた造語。資金を必要とするプロジェク

ト等がインターネットを介し，不特定多数の人々から比較的少額な資金を幅広く調達する手段を意味する。海外では，すでに大きな市場を形成している。しかし，日本では，2001年に初めてクラウドファンディングのサービスが提供された。その後，東日本大震災を契機に，2011年以降，寄付を募るプロジェクトから認知が進み，社会貢献性や共感性の高いプロジェクトが多数起案され本格的な展開となった（矢野経済研究所2016）。

本書第6章で取り上げた「秋田県の古民家利用のシェアビレッジ」や，第7章で検証した「高知県大豊シャクヤクの会」は，クラウドファンディングを活用したまちづくりである。

クラウドファンディングでは，インターネットの交流サイト（SNS：FACEBOOK，Twitter，LINEなど）を使って情報を発信する。これにより，事業資金を出した人はプロジェクトの運営者や事業進捗状況を把握できる。「顔の見える」プロジェクト運営で，利用よりも事業そのものを応援したい意志のある人の資金活用を可能にする。

2）まち・ひと・しごとの創生

「まち・ひと・しごとの創生」は，日本政府が地方創生本部を設置し推進している（内閣府2013ab）。その基本方針は「しごと」が「ひと」を呼び，「ひと」が「しごと」を呼び込む好循環を確立し，その好循環を支える「まち」に活力を取り戻すものである。2014年内閣府地方創生推進室により，「ふるさと投資」連絡会議が設置され，地方公共団体や地域金融機関がクラウドファンディング事業者と連携し，地域に根付いた事業をサポートする取り組みを推進している[20]。その結果，地場産業の振興，地域の魅力発信，地域のにぎわい創出，地域に人を呼び込む仕組みづくりや拠点等の整備，災害復旧・復興，再生可能エネルギー設備の整備など多くのプロジェクトが誕生している。

3）地域密着型への期待

クラウドファンディングを活用した「地域おこし」について取り上げる。クラウドファンディングを活用することにより，地域に根ざした資源や多様な価

値観を取り込んだ付加価値の高い製品やサービスの創出を促し，そこから「まち・ひと・しごと」の好循環へとつなげていくことが期待される。日本経済新聞社が2016年7月に47都道府県および，813市区を対象に実施した調査によると，「クラウドファンディング」の活用が広がっている（日本経済新聞社2016）。クラウドファンディングを活用または予定と回答したのは34道府県（72％）と133市区（16％）であった。新たな財源確保や地域経済活性化の手段として，すでにクラウドファンディングが全国に浸透し始めている。今後は地域密着型のクラウドファンディングがさらに活発になることが期待される。

　従来の補助金・助成金に頼るのではなく，民間主体で地域活性化事業を担い，行政・金融機関などが連携し，バックアップしていく。そのような持続可能な仕組みを築く上で，クラウドファンディングが果たす役割は大きい。

　まちづくり，地域再生には，地域の小規模な事業者の活性化・再生が重要な課題である。そこではクラウドファンディングが重要な役割を果たし得る。クラウドファンディングは，単にツールとしてインターネットを利用するだけでなく，市場参加者のあり方やニーズといった点で，従来の金融・証券市場の常識や通念が通用しにくい側面を持っている。それは，SNSデジタルネットワークの世界が，従来のアナログの世界とはかけ離れているのと同様である。したがって，地域づくりにおけるクラウドファンディングのあり方を考える際，そのような質的差異を認識する必要がある（松尾2014）。

（5）地域活性化としてのインバウンド

　「インバウンド」という言葉を頻繁に耳にするようになった。インバウンド（Inbound）とは「外から中に入ってくる」という意味で，訪日外国人旅行者のことを指す観光業界の言葉である。インバウンドに対し，自国から外国へ出かける旅行をアウトバウンド（Outbound）または海外旅行という[21]。「インバウンド」という言葉が，身近に聞かれるようになった理由は，訪日外国人旅行者数がこれまでにないスピードで急増しているからに他ならない。

　本書第7章でも人口減少が加速する和歌山県で，特色あるプログラム「インバウンド」を展開する高野町を検証した。そこで，ここでは，日本全体として

第8章　自治体が消滅する前にできること

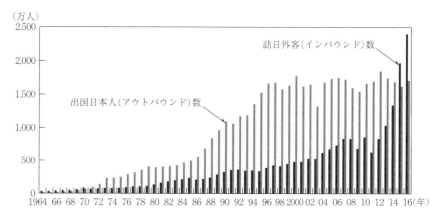

図8-1　インバウンドとアウトバウンド数の推移
出典：日本政府観光局（JNTO）「年別訪日外客数，出国日本人数の推移――1964-2015年」，2016年データは「2016年訪日外客数」「2016年出国日本人数」に基づき筆者作成。

インバウンドの推移・地域再生に寄せる期待と課題を検証する。

1）インバウンドの推移

日本の観光は，従来日本人の国内旅行や海外旅行への取り組みが主であった。日本政府が統計をとるようになった1964年（東京オリンピック開催年）の訪日外客数35万人に対し，同年の出国日本人数は，12万8000人であった（日本政府観光局 JNTO2017，および図8-1参照）。その後出国日本人数は年々増加し，2000年には1728万人と史上最高を記録した。それに比べ，同年の訪日外国人旅行者の受け入れ数は，4分の1程度の476万人であった。このようなインバウンドとアウトバウンドの不均衡な状態が継続すると，日本は海外旅行の訪問先として魅力がない国と思われてしまう。

そこで，訪日外国人旅行者増加促進対策として，2003年に開始した官民による外国人旅行者の訪日促進活動が「ビジット・ジャパン・キャンペーン」[22]である。キャンペーンでは，韓国，中国，台湾，香港，タイ，シンガポール，マレーシア，インドネシア，フィリピン，ベトナム，インド，豪州，米国，カナダ，英国，フランス，ドイツ，イタリア，ロシア，スペインの20市場を重点市

229

場に選定し，種々の試みを行い外国人旅行者の訪日を促している。例えば国際競争力のある国内観光地の整備，外国人向け旅行商品の開発，多言語表記案内などのインフラ整備，アジア諸国への査証（ビザ）発給条件の緩和，出入国手続の改善，拠点空港の整備，LCC（格安航空社）の誘致，国・地域ごとの観光需要を基に日本の観光地や日本向けツアー旅行の宣伝・広報の取り組などである（国土交通省・観光庁2016b）。

キャンペーンでは，当初「2010年に訪日外国人を1000万人にする」目標を掲げた。キャンペーン開始後，訪日外国人旅行者数は2003年の521万人から2008年の835万人まで順調に増えた。しかし，リーマン・ショック[23]（2008年）や東日本大震災（2011年）の影響で落ち込み，当初目標の1000万人を達成したのは2013年であった。なお，目標数や達成目標年は度々変更され，2012年3月に改定された観光立国推進基本計画では2016年までに1800万人，2020年初めまでに2500万人の訪日外国人を目標とした（日本政府観光局〔JNTO〕2017，および図8-1参照）。

2013年以降訪日外国人旅行者数は，これまでにないスピードで増加し，2015年には1974万人（前年比47.1％増）となった。その結果，1971年以来，44年ぶりに外国人旅行者数が出国日本人数（1621万人）を上回った。そして，2016年には，訪日外客数は急上昇し，2404万人となった（日本人海外旅行者数は，1712万人，図8-1参照）。

2）インバウンドを取り巻く日本の状況

2016年の訪日外客のなかで全体の4分の1強（26.5％）を中国からの旅行者（637万3000人）が占めた。そして，中国以外のアジア圏からの旅行者も増加している。韓国（509万人），台湾（416万8000人），香港（183万9000人）をはじめ，タイ（90万2000人），シンガポール（36万2000人），マレーシア（39万4000人）など東南アジアの伸び率は前年比20％を超える（日本政府観光局〔JNTO〕2017）。東南アジアからの旅行者が増えている一因には，ビザ取得要件の緩和があげられる（外務省2016）。

①訪日外国人旅行者が日本を訪れる目的

　金銭の使用方法を見ると，アジア圏の旅行者は，限られた旅行予算のなかで，買い物にかける割合が高い。一方欧米からの旅行者は，日本の歴史や伝統文化を体験するために長期間滞在するせいか，宿泊費にお金をかける傾向が強い（オーストラリアを筆頭に，スペイン，英国，ドイツ，フランス，イタリア，米国などが約10万～7万円を宿泊費に充てている。国土交通省・観光庁2017b）。

②日本滞在中の行動

　訪日外国人旅行者の動向は，「ショッピング」よりもむしろ日本の体験（日常生活体験，日本食を食べることなど）に期待し，満足度も高い（国土交通省・観光庁2017b）。今後のインバウンド政策にとり十分考慮すべき点である。

③役に立った旅行情報源

　訪日外国人旅行者の情報収集手段として，スマートフォンは不可欠である（国土交通省・観光庁2017c）。しかし，訪日外国人旅行者が増えているにもかかわらず，英語をはじめとする外国語への対応は十分とはいえない。そんな時，常に持ち歩くスマートフォンにガイドアプリがあればこれほど心強いものはない。翻訳アプリがあれば，外国語が話せない人ともコミュニケーションが可能である。訪日外国人旅行者が日本の旅先で知りたい情報にアクセスするには，今後インターネット環境の一層の整備が望まれる。

　この問題は，大都市部に限ったことではない。今後，日本を二度三度と訪れる外国人旅行者が増加すれば，団体旅行から個人旅行（FIT）[24]へ，大都市部から地方へと，旅のスタイルは変化する。旅行者は，さまざまな情報収集にスマートフォンを使ってインターネットにアクセスする。外国人旅行者の増加にあわせ，訪日外国人向け無線LANサービス，携帯型ルーター，プリペイド型スマートフォンの貸出や販売などのサービスのさらなる充実が必要である。

3）インバウンドの地方への広がり——広域観光周遊ルート

　「ゴールデンルート」という観光業界のキーワードがある。通常は，人気の高い観光スポットをまとめたルートを指す。しかし，インバウンドでは，東京，箱根・富士山，京都，大阪を巡るルートのことを指す。日本を代表する大都市

や観光スポットを網羅し，効率よく旅ができ，訪日外国人旅行者に人気がある。

　しかし，訪日外国人旅行者数2000万人を超えた今，団体旅行やパッケージツアーに頼らないFITも増加している。個人旅行者が増加すれば必然的に「日本でしたいこと」も多様化する。モノ消費からコト消費への変化が予想されるインバウンドでは，今後新たな体験を求め地方の観光資源に注目が集まる。そのため，政府による新たな広域観光ルートの整備が進んでいる。

　地方への誘客を考える場合，その地域には他にどのような観光スポットがあり，訪日外国人旅行者がどのような観光コースを巡って訪れるのかを知ることが重要である。そのため，観光庁は，複数の都道府県にまたがり，テーマ性・ストーリー性を持った一連の魅力ある観光地をつなげた「広域観光周遊ルート」を，合計11認定した（図8-2）。それは，魅力ある観光地を，交通アクセスも含めてネットワーク化し，外国人旅行者の滞在日数（平均6～7日）に見合った，訪日を強く動機づける「広域観光周遊ルート」を形成し，海外へ積極的に発信するものである。各地域からの広域観光周遊ルート形成計画の申請を受け，2015年6月12日に国土交通大臣が7件（No.1～7），また2016年6月14日に4件（No.8～11）の広域観光周遊ルート形成計画を認定した（国土交通省・観光庁2016b）。

　たとえば，東京から北上し，東北地方を縦断し，函館に抜ける「日本の奥の院・東北探訪ルート」（図8-2ルート②）は，東北の美しい自然と風土が育んだ歴史文化を探訪するコースである。また，瀬戸内の自然や歴史，現代アートを堪能できる「せとうち・海の道」（図8-2ルート⑤）は，ゴールデンルートの延長線上にあり，関西国際空港や山陽新幹線へのアクセスが良いコースである。「温泉アイランド九州」（図8-2ルート⑦）は，全国一の温泉源泉数と湧出量を誇る温泉と古くから海外との窓口だった歴史が育んだ豊かな食文化を体験できる九州7県を巡るコースである。

　このように国や自治体が中心となり，インバウンド誘客に向けて広域観光コースを設定している例は数多くある。自分の地域がどのようなコースに組み込まれているのか，また，どの国からの外国人旅行者・訪問者に向けて広報を行っているのかを知ることは，インバウンド施策を進めるうえで必要である。

第 8 章 自治体が消滅する前にできること

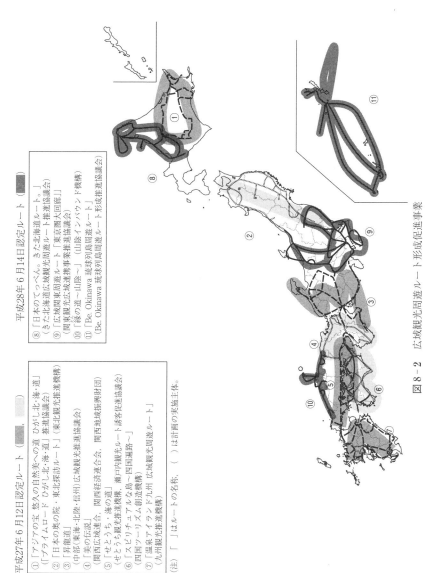

平成27年6月12日認定ルート（　　　　）
① 「アジアの宝　悠久の自然美への道　ひがし北・海・道」
　（「プライムロード ひがし北・海・道」推進協議会）
② 「日本の奥の院・東北探訪ルート」（東北観光推進機構）
③ 「昇龍道」
　（中部・北陸・信州 広域観光推進協議会）
④ 「美の伝説」
　（関西広域連合、関西経済連合会、関西地域振興財団）
⑤ 「せとうち 海の道」
　（せとうち観光推進機構、瀬戸内観光ルート誘客促進協議会）
⑥ 「スピリチュアルな島〜四国遍路〜」
　（四国ツーリズム創造機構）
⑦ 「温泉アイランド九州 広域観光周遊ルート」
　（九州観光推進機構）

（注）「　」はルートの名称、（　）は計画の実施主体。

平成28年6月14日認定ルート（　　　　）
⑧ 「日本のてっぺん。きた北海道ルート。」
　（きた北海道広域観光周遊ルート推進協議会）
⑨ 「広域関東周遊ルート「東京圏大回廊」」
　（関東観光広域連携事業推進協議会）
⑩ 「縁の道〜山陰〜」（山陰インバウンド機構）
⑪ 「Be. Okinawa 琉球列島周遊ルート」
　（Be. Okinawa 琉球列島周遊ルート形成推進協議会）

図 8 - 2　広域観光周遊ルート形成促進事業

出典：国土交通省・観光庁（2016b）より筆者作成。

233

政府は「明日の日本を支える観光ビジョン」を策定し，2020年までに訪日外国人旅行者数を2015年の約2倍の4000万人とすることを目標としている（国土交通省・観光庁2016a）。現在のホテル不足の状況が示すとおり，すでに東京・大阪・京都などの大都市圏だけでまかなえる規模ではない。各地域の国際空港や港なども活用しながら，新しい観光ルートを整備し，各都道府県に旅行者を分散させることなしに目標達成は不可能である。そのためにも，「広域観光周遊ルート」を中心とする大都市圏以外の観光ルートの整備が必要不可欠となる。

　日本には四季があり，同じ場所を訪れても季節によりその風景や体験が異なる。季節が変われば，食材や料理も変わる。四季によって変化する「自然」と「食」がある。この2者は，訪日外国人旅行者が再び日本を訪れるきっかけとなる大きな武器であり，各地域にはたくさんの宝がある。それらの有効活用を期待する。

4）地方におけるインバウンドの課題

　訪日外国人数は今後も順調に拡大していくと予想される。「明日の日本を支える観光ビジョン」では，2020年訪日外国人旅行者数目標を2015年の約2倍の4000万人，2030年には6000万人と定めている。また，2016年の訪日外国人延べ宿泊者数は，7088万人泊（前年比＋8.0％）で調査開始2007年以降最高であった[25]（国土交通省・観光庁2016a）。

　また，三大都市圏と地方部で外国人延べ宿泊者数の対前年比を比較すると，三大都市圏で＋4.8％，地方部で＋13.2％と，地方部の伸びが三大都市圏の伸びを上回る[26]（国土交通省・観光庁2016a）。

　そこで，これからの課題としてあげられるのが宿泊施設の不足問題である。

①不足する宿泊施設

　「シティホテル」や「ビジネスホテル」などのホテルタイプは全国平均で稼働率70％を超えている。それに対し，「旅館」の稼働率は37.9％である。慢性的な宿泊施設不足が叫ばれるなか，その受け入れ先として旅館の人気は高くない。その理由はなぜであろうか。

　はじめて日本を訪れる旅行者は，まずは日本らしい場所を訪れようと，東京，

大阪，京都という，いわゆるゴールデンルートを巡ることが多い。そのため，東京や大阪での宿泊需要が高まることになる。日本を訪れる外国人旅行者がこのまま増え続ける限り，この傾向は大きくは変わらないと思われる。

　土地の食材で作られた食事を楽しみ，都会の喧騒を離れゆっくりと過ごせるのが旅館の魅力である。事実，訪日外国人旅行者が滞在中にしたこと，次回訪日時にしたいことの上位は「日本食を食べること」「温泉入浴」「日本酒を飲むこと」「自然・景勝地観光」「繁華街の町歩き」「旅館に泊まること」などがあげられている。これらを満足することができるのが「旅館宿泊」である（国土交通省・観光庁2016a）。

　しかし，外国人旅行者に「旅館宿泊の魅力」が十分に伝わっていない。また，1泊2食が前提の旅館宿泊プラン，温泉のような共同浴場といった旅館の特徴が，日本の文化に不慣れな外国人旅行者から敬遠されている可能性もある。また，旅館は中小都市に多く，情報発信や受け入れ体制が不十分な点もある。そのため外国人旅行者の宿泊先の候補として選ばれにくい。これらを改善するには，各旅館と，観光エリアを管轄する各自治体からの情報発信を強化することが必要である。

②日本の文化の理解——温泉の情報提供

　今後増加が予想されるインバウンドの旅館宿泊「温泉・FIT」の組み合わせに対し，どのような対策が必要であろうか。訪日外国人旅行者が「日本の文化」（例えば温泉入浴ルールとマナー）を理解するには，日本側の情報提供が不可欠である。Webサイトでの情報提供が十分であれば，宿泊先の候補として選ばれる可能性も高まる。温泉旅館施設内のポスターやパンフレットが充実していれば，利用者の疑問や不満も解消されやすくなる。これらの情報発信には英語や中国語など多言語対応はもちろんのこと，言語だけでなくイラストや写真などのビジュアルな説明が必要である。また，外国人観光客の模範となるように日本人利用者向けの啓蒙活動も重要な要素である（MC Catalog+2016）。

　日本人が当然と考える日本の文化・風俗・習慣も，訪日外国人旅行者にとっては，新たな学習体験である。したがって，異文化体験に敬意を表しつつ，詳細にわたる情報発信が求められる。

③多言語での情報提供

　外国人旅行者が快適に安心して日本国内を旅するためには，インターネット環境の整備だけでは不十分である。あわせて，さまざまな言語での情報提供が必要となる。それは観光案内所や行政機関，空港や駅などの公共の交通機関だけが行えばよいというものではない。

　海外旅行で食事をする時，「日本語メニュー，あります」とあるだけで安堵感を覚える日本人は多い。同様に，訪日外国人旅行者にとっても母国語やなじみのある言語の案内があるだけで心強い。英語はもちろんのこと，最近のアジア圏からの旅行者の増加を考えると，中国語簡体字，中国語繁体字，韓国語，タイ語などの表記もこれから必要となってくる。

　「明日の日本を支える観光ビジョン」に基づき，2020年，さらにはその先を見据え，「観光先進国」の実現に向け，訪日外国人旅行者が快適に観光を満喫できる環境整備を促進する必要がある。インバウンド施策に近道はない。訪日外国人旅行者の希望を叶え，不満をひとつずつ解消していく。このような地道な取り組みの積み重ねが大事である。これらの課題を解決すれば，インバウンドが地域活性化の起爆剤となる。

5）インバウンドにおけるICTの活用

　今後，インバウンドの更なる伸長にはICT活用が不可欠である。

①政府・自治体によるWi-Fi整備

　日本政府は，2020年の東京オリンピックおよびパラリンピック開催に向け，訪日外国人旅行者数4000万人を目標としている（国土交通省・観光庁2016a）。そのため，総務省は訪日外国人旅行者が，インターネット環境を快適に利用できるよう，「SAQ2（サクサク）JAPAN Project」を発表した（総務省2014）。それは，すでに世界最高水準となっている日本のICTを訪日外国人旅行者も「サクサク」利用できるよう，「選べて」（Selectable），「使いやすく」（Accessible），「高品質な」（Quality），ICT利用環境の実現を目指すものである。ほかにも，自治体主導でのWi-Fi（インターネット回線の無線利用）整備に対し，2015年は14億円の予算を充てた。主に，観光地や防災拠点へのWi-Fi整備を促進して

いる（例えば「かがわ Wi‐Fi 高松」高松旅ネット2017）。

2020年の東京オリンピックおよびパラリンピック開催まで，残された時間は少ない。昨今の訪日外国人旅行者数の記録を見る限り，すでに多くの外国人が日本を訪れている。しかし，その多くが大都市圏以外の市町村に足を向けているとは言えない。Wi‐Fi 環境の整備は，訪日外国人旅行者が中小都市を訪れたいと思う条件の一つである。そのため，各自治体が早急にインターネット環境を整備し，訪日外国人向けのインバウンド対策を推し進めることが急務である。

②ビッグデータの活用

近年，インバウンドにおけるビッグデータの活用は重要なテーマになっている。訪日外国人旅行者は，買物，宿泊，食，交通，娯楽，レジャーなど多種多様なことにお金を使う。各項目についてさまざまな企業がビッグデータを保有している。

流通業は国別の購買データを蓄積。クレジットカード会社は訪日外国人旅行者のカードの利用情報を保有。ネット予約サイトも当然のことながら，顧客の予約状況を把握している。幅広く行動履歴を蓄積し，データとして提供する企業もある。

例えば，訪日外国人旅行者向けの乗り換えアプリを考えてみる。月間2〜3万人のユーザーが日本国内でこのアプリを利用することで，乗換検索のログやアプリユーザーの動向データが蓄積されていく。そのため，訪日外国人旅行者の乗換検索の実態が瞬時に判明する。他にも，SNS の解析データでは，Twitter や Weibo でのつぶやきを分析することで，訪日外国人旅行者の行動傾向や嗜好性を明確にすることができる（MC Catalog+2017b）。

2017年1月に，観光庁が訪日外国人旅行者の観光動態データを発表した（国土交通省・観光庁2017c）。これは携帯電話の基地局情報，GPS 情報，SNS での投稿情報など，ICT を活用して収集したデータを分析したものである。

このようにさまざまなビッグデータを入手することが可能である。しかし，ビッグデータを分析のためだけのデータに終始させず，むしろ，分析結果をどのようにしたら問題解決の対策につなげていくか，という視点を持つことが重

要である。そうでなければ，貴重なビッグデータを得ても，その特性を活かすことはできない。ビッグデータをより有効に活用するには，「分析をした上で具体的な対策につなげる」ことが重要である。この点に留意しながら，インバウンドにおけるビッグデータの活用に目を向けることが必要である。

③北海道ではじまったクラウドで「旅行者の声」を分析

　北海道は，食と豊かな自然で知られる日本有数の観光地である。訪日外国人旅行者などのインバウンドをさらに呼び込み，地域経済を活性化したい，というのが道内の企業・団体に共通する思いである。北海道経済部観光局調べによると，訪日外国人来道者数は，2004年度には42万人であった。しかし，10年後の2014年度には154万人と約3.6倍になった（北海道観光振興機構2017）。日本国内の他の地域と同様に，北海道においてもインバウンドによる消費は地域経済の大きな部分を占めるようになっている。そこで，海外からの観光客が求めているものを正確に把握し，地元企業がそれに応えられるようにすることが官民どちらにとっても急務となっている。

　札幌市の広告会社・インサイト（INSIGHT）は，そうした思いに応えようとクラウドを使ったソーシャルリスニング[27]を事業化し，日英中（簡体および繁体）3カ国語でソーシャルメッセージを収集・分析する「INSIGHT PLUS」の提供を開始した。顧客企業・団体に提供されるのは，キーワード出現頻度分析，多次元尺度構成図，共起ネットワーク図である（日経BP社2016b）。

　INSIGHT PLUSには，北海道経済を活性化するための道具としての期待もかかる。宿泊施設や観光業に限らず，さまざまな業態・業種で使うことができる。道内企業・団体のインバウンド対応が進むことにより，北海道により多くの外貨が落ちることになる。道内農産物の輸出を模索する企業・団体にも，テストマーケティングのツールとして使える可能性が高い。北海道にある資源とグローバル性を結び付け，道内の企業・団体を活性化することが可能である（日経BP社2016b）。

（6）シェアリングエコノミーと地域活性化

　これまで，主としてICTを活用しての新しい地域づくりを紹介してきた。

その最後の例として,「シェアリングエコノミー」とそれから生まれる「シェアリングシティ」を取り上げる。このトピックは,本書第6章で人口減少が日本全国で最も厳しい状態にある秋田県五城目町古民家活用の「シェアビレッジ」による地域再生ですでに紹介している。

1)「シェアリングエコノミー」とは

「シェアリングエコノミー」は,情報社会に発達したソーシャルメディア（SNS）の普及がもたらす新たな社会経済的変化で,個人が保有する遊休資産（スキルのような無形のものも含む）の貸出しを仲介するサービスである。貸主は遊休資産の活用による収入,借主は所有することなく利用できる利点がある。貸し借り（シェア）成立には信頼関係の担保が必要で,ソーシャルメディアの特性である情報交換に基づく緩やかなコミュニティ機能・ICT（とくにスマートフォン中心とした）産業を活用する（総務省2016b,第2部）。

シェアリングエコノミー発足・普及の背景にはインターネットやスマートフォン・タブレット端末の普及などテクノロジーの発展がある。インターネットが整備され,端末によってそれを手軽に利用できるようになり,シェアリングエコノミーは急速な成長を遂げてきた。

利用者（借主・ユーザー）は,スマートフォン一つでいつでもどこでもシステムを利用できるようになり,サービスを受けやすくなった。一方,システムを提供する供給側（貸主）はサービスを提供しやすい環境が整った。従来専用機や特別なシステムで管理されていたものが,全てスマートフォンひとつでアクセスできるようになった。そのため,システムを提供する供給側が,ユーザーや情報を管理しやすくなった。これがシェアリングエコノミーを広げる要因になった（シェアリングエコノミーラボ2016）。

シェアリングエコノミーはシリコンバレーを起点に欧米を中心に成長した。発祥は,2008年「民泊」仲介サービスを始めた米国のAirbnb[28]（「エアビーアンドビー」）である（Airbnb2017）。その後も車・ペットシッター等,個人間でモノの貸し借りを仲介するサービスが登場している。

日本では2016年2月,東京都大田区で一般住宅の空き部屋等を宿泊所として

提供する「民泊」が解禁された（大田区ホームページ2017）。今後，2020年オリンピック・パラリンピック東京大会を控え，訪日外国人客の増加と共に，民泊の需要が見込まれる。その一方で，旅館業法に抵触する恐れのある民泊サービスが広がりを見せている。そのため，大田区は民泊サービスをルール化し，行政が関与し，安全性・衛生面に配慮した滞在施設を提供する環境を整備するために，国家戦略特別区域法の旅館業法の特例を活用した。それは，羽田空港がある大田区で訪日外国人客が滞在できる環境を整備し，地域経済の活性化，観光，国際都市の推進につなげていくことを意図する。

２）シェアリングエコノミーの地域活用のメリット

シェアリングエコノミーが各地域で注目される理由は，地方自治体が抱える構造的な課題にある。少子高齢化や過疎化など多岐にわたる課題を持つ地方自治体は，予算面，人員面ですべての課題を公共サービスで解決していくのは困難である。そこで現状の公共サービスの代わりに，地域の住民の生活を便利で豊かなものにしていく方法として注目されているのが，すでに地域の中にある遊休資産（地域力）の有効活用，つまり「シェアリングエコノミー」である。したがって，各地域にこそシェアリングエコノミーの利点がある（シェアリングエコノミーラボ2016, 2017）。

３）シェアリングシティ

近年日本でも，シェアリングエコノミーが広がりつつある。その中で政府は，産業や地域経済をより一層活性化させるために，「日本再興戦略 2016」（首相官邸2016）で，シェアリングエコノミーを重点施策の一つに位置づけ，地域とシェアリングエコノミーを連携し，地域社会再生につなげることを意図する。

そして，2016年11月，秋田県湯沢市，千葉県千葉市，静岡県浜松市，佐賀県多久市，長崎県島原市の５市長が，「シェアリングシティ宣言」を発表した。それは，IT企業を中心に約120社が加盟する「一般社団法人シェアリングエコノミー協会[29]」が呼びかけたもので，自治体が複数のシェアリングサービスを活用することで地域課題の解決を目指すものである。

例えば，人口減少や税収減などの課題に直面するなかで，子育てや観光施設の活用アイデアなどをインターネット上で共有。民間活力を生かした街づくりを目指すものである。

シェアリングエコノミー協会は，2016年12月小池百合子東京都知事に「シェアリングシティ東京」の提案を行っている。小池知事の掲げる3つのシティ「ダイバー・シティ，セーフ・シティ，スマート・シティ」(30)に対し，シェアリングエコノミー協会は，シェアリングシティで実現できることを説明した。そして，初年度2017年には7回の会合（Meetup）と11月8～9日に「シェア経済サミット2017」を開催した。2020年東京オリンピック・パラリンピックを例に，ボランティアや資金調達・移動手段・国際交流・宿泊やイベントスペース確保にシェアリングエコノミーを活用できる。また，シェアリングエコノミーとブロックチェーン（ビット・コイン）活用により，2020年以降の東京都が，低コストで共助な社会づくりを世界に向けて発信できる（シェアリングエコノミー協会2017）。

小池東京都知事は，「新技術でも常にイニシアティブを取りたい」（日経BP2018）としている。東京の魅力発信には「オールド・ミーツ・ニュー」（Tokyo Old meets New）で，古いものがあるからこそ新しい技術革新が導入されても似合う街づくりが必要とされる。例えば，渋谷のスクランブル交差点のように大勢の人が歩いているにもかかわらずそこには整然とした規律の存在が感じられる。そのためには，日本の首都東京が新技術に関し常にイニシアティブをとれるような街づくりを推進することが必要である。

4）シェアリングシティ宣言をしている自治体
そこでシェアリングシティ宣言をしている5市の取り組みを簡単に紹介する。
①秋田県湯沢市
湯沢市は株式会社 AsMama（アズママ）(31)と提携することで「子育てシェアリング事業」を実施している。それは，顔見知りや身近な人とのつながりを土台とした「ご近所の頼り合い」の形で，インターネットを介して子育ての手伝いを依頼する。知人等でつくるグループ内で，インターネットサイトに各自登録

し，預かりのお願いをする。それに対し，登録している友人知人が，自宅で有料で託児をする，というシステムである[32]。

②千葉県千葉市

千葉市は「ちばしファミリー・サポート・センター」がICT活用による子育てシェアリングプログラムのマッチングに取り組んでいる。その主旨は，行政による（公助）支援ではなく，市民相互の助け合い（共助）活動である。例えば，子育てのお手伝いをしたい人（提供会員）と子育ての手助けをして欲しい人（依頼会員）で組織し，地域の会員同士で子育てを支援する相互援助活動である。子どもを預かる・預けることだけでなく，活動を通じ新たな交流が生まれ，地域で人間関係を構築しいくことができる（千葉市役所2017）。

③静岡県浜松市

2005年，天竜川・浜名湖地域12市町村が合併し，人口80万人を超える静岡県下最大規模の都市，新「浜松市」が誕生した。12市町村の合併のために，多くの課題がある[33]。そこで，浜松市はシェアリングエコノミーを積極的に活用し，問題解決に取り組んでいる。例えば，中山間地域活性化には民泊などの体験型旅行を，また，余っている（遊休）公共施設は「スペースマーケット」[34]と提携し，スペースニーズのマッチングを進めている（浜松市2017）。

④佐賀県多久市

多久市では，インターネットを駆使した活動が中心で，働きたくても働けない人のために「クラウドワークス」[35]と提携し，在宅ワークの提供に力を入れている。インターネットを通し，個人が企業などから仕事の発注を受ける「クラウドワーカー」の育成を行い，子育て中の主婦から70代までの幅広い年齢の人が時間や場所にとらわれずに働くことを可能にする。また，多久駅前の「ワーキングサポートセンター」は，ローカルシェアリング事業（働く人の支援）と，チャレンジショップ事業（起業希望者が経営ノウハウ習得のため，専門家による指導を受ける）を行っている。今後，「着地型観光」[36]に特化したサービスを提供する企業と連携し，地元の人が地域を案内し，地域活性化につなげる予定である（多久市役所2016）。

第 8 章　自治体が消滅する前にできること

⑤長崎県島原市

　島原市は，観光サービス「TABICA（たびか）」（運営はガイアックス）と提携した。それに伴い，TABICAサイト内に島原市特設ページを開設し，島原市の地元の暮らしを通して歴史や文化を知ることができる4つの観光体験を公開した（トラベルボイス2017，ガイアックス2017）[37]。また，島原市はキーワードの「観光を手入れする」をもとに，例えば，島原城天守閣を活用した市民がつくる体験型ツアーなど，シェアリングエコノミーを積極的に活用し新しい観光サービスを生み出している。

　シェアリングエコノミーは，地域が持つ幅広い課題を効率的に解決できる。しかし，法規制など課題も多く，導入に躊躇する自治体も多い。また，地域の課題はそれぞれ異なり，解決法は多様である。そこで，地方自治体は，まず各々が持つ課題を明らかにし，それらの課題が「遊休資産で解決できないか」，「どのようなシェアリングサービスが合うのか」を分析し，シェアリングエコノミーを導入すべきである。

3　地域再生に必要な意識——マイナスの地域力をプラスに

（1）北海道東川町

　最後に，「地域力」で立ち向かう人口減少社会をテーマにした本書を終わるにふさわしい「北海道東川町」の例を紹介する。それは，マイナスの地域力をプラスに変える意識改革の基にまちづくりを実践してきたからである。

　東川町は，北海道のほぼ中央に位置し，旭岳を中心とした大雪山を見渡す自然豊かな人口8000余りの小さな町である。旭川市と隣接する東川町は，国道，鉄道，そして上水道の「3つの道」がない町として知られる（全国町村会2012b，エキサイト2017，事業構想2017c）。しかし，多くの地域活性化プロジェクトを実践し，小さな町は活気にあふれ，まちの人口は，過去20年余り継続して増加している。

　東川町は，1985年「写真の町宣言」を発表し，写真関連のさまざまな取り組[38]

みを地道に継続してきた。それが町全体に根付き,『写真甲子園』という,映画にまでなり,全国から多くの人たちがやって来る。また,生まれた子どもに手作りの椅子を贈る「君の椅子プロジェクト」,本来事務的な書類にしか過ぎなかった届出書類を記憶に残る記念品として贈る「新・婚姻届」「新・出生届」など,ユニークな施策を次々と打ち出している（全国町村会2012b,エキサイト2017,事業構想2017c）。

（2）東川町の人口増加の理由

多くの自治体にとり人口減少は共通の課題である。かつては東川町も例外ではなかった。東川町の人口は1950年の1万723人をピークに減少が続き,1995年には7211人にまで減少した。しかし,翌年から徐々に移住者が増え,2015年には42年ぶりに念願の8111人に回復した。2015年国勢調査では,道内全179市町村の人口増加率で,東神楽町（10.1％増）に次ぎ第2位（3.2％増）となった。そのため,北海道では札幌市（人口195万人）に次ぐ人口第2位の都市旭川市（人口34万人）隣接のベッドタウンとしての人気が定着しつつある。（東川町2015,北海道総合政策部情報統計局2016）。

東川町は住宅関連の施策も充実している。そのため隣接の旭川市のベッドタウンとしての伸びと想像しがちである。しかし,必ずしもそうとは言えない。東川町の人口増加は特定の年に大きく増加したのではない。1年あたりの増加は50〜100人程度である。したがって,東川町の人口増加は旭川市のベッドタウン化のみとは言えない。1995年からの人口増加期間の昼夜間人口比率は100％を少し超える。東川町から旭川市に働きに出る人が約1200人に対し,旭川市から東川町に働きに来る人が約1300人である。東川町にも雇用があることがわかる。東川町の場合,古くから木工関連の産業が集積していた。そして,まちづくりの諸施策が功を奏し,人が集まるようになってきた昨今では,サービス業のニーズもある。そのため,関連産業の雇用も増えている（東川町2015）。

上水道がないと不衛生というイメージを抱く。しかし,東川町では旭岳の雪解け水のおかげで,地面を20メートルも掘れば豊かな水脈に到達する。そのため,町民は塩素消毒のない美味しい水を贅沢に使用する。東川町は,上水道が

第8章　自治体が消滅する前にできること

ないこと（マイナスの地域力）をむしろ逆手に取り，「おいしい水，うまい空気，豊かな大地」の3本柱でまちをPRすることにした。まさにマイナスをプラスに変える発想の転換である（全国町村会2012b）。

（3）単独自立への道と意識改革

　東川町近隣町村では，2003年から2004年ごろにかけて合併の議論が広く展開されていた。しかし，東川町は2003年に単独自立の道を選択し，「受身姿勢」から「積極姿勢」に意識を変え，町の素晴らしい地域資源・地域力を活かした取り組みを開始した。それは，「地方公務員は，住民福祉向上を実現する立場で何をするかを問う自覚が必要」との認識に基づく。そのためには，「自らの意識を変え（Change）」，「目標に向かって挑戦する（Challenge）」積極的姿勢をもち，「好機（Chance）」を逃がすことなく施策の実現に当たる，という3つのChaの「動く」精神を認識した。このような動きの中で，前述の「君の椅子プロジェクト」「新・婚姻届」「新・出生届」「中学校の木製の椅子と机」など，ユニークな施策，子育て支援環境の充実（幼児センター，地域子育て支援センター，学童保育センター，数々の児童手当，地域コミュニティ活動の支援）などが具現化している。また次代を担う子どもたちが郷土愛を育む教育環境の整備を図っている（全国町村会2012b）。

　東川町の地域再生は，東川町職員をはじめ，町民の意識改革，自主性確立の結果である。そこには，地域の資源を冷静に見つめ，マイナスの資源をプラスに転換する積極的な態度が読み取れる。それは，島根県海士町の「ないものはない」（本書第7章参照）の精神に通ずる。

　地域のマイナス資源をプラス志向に転換する積極性は，地域に確固たる「自分たちの町文化」を創り出すことにつながる。プラスであれ，マイナスであれ，各地域固有の「地域力」を活用することで，「自分たちの町文化」が生まれ，地域社会再生は可能となる。そのような肯定的態度で臨むことで，たとえ「消滅可能性自治体」の汚名を着せられた地域でも再生は可能である。地域活性化，そして地域再生には，地域住民の意識改革と自主性確立が必須である。

　本書冒頭で指摘したように，日本社会全体が「人口減少社会」に直面してい

る。そして，本書では，各自治体により人口減少の度合いに緩急の差が存在することを実証した。すなわち各都道府県はもちろんのこと，同一県内でも同じことが言える。特に人口減少が著しい県の自治体を精査すると，市町村によって大きな差異があることが明らかになった。数的には人口減少が顕著でも，特色あるプログラムを展開し，地域再生・活性化に結び付けている自治体が多くあった。地域再生に最も必要なことは，伝統的な地域再生モデルにこだわらず，各自治体固有の地域力を知り，それを将来に向けて活かす未来志向に他ならないことが分かった。

　このような，地域住民の意識改革，自主性確立，そして未来志向により，各自治体は，地域再生を果たすことができる。2040年時点で，たとえ人口が減少しても，地域力を活かした地域独自の施策導入により，産業・文化・自然が融和した地域社会が再生される。そのことを確信しつつ，また祈りつつ筆を置く。

注
（１）「副都心」は，大都市市街地周辺に成立し，都心の機能を代替する副次的な中心。大都市では，郊外住宅地の発展により，通勤距離が拡大し，通勤交通の接続点などに，鉄道沿線の地域を後背地とした繁華街が成立する。これが副都心とよばれる。東京の新宿，渋谷，池袋，大阪の梅田，天王寺などは代表的なもの（日本大百科全書2016）。
（２）『日本列島改造論』（田中角栄著，日刊工業新聞社，1972年。現在は絶版）は明治元（1868）年からの約100年，日本は東京一極集中が進んだ歴史だったと指摘。その流れを変えるために，「国土維新」を掲げた。日本の産業構造と地域構造を積極的に改革し，過密と過疎の弊害を同時に解消し，産業と文化と自然が融和した地域社会を全国土に広めることを目的とした。具体的には，都市と地方を結ぶ鉄道網，高速道路網を整え，地方に工業を再配置して，地方で豊かに暮らせる国づくりを唱えた。その後の国土開発の基礎となった半面，公共事業の拡大，開発主導による地価上昇を招いた（朝日新聞2015）。
（３）ICT は「Information and Communication Technology（インフォメーション アンド コミュニケーション テクノロジー）」の略語で日本では「情報通信技術」と訳されている。最近では情報通信技術を利用した情報や知識の共有・伝達といったコミュニケーションの重要性を伝える意味で IT よりも ICT の方が一般

第8章　自治体が消滅する前にできること

的に使われるようになってきた（NTT 西日本2016）。
（4）「モノのインターネット」（IoT：Internet of Things）というキーワードで表現されるコンセプトは，自動車，家電，ロボット，施設などあらゆるモノがインターネットにつながり，情報のやり取りをすることで，モノのデータ化やそれに基づく自動化等が進展し，新たな付加価値を生み出す。これにより，製品の販売に留まらず，製品を使ってサービスを提供するいわゆるモノのサービス化の進展にも寄与する（総務省2017a）。
（5）「ICT ブイ」通信モジュールとセンサーを搭載し，取得するデータをクラウドサーバーへ送信する仕組みを持つ。係船や航路標識のための浮標（DRONE PRESS2017b）。
（6）　LPWA（Low Power Wide Area）は少ない消費電力で，数キロ単位の距離を通信できる無線通信技術の総称。機器のバッテリー消費を抑えながら，データを収拾する基地局まで電波を届けることが可能で，特に IoT 向けなどに有用な技術（IMPRESS2017）。
（7）　一般社団法人救急医療・災害対応無人機等自動支援システム活用推進協議会（Emergency medical and Disaster coping Automated drones support system utilization promotion Council：EDAC）は，2016年1月設立された。主旨は，「IoT，ウエアラブル，クラウド，そしてドローンなど最先端テクノロジーを救命のために活用する」こと。
（8）「子ども・子育て支援新制度」は，幼児期の学校教育や保育，地域の子育て支援の量の拡充・質の向上を進める。2015年4月施行（内閣府2015年4月改訂版）。
（9）「株式会社たからのやま」の業務内容は，事業創出支援事業，製品共同開発事業，エンジニア・クリエーター・コミュニティの育成事業の3つに大別される。
（10）「ICT を利用した次世代型徘徊者捜索」は，2016年12月1日，鹿児島県肝付町の徘徊模擬訓練で LiveRidge が開発した LPWA（Low Power, Wide Area）」を活用した認知症高齢者の見守り捜索クラウドサービス「LiveAir」のプロトタイプを用い，捜索実証実験を実施・実現した（日経 BP 総合研究所2017a）。
（11）「顔認証による徘徊抑制サービス」は，あらかじめデータベースに登録した人物の顔画像と，監視カメラが捉えた人物の顔画像を高速・高精度に自動照合。顔認証エンジンを搭載した顔認証ソリューション（「NEC ソリューションイノベータ」2017）。
（12）「ハッカソン（Hackathon)」とは，ハック（Hack）とマラソン（Marathon）を掛け合わせた造語。エンジニア，デザイナー，プランナー，マーケターなどがチームを作り，与えられたテーマに対し，それぞれの技術やアイデアを持ち寄り，

短期間（1日〜1週間程度）に集中してサービスやシステム，アプリケーションなどを開発（プロトタイプ）し，成果を競う開発イベントの一種（Weblio2016）。

(13) 「クラウドサービス」は，クラウドコンピューティングの形態で提供されるサービス。インターネット上のネットワーク，サーバ，ストレージ，アプリケーション，サービスなどを共有化し，サービス提供事業者が，利用者に容易に利用可能とするモデル。主に SaaS（Software as a Service），PaaS（Platform as a Service），IaaS（Infrastructure as a Service）の3つの形態で提供される（総務省2017a）。

(14) 島根県教育委員会では，重点施策「ふるさと教育」を，平成17（2005）年度から県内全ての公立小中学校・全学年・全学級で推進している。地域の自然，歴史，文化，伝統行事，産業といった教育資源（「ひと・もの・こと」）を活かし，学校・家庭・地域が一体となって，ふるさとに誇りを持ち心豊かでたくましい子どもを育むことを目的とする。自分たちの地域にある課題に正対し，地域の一員として地域に貢献し，地域を大切にする心を養う（島根県立隠岐島島前高校2017）。

(15) サイボウズ株式会社は，「チームワークあふれる社会をつくる」を企業理念におき，1997年の創業以来一貫して組織のチームワーク向上を支援するツールを開発・販売を手がける。「サイボウズ Office」「ガルーン」「kintone」「メールワイズ」「サイボウズ Live」の5製品を主力に展開し，現在国内680万人の顧客を持つ（サイボウズ株式会社2016）。

(16) kintone は，開発の知識がなくても自社の業務に合わせたシステムを簡単に作成できるサイボウズのクラウドサービス。業務アプリを直感的に作成し，チーム内で共有使用。社員間の結束を活性化する社内 SNS としての機能も備え，スピーディーに情報共有が可能。。

(17) 「一般社団法人小さな拠点ネットワーク研究所」（島根県邑智郡 邑南町）は，人口減少がすすむ日本で，コミュニティや地域社会の新たな運営方法を実証研究すべく2016年に設立（益田市2017）。

(18) 「CMR」（customer managed relationships, customer management of relationships 顧客によるリレーションシップ管理）企業が顧客との関係性（リレーションシップ）を重視した経営を行うに当たって，顧客側に自社との関係の在り方（コンタクトの方法・タイミング・頻度，内容など）を設定・管理する権限を委譲することで，顧客の信頼を得，カスタマ・ロイヤリティを高めようとする経営コンセプト（ITmedia エンタープライズ2018）。

(19) 「アドホック分析」とは，市場調査やビックデータ処理の際に用いられる分析手法。「アドホック」とはラテン語（ad hoc）で，「限定目的のための」という意

第 8 章　自治体が消滅する前にできること

　　　味合い。データ分析には「調査の設計，対象者の選択，調査，集計，分析」工程
　　　が必要であるが，それらいずれもが 1 回完結で行われる（ボクシル/Boxil マガ
　　　ジン2016）。
(20)　「ふるさと投資」は，連絡会議―地方公共団体・地域金融機関・支援団体等の
　　　関係者が，資金の大都市から地方への流れや地域内での循環，住民による直接的
　　　な資金提供のしくみとして，ふるさと投資の普及・促進を行うことを目的として
　　　設立（内閣府地方創生推進事務局，平成26年10月31日設立）。
(21)　インバウンドおよび，アウトバウンドに関する説明は，本書第 7 章和歌山県高
　　　野町参照。
(22)　2003（平成15）年 1 月に当時の首相であった小泉純一郎が「2010年に訪日外国
　　　人を1000万人にする」と観光立国を宣言し，2003年 4 月に国土交通大臣を本部長
　　　とする「ビジット・ジャパン・キャンペーン実施本部」を設けてキャンペーンが
　　　始まった（日本大百科全書2016）。
(23)　「リーマン・ショック」（Lehman shock）は和製英語で，英語圏では the col-
　　　lapse of Lehman Brothers, Bankruptcy of Lehman Brothers, the financial crisis
　　　（of 2007‒08）と表すことが多い（日本大百科全書2016）。
(24)　FIT（Foreign Independent Tour）は，団体旅行やパッケージツアーを利用す
　　　ることなく個人で海外旅行に行くこと。Free Individual（Independent）Travel-
　　　er ともいう（JTB 総合研究所2017）。
(25)　2007年2265万人泊，2016年6407万人泊。なお，2007年は従業者数10人以上の施
　　　設のみ調査対象としていたため，2015年12月との比較では，従業者数10人以上の
　　　施設で行っている（国土交通省・観光庁2016a）。
(26)　三大都市圏とは，「東京，神奈川，千葉，埼玉，愛知，大阪，京都，兵庫」の
　　　8 都府県をいう。地方部とは，三大都市圏以外の道県をいう（国土交通省・観光
　　　庁2016a）。
(27)　「ソーシャルリスニング」とは，ソーシャルメディアやブログなどで人々が日
　　　常的に語る会話や自然な行動に関するデータを収集，調査・分析を行い，「市場
　　　調査」「キャンペーン反響測定」「ブランド調査」などに利用するもの（market-
　　　ing Bank2017）。
(28)　Airbnb（「エアビーアンドビー」2008年 8 月創業，本社・カリフォルニア州サ
　　　ンフランシスコ）は，世界中のユニークな宿泊施設をネットや携帯やタブレット
　　　で掲載・発見・予約できる（Airbnb2017）。
(29)　「一般社団法人シェアリングエコノミー協会」は，2015年12月設立。協会設立
　　　趣意書には以下のように記されている。「…シェアリングエコノミーが，これか

らの日本経済の発展を支える仕組み・概念の一つになることを目的に，今後この協会が中心となって様々な活動を行っていきます。法的な整備をはじめ，事業者やユーザーが前向きにシェアリングエコノミーに参加し，盛り上げていける土壌を作っていきながらも，トラブルなどあらゆることを想定し，対応策を整えていきます。そうすることで，シェアリングエコノミーが持つ可能性を，豊かな社会の実現につなげていきたいと考えています。」（シェアリングエコノミー協会2017）。

(30) 「ダイバーシティ」（diversity）は「多様性」のことでひとつの単語。東京都の小池知事の言う「ダイバー・シティ」は，「シティ」（city）をもじったもの。

(31) 「株式会社AsMama」が提供する子育てシェアは，昔ながらのご近所頼り合いの現代版で，友だちや知り合いと送迎・託児を頼りあうインターネットの仕組み。

(32) 「アズママ・子育てシェア」利用料金—利用規約に基づきAsMamaの全会員に以下のとおり設定される。会員（資格なし）による子ども一人当り支援…1時間当たり500円（詳細は利用規約参照。http://www.asmama.co.jp/terms/ 2017年5月21日検索）。

(33) 浜松市は，2005（平成17）年7月1日，天竜川・浜名湖地域の12市町村が合併し，人口80万人を超える静岡県下最大規模の都市，新「浜松市」が誕生。2007（平成19）年には政令指定都市へと移行した（浜松市2016）。

(34) 結婚式場から，古民家，映画館，お寺，球場，お化け屋敷まで　ユニークなスペースを1時間単位ネットで簡単に貸し借り可能な「スペースマーケット」サービス（開始2014年）。（SPACEMARKET2017）。

(35) 「クラウドワークス」は，同名の総合型クラウドソーシングサイトを運営。オンライン上で，在宅ワーカーと仕事発注者のマッチング，業務の遂行，報酬の支払いまでを一括で行うサービスを提供する（クラウドワークス2017）。

(36) 「着地型観光」とは，観光客の受け入れ先が地元ならではのプログラムを企画し，参加者が現地集合，現地解散する新しい観光の形態（朝日新聞2017）。

(37) これら4つの体験プログラムは，以下のとおり。「江戸時代にタイムスリップ——甲冑を着て島原の街並みを歩こう！」「通がうなる喉越し——湧水の里「島原」で絶品流しそうめん！」「夜の社会見学——島原の飲み屋をハシゴする」「地元の漁師さんの漁船で海釣り体験—釣った魚はその場で漁師飯に，有明海を食べ尽くす旅に参加！」（ガイアックス2017）。

(38) 「自然と人，人と文化，人と人それぞれの出会いの中に感動が生まれ，そのとき，それぞれの迫間に風のようにカメラがあるなら，人は，その出会いを永遠に手中にし，幾多の人々に感動を与え，分かちあうことができる。（中略）今，こ

こに，世界に向け，東川町「写真の町」誕生を宣言する」（東川町2017）。
(39) 「写真甲子園」が22年の時を経てついに映画化（2017年冬）。東川町を中心とする５市町を舞台に繰り広げられる高校生たちの熱い写真ドラマ。写真甲子園映画化支援協議会は「写真甲子園」の映画制作活動を支援し，映画「写真甲子園」の成功とさらなる発展を目的とする。映画「写真甲子園」公式サイトで，プロモーション映像が公開された（東川町2015, 2017）。
(40) 生まれてきた赤ちゃんに椅子を贈るプロジェクト「君の椅子」には，東川の手作りの椅子を通じて子どもの成長を温かく見守りたい，そんな願いが込められている。贈られる椅子は，毎年選定されるデザインを東川町内の工房で製作（東川町2015）。
(41) ２人の大切な瞬間の思いが形に残る「新・婚姻届」。東川町では2005年10月３日から，新しい婚姻届のスタイルとして，２人の大切な瞬間の思いが形に残る「新・婚姻届」を提案している（東川町2015）。
(42) お子様の大切な瞬間の思いが形に残る「新・出生届」。東川町では2005年11月１日から，新しい出生届のスタイルとして，生まれてきた子どもの大切な瞬間の思いが形に残る「新・出生届」を提案している（東川町2015）。

　　　　　　おわりに

　私が日本の人口と家族の地域性に関心を持つようになって久しい。それから，かれこれ40年近くの歳月が過ぎた。
　地域性研究の発端は，アメリカで長らく研究生活を過ごしたことにある。広大なアメリカを旅し，またいろいろな州（9つの異なる州）に居住することにより，アメリカの地域的多様性を体験した。その異文化体験から，私自身がいかに日本を知らないかに気づくとともに，「日本」全体を一つに論ずることは適切でないのではないかと考えるようになった。また，日本の不透明さに思いをはせるようになった。グローバル社会が進展する今なお日本はインヴィジブル（不可解）とよくいわれる。それは，日本人が積極的に日本の情報を正しく発信しないことにも関係している。そこで，私は，「日本の真の姿を世界に向けて正しく情報発信する役目を担おう」と心に決めた。以降「日本社会の地域性」を研究テーマとするに至ったのには，いくつかの具体的なエピソードがある。
　その第1は，アメリカ社会で生活する以前，日本については東京しか知らなかった私である。しかし，アメリカ滞在を通して，日本にも地域的多様性が存在するのではないかと考えるようになった。1981年9月にベルギー最古の歴史を誇るルーヴェンのカトリック大学で1週間にわたって開催される国際社会学会家族問題研究セミナー「離婚と再婚」に東京教育大学名誉教授・森岡清美博士に代わって出席するようご推薦いただいた。当時ハーバード大学日本研究所（1985年よりエドウィン・O.ライシャワー日本研究所に変更）に在籍していた私が代行することは，大変名誉なことであった。私がまとめた論文（Kumagai 1983）は，1882年から1世紀にわたる，日本の離婚の歴史的変遷を分析するとともに，そこに見られる地域性にスポットライトを当てたものである。セミナー初日の夕食会に先立つ特別講演で，離婚問題国際比較研究第一人者ウイリアム・グード教授が，日本の離婚にふれ，私の論文を非常に優れた労作として名指しで褒められたのは名誉なことであった。論文執筆に当たっては，「日本

帝国統計年鑑」（1882〔明治15〕年創刊），および「日本統計年鑑」（1947〔昭和22〕年～）の日本全国データ，ならびに都道府県別データを利用した。当時は，国勢調査，政府関連統計資料は文書化されてはいたものの，現今のようにオープンデータ化されていたわけではなく，一般人がデータを入手するのは容易ではなかった。しかし，論文執筆を通して，私自身それまで気づかなかった，日本の地域的多様性の多くを学んだ。そこで，私は，狭隘な日本社会に潜む地域性を研究の根底に据えようと考えた。

第2のエピソードは，新潟県南魚沼郡大和町（現南魚沼市）での体験である。私の「日本社会の地域性」に対する関心は，新潟県南魚沼郡大和町の大学院大学・国際大学での短いながらの奉職で一段と強くなった。東京しか知らなかった私にとって，大和町はまさに別世界の「雪国」であった。そこでの3年余りの生活は，日本の地域性・多様性とともに，新潟県内の多様性（例えば，上越・中越・下越・佐渡など）を知る，またとない経験となった。そして研究成果を，トヨタ財団助成研究報告書「過疎と過密に生きる三世代の日本人」（熊谷1987），邦文論文（「日本の家族の二重構造」（熊谷1986），英文書籍 *Unmasking Japan Today*（Kumagai 1996）としてまとめることができた。

第3のエピソードとして，以下を挙げたい。その後，日本家族社会学会のご厚意で，1993～95年の3回にわたって，「日本の家族と地域性」と題するテーマ・セッションを組織することができた。研究グループを組織するに当たり，森岡清美先生にご尽力いただいた。各研究者は，実際に当該地域に居住し，研究活動をされ，地域を熟知した方々を選出することができた。その成果を『日本の家族と地域性　上・下巻』（熊谷1997）2巻にまとめることができたのは幸いであった。

第4に私が意図した取り組みは，「日本の家族の地域性」を世界に紹介することであった。それまで，「日本の家族」として，世界で認識されているのは，日本の家族をひとまとめにして紹介する論調であった。急速に進展する日本の少子高齢化，世帯構造，結婚・離婚の問題点を地域性に焦点をあて，英文で出版することに挑戦した。それは大変な作業であったが，幸いにアメリカで書籍を出版することができた（Kumagai 2008）。

おわりに

　エピソード第5番目は，東日本大震災発生の年，2011年12月のことである。英文書を上梓した時，「日本の地域性」を，私たち日本人が正しく認識し，それをグローバル社会に積極的に情報発信すべきではないかと考えた。その研究成果として『日本の地縁と地域力――遠隔ネットワークによるきずな創造のすすめ』（熊谷2011）を出版刊行することができた。「地域性」をさらに具体的に表現する意味で，「地縁と地域力」，副題には，各テーマに共通し論じている「きずな創造」を可能にする「ヘリサット・遠野モデル・アメリカの地域医療」などの例が示す「遠隔ネットワーク」をキーワードに付した。

　エピソード第6番目は，世界でも有数の出版社「Springer」（本社ドイツ）から英書出版のお誘いをいただいたことである。2013年12月に，シンガポール国立大学で「アジアにおける独居」（"Living Alone in Asia"）問題についてのワークショップに招待された。その折，「日本の独居高齢者と地域性」に関し英文で論文を発表した。それを聞かれたSpringer社編集者からのお誘いである。「日本の家族と人口」の都道府県別レヴェルでの英文論文は数多く執筆・出版していた。そこでそれらをまとめて，英文書とすることで同意した。しかし，出版が確約されたわけではない。企画書提出，趣旨書の社外専門家（複数）による査読，契約書締結，完成原稿の社外専門家（複数）による査読，査読コメントに基づく原稿の改訂，そして最終原稿の校閲を経て初めて原稿が印刷に回される。英文学術書完成までの大変さは，体験者でなければ理解できないであろう。幸いに，努力の甲斐あって，2015年1月に上梓することができた（Kumagai 2015）。この英書の趣旨・目的（英文で，日本の地域的多様性を都道府県レヴェルで紹介し，日本国外の研究者に理解してもらうこと）は，達成できたものと思う。

　これまで私の日本の地域性の分析は，いずれも都道府県別データを用いた県レヴェルに基づくものであった。現在の都道府県は，実質的には江戸時代の302藩に基づき，ひいては，律令時代にさかのぼる藩，旧国名（令制国）制度に由来する。そのため，同一県内でも地域によって民情が異なる例が多くみられる。そこで，市町村別データに基づく人口と家族に関する分析を是が非でも実施したいと考えるようになった。ありがたくも，G-Census，およびEvaCvaといった統計地図グラフ化ソフト利用をご許可いただき，総務省統計局編纂の

小地域統計オープンデータを分析・可視化することができた。それらの研究方法に基づく成果が本書である。紙幅の関係から可視化した図を本書に示すことはできなかったが，日本の人口減少社会を，市町村の地域力から分析する意図は達成できた。いずれ，本書の成果に基づく英文書を出版したいと計画している。そして日本の『「地域力」で立ち向かう人口減少社会』を世界中の多くの読者に知っていただきたいと考えている。

　本書出版に際しては，多くの方々にお力添えをいただいた。国勢調査をはじめ，人口動態関連統計データと，都道府県，市区町村の地図データ地理情報システムとの一体化に関しては，公益財団法人統計情報研究開発センター（Sinfonica）が開発した「G-Census」統計 GIS ソフトを使用した。ここに記して謝辞とさせていただく。

　また，日本全国の地域特性・地域資本・地域力の市町村単位でのグラフ化にあたっては，官公庁などから公開されているオープンデータを利用した見える化ツール「EvaCva」を使用した。プログラム使用に当たっては，株式会社富士通研究所・塩田哲義主管研究員にいろいろとご尽力いただいた。深く御礼申し上げる。

　さらに，高校同期の世良大東，内山眞両氏には，事例の招介や，執筆最終段階での貴重な助言をいただいた。また，研究同志としておつき合いいただいた八木橋宏勇杏林大学准教授には，日本の地域の見方，とらえ方など，ご意見・ご指導をいただいた。ここに記してお礼を申し上げる。

　最後に，本書の編集業務を担当された，ミネルヴァ書房・柿山真紀さんには心からお礼を申しあげる。書きたいことが多く，冗長になってしまった原稿。3度にわたる書き直し・削減作業に懇切丁寧にご尽力いただいた。また，ミネルヴァ書房杉田啓三社長は，出版事情厳しき折，トピックの重要性をご理解いただき，本書出版にご賛同いただいた。それなくしては，本書出版はかなわぬことであった。ここに記して深く謝意を表す。

　　2018年3月

　　　　　　　　　　　　　　　　　　　　　　　　　　　　熊 谷 文 枝

参 考 文 献

愛知県（2015）「愛知県人口ビジョン・まち・ひと・しごと創生総合戦略」政策企画局企画課（編），10月公表。https://www.pref.aichi.jp/kikaku/sogo_senryaku/02sogo-sennyraku-honshi.pdf（2016年11月6日検索）

愛知県（2017）「愛知県内の市町村」（平成29年12月6日更新）。https://www.pref.aichi.jp（2018年3月5日検索）

愛知高速交通株式会社（2016）「Linimo 東部丘陵線」2014年12月17日公表。http://www.linimo.jp/（2016年11月9日検索）

愛知県東栄町（2016a）「東栄町人口ビジョン」http://www.town.toei.aichi.jp/basic/information/03_kikaku/pdf/keikaku/27keikaku_bijon.pdf（2016年11月10日検索）

愛知県東栄町（2016b）「東栄町まち・ひと・しごと創生総合戦略（東栄"住人"増やそう戦略）」http://www.town.toei.aichi.jp/basic/information/03_kikaku/pdf/keikaku/27keikaku_senryaku3.pdf（2016年11月10日検索）

安形康（2000）「河川地形学の視点から見た玄倉川キャンプ水難事故――現地見学会報告と提言」東京学芸大学自然史ゼミにおける配布資料，4月14日公表。http://hydro.iis.u-tokyo.ac.jp/~agata/doc/20000414/index.html（2016年11月3日検索）

秋田県（2016）「平成27年国勢調査　人口等基本集計　秋田県の要約」11月07日コンテンツ番号 16019，企画振興部調査統計課　生活統計班（編）。http://pref.akita.lg.jp/pages/archive/16019（2017年1月23日検索）

秋田県企画部（2017）「秋田暮らし――秋田を知る　市町村の紹介」

秋田県湯沢市（2017）「湯沢市子育て支援総合センター　すこやか――子育てシェアリング事業」http://www.city-yuzawa.jp/childrearing02/1491.html（2017年5月20日検索）

Airbnb, Inc.（2017）「Airbnb について」https://www.airbnb.jp/about/about-us（2017年5月19日検索）

海士町（1999）「第三次総合振興計画ダイジェスト版――キンニャモニャの変」http://www.town.ama.shimane.jp/gyosei/soshin/1010/post-8.html（2017年3月10日検索）

海士町（2008）「海士長概要」海士町ホームページ。http://www.town.ama.shimane.jp/about/gaiyo/（2017年3月8日検索）

海士町（2015a）「2015海士町勢要覧資料編」平成27年7月現在。http://www.town.ama.shimane.jp/about/pdf/2015tyouseiyouran.pdf（2017年3月8日検索）

海士町（2015b）「海士町創生総合戦略・人口ビジョン《海士チャレンジプラン》」平成

27年10月30日。http://www.town.ama.shimane.jp/topics/pdf/amaChallengePlan2015.pdf（2017年3月8日検索）

海士町（2017）「年頭所感・更なる明日に向かって」1月公表，海士町長山内道雄。http://www.town.ama.shimane.jp/about/pdf/2017_%E5%B9%B4%E9%A0%AD%E6%89%80%E6%84%9F%EF%BC%88%E5%B1%B1%E5%86%85%E7%94%BA%E9%95%B7%EF%BC%89.pdf（2017年3月8日検索）

青森県本部・西目屋村職員組合（2000）「自然との共生を目指して」自治研報告書集，第28回地方自治研究全国集会，山形発・分権でえがこう21世紀のグランドデザイン，2000年10月25～27日 山形市。http://www.jichiro.gr.jp/jichiken_kako/report/rep_yamagata28/jichiken_hokoku/kankyo18/kankyo18.htm（2017年2月1日検索）

青森県（2011）「市町村ホームページ」http://www.pref.aomori.lg.jp/kensei/shichoson/shichoson.html（2017年2月1日検索）

青森県（2012）「白神山地エコツーリズム」3月14日，自然保護課。http://www.pref.aomori.lg.jp/nature/nature/ecotourism.html（2017年2月5日検索）

青森県（2016）「平成27年国勢調査人口速報集計結果から見る青森県の人口」平成28年3月 企画政策部統計分析課（編）。http://www.pref.aomori.lg.jp/soshiki/kikaku/tokei/files/tokei_topics_2016_03.pdf（2017年2月1日検索）

青森県自然保護課（2012）「白神山地自然と文化体験ツーリズム のススメ」青森県版vol.1（2012.3発行），白神山地自然と文化体験ツーリズム推進事業（編）。http://www.pref.aomori.lg.jp/soshiki/kankyo/shizen/files/pamf-ecotourism-2012.3.pdf（2017年2月5日検索）

artisan（2017）「ブランディングとは何か？」http://www.webmarketing-ace.com/web-marketing-jpn/branding/（2017年3月12日検索）

朝日新聞社（編）（2015）『知恵蔵2015』東京：朝日新聞社。https://kotobank.jp/dictionary/chiezo/（2016年9月19日検索）

朝日新聞DIGITAL（2015）「数量・期間限定 大間の本まぐろフェア 魚屋路で11月26日スタート」11月26日公表。http://www.asahi.com/and_M/information/pressrelease/CPRAP14309.html（2016年6月23日検索）

朝日新聞DIGITAL（2016）「まなびあテラス，オープン 東根市複合文化施設」11月4日公表。http://digital.asahi.com/articles/ASJC3441MJC3UZHB003.html（2017年2月16日検索）

朝日新聞DIGITAL（2017a）「ドローン，新領域へ 鳥獣対策・気象観測・医療分野――活躍の場広がる」2月18日公表。http://digital.asahi.com/articles/DA3S12803608.html（2017年3月26日検索）

参考文献

朝日新聞 DIGITAL（2017b）「（2030SDGsで変える）島の宝，磨いた集った　島根・海士町」7月16日公表。http://digital.asahi.com/articles/DA3S13039471.html（2017年7月16日検索）

朝日新聞社（編）（2017）「コトバンク・世界大百科事典　第2版」https://kotobank.jp/dictionary/sekaidaihyakka/（2017年3月4日検索）

浅井建爾（2007）『大人のための日本地理』東京：日本実業出版。

あじまぁ沖縄（2016）「沖縄方言辞典あじまぁ」https://hougen.ajima.jp/（2016年11月14日検索）

安土町観光協会（2016）「あづち周遊──国を動かした英雄はここから旅立った」http://www.azuchi-shiga.com/（2016年12月12日検索）

@Press（2016）「公衆無線LANサービス「かがわWi-Fi高松」の提供開始について」（プレスリリース／ニュースリリース配信サービス）西日本電信電話株式会社　香川支店，エヌ・ティ・ティ・メディアサプライ株式会社，3月18日公表。https://www.atpress.ne.jp/news/95220（2017年4月6日検索）

ボクシル／BOXILマガジン（2016）「アドホック分析とは」（2016-08-31掲載）http://www.boxil.jp（2017年10月15日検索）

BRAVE ANSWER（2016）「千葉県の人口は？推移や増減率，未来予測は？」6月13日付公表。https://brave-answer.jp/5721/（2016年12月30日検索）

ブナの里　白神公社（一財）（2017）「津軽白神ツアー」http://suirikubus.jp/（2017年5月16日検索）

Berners-Lee, Tim（2006）Linked Data. https://www.w3.org/DesignIssues/LinkedData.html（Accessed 1 Feb 2018）

Butler, N. R（1975）*Why Survive?: Being Old in America*. Harper & Row. =（1991）『老後はなぜ悲劇なのか？　アメリカの老人たちの生活』グレッグ・中村文子訳，メヂカルフレンド社。

シーポイントアジア（2015）「訪日外国人を増やす。観光インバウンドにおけるファムトリップとは？」http://c-point.asia/news/famtrip/（2017年7月15日検索）

千葉県観光物産協会（公社）（2016）「すぐにわかる千葉の魅力──エリア紹介」http://maruchiba.jp/miryoku/index.html#tmp_header（2017年1月1日検索）

千葉県商工労働部観光企画課（2014）「第2次観光立県ちば推進基本計画──おもてなし半島・ちば」平成26年3月刊行。https://www.pref.chiba.lg.jp/kankou/press/2013/documents/dai2ji-kihon-keikaku-part2.pdf（2017年6月8日検索）

千葉県総合企画部統計課（2016a）「千葉県人口ビジョン」および「千葉県地方創生「総合戦略」」https://www.pref.chiba.lg.jp/seisaku/chihousousei/documents/vision.pdf

（2016年12月30日検索）
千葉県総合企画部統計課（2016b）「平成27年国勢調査——人口等基本集計結果の概要（千葉県版）」2016年12月公表。https://www.pref.chiba.lg.jp/toukei/toukeidata/kokuseichousa/documents/27kokucyo-gaiyou.pdf（2016年12月28日検索）
千葉市役所（2017）「ちばしファミリー・サポート・センター」https://www.city.chiba.jp/kodomomirai/kodomomirai/shien/familysupport.html（2017年5月21日検索）
地方経済総合研究所（公財）（2015）「コンパクトシティを考える——「コンパクトシティ」から「＋ネットワーク」へ」6月公表。https://www.dik.or.jp/?action=cabinet3_action_main_download&block_id=57&room_id=1&cabinet3_id=1&file_id=121&upload_id=680（2016年11月29日検索）
中央区ホームページ（2018）「中央区の人口・世帯数」（平成30年3月1日現在）http://www.city.chuo.lg.jp/kusei/statisticaldata/zinko/tyuuoukunozinkousetaisuu.html（2018年3月6日検索）
中央区企画部企画財政課（編）（2013）「中央区基本計画2013　計画書」（2013年4月22日更新）http://www.city.chuo.lg.jp/kusei/keikaku/kihonkeikaku/masterplancolor.html（2016年10月23日検索）
中央区企画部企画財政課（編）（2016）「中央区人口ビジョン——人口動向分析及び 将来人口推計」平成28年3月公表。http://www.city.chuo.lg.jp/kusei/keikaku/sonotanokeikaku/zinkouvision.files/zinkouvision.pdf（2016年11月24日検索）
COCOLOMACHI, Inc.（2016）「開成に住む——自然豊かな未来ある暮らし」http://kanagawa.itot.jp/kaisei/（2016年11月2日検索）
COMMUNITY TRAVEL GUIDE　編集委員会（編）（2012）『海士人——隠岐の島・海士町・人々に出会う旅』東京：英治出版。
Conversation, The（2016）Japan is not the only country worrying about population decline – get used to a two speed world. March 30, 2016 2 02am AEDT web edition. http://theconversation.com/japan-is-not-the-only-country-worrying-about-population-decline-get-used-to-a-two-speed-world-56106（Accessed 15 Sept 2016）
サイボウズ株式会社（2016）「島根県益田市、クラウドサービスを活用し地域住民が主役となる「人口減少に負けない自治組織づくり」の実験開始——地域づくりシステムの基盤としてサイボウズ「kintone」を採用」9月1日公表。島根県益田市・一般社団法人 小さな拠点ネットワーク研究所・サイボウズ株式会社連携。https://topics.cybozu.co.jp/news/2016/09/01-779.html（2017年3月29日検索）
ダイアモンド社（2013）「縮小社会なのに福岡市周辺で人口激増のなぜ　子どもと高齢者の両方が増える自治体の"嬉しい悲鳴"」DIAMOND online，相川俊英［ジャー

ナリスト】【第69回】5月21日公表。http://diamond.jp/articles/-/36232（2017年1月12日検索）

ダイアモンド社（2016）「なぜ福岡の人口増加率は政令市でダントツ1位なのか」ダイヤモンド・オンライン編集部，【第5回】9月29日公表。http://diamond.jp/articles/-/103154（2017年1月12日検索）

大日本猟友会（一社）（2016）「ドローンによるニホンジカ生息状況調査等の推進について」平成28年5月30日分科会資料。http://www.kantei.go.jp/jp/singi/kogatamujinki/anzenkakuho_dai5/siryou1.pdf（2017年3月27日検索）

ダムツーリズムを考える首長の会（2016）「ダムツーリズムを考える会」http://www.nishimeya.jp/news/item.asp?g=1&c=100&i=11254（2017年2月6日検索）

DREAMRAISING CAFE（2016）「クラウドファンディングで「地域おこし」!?　クラウドファンディンが果たす役割とは」https://cafe.dreamraising.jp/topics/crowdfunding-for-regional-revitalization/（2017年4月4日検索）

DRONE革命軍（2017）「プレデター」とは http://welovedrone.com/uav-rq1/（2017年3月14日検索）

DRONE MEDIA（2016）「ドローンで町おこしを進める那賀町が自治体初の「ドローン推進室」を設置」By Iguro Takeaki-3月30日公表。http://dronemedia.jp/drone-nakacho-revitalization/（2017年3月15日検索）

DRONE MEDIA（2017）「ニュース」http://dronemedia.jp/category/news/（2017年3月30日検索）

DRONE PRESS（2017a）「超高層ビル街の新宿で災害時のドローン活用訓練実施」2月16日公表。https://www.drone-press.jp/drone-practicaluse/localgovernment/drone_shinjuku/（2017年3月26日検索）

DRONE PRESS（2017b）「佐賀，産官学6者でドローンやAIを活用したノリ養殖」3月22日公表。https://www.drone-press.jp/drone-practicaluse/localgovernment/saga_seaweed_farming/（2017年3月26日検索）

ドローンエンタープライズ（2016）「ドローンに積極的な地方自治体（ドローン特区）とは，日本のどこ？」7月23日公表。（2017年3月14日検索）

ドローンの魅力（2017）「ドローンの魅力——ドローン初心者にカンタン紹介」http://www.drone-world.info/（2017年3月14日検索）

EvaCva（2014）「オープンデータによる地域特性の発見」および「新国富指標」富士通研究所。http://evacva.net/（2016年5月23日検索）

エキサイト（2017）「北海道の中でも移住者に特に人気な理由は？——人口が増加し続ける町，北海道・東川町」3月1日公表。http://www.excite.co.jp/News/economy_

clm/20170223/Homes_press_00398.html（2017年4月8日検索）

フランス観光機構（2017）「サンティアゴ・デ・コンポステーラの巡礼路」http://jp.france.fr/ja/discover/39850（2017年3月3日検索）

福岡県（2014）「福岡県の人口と県内4地域の特徴」12月1日更新。http://www.pref.fukuoka.lg.jp/contents/gaiyou-jinkoutochiiki.html（2017年1月5日検索）

福岡県（2015）「福岡県人口ビジョン・地方創生総合戦略」2015年12月公表，福岡県企画・地域振興部総合政策課（編）。http://www.pref.fukuoka.lg.jp/uploaded/attachment/23656.pdf（2017年1月5日検索）

福岡県（2016）「平成27年国勢調査人口等基本集計結果　結果の要約（福岡県）」2016年10月27日公表，福岡県企画・地域振興部調査統計課（編）。http://www.pref.fukuoka.lg.jp/uploaded/attachment/23166.pdf（2017年1月5日検索）

福岡県庁（2017）「福岡県ってどんなところ？　4地域紹介」広域地域振興課。http://ijuu-teijuu.pref.fukuoka.lg.jp/municipalities/local.html（2017年1月5日検索）

福岡市（2017）「福岡クリエイティブキャンプ」主催福岡市，運営マイナビ。http://fcc.city.fukuoka.lg.jp/（2017年1月14日検索）

藤山浩（2015）『田園回帰1％戦略――地元に人と仕事を取り戻す』（シリーズ田園回帰），東京：農山漁村文化協会。

藤本建夫（1992）『東京一極集中のメンタリティー』京都：ミネルヴァ書房。

G-Census（2016）「統計GISソフトG-Census」（公財）統計情報研究開発センター　http://www.g-census.jp/（2016年5月23日検索）

ガイアックス（2017）「地域の暮らしを体験できる着地型観光サービス「TABICA」，シェアリングシティ宣言都市　長崎県島原市と提携――地域が主体となった持続可能な観光体験作りを目指す」3月25日公表。TABICA＋島原市。http://www.gaiax.co.jp/gaiax_blog/newsroom/pressrelease/press2017-3-27/（2017年5月21日検索）

ガーベジニュース（2016）「いわゆる「未婚の母」による出生率をグラフ化してみる（2016年）（最新）」11月15日5時15分掲載。http://www.garbagenews.net/archives/1654837.html（2017年4月23日検索）

外務省（2016）「最近のビザ緩和（一般旅券所持者）」3月。http://www.kantei.go.jp/jp/singi/tiiki/kokusentoc_wg/h28/shouchou/20160408shiryou_shouchou1_1.pdf（2017年4月7日検索）

五城目町（2016a）「五城目町人口ビジョン」2016年1月公表。http://www.town.gojome.akita.jp/machikeikaku2/image/4880download.pdf（2017年1月23日検索）

五城目町（2016b）「五城目町まち・ひと・しごと創生総合戦略」2016年1月公表。http://www.town.gojome.akita.jp/machikeikaku2/image/4878download.pdf（2017年

参考文献

　1月23日検索）
五城目町役場（2017a）「五城目町観光スポット」商工振興課　商工振興係（編）。http://www.town.gojome.akita.jp/miru/29.html（2017年1月31日検索）
五城目町役場（2017b）「五城目朝市」商工振興課　商工振興係（編）。http://www.town.gojome.akita.jp/gojomeasaichi/26.html（2017年1月31日検索）
五城目町地域活性化支援センター（2017）「BABAME BASE」http://babame.net/（2017年1月23日検索）
五城目町役場まちづくり課（2011）「秋田県五城目町──思いやりと活力に満ちたふるさとの創生」文責澤田石清樹「全国町村会・町村の取り組み」2756号、4月11日公表。http://zck.or.jp/forum/forum/2756/2756.htm（2017年1月23日検索）
五城目町役場まちづくり課（2017）「町の概要」http://www.town.gojome.akita.jp/koho/6.html（2017年1月23日検索）
goo辞書（2017）『新明解四字熟語辞典』https://dictionary.goo.ne.jp/leaf/idiom/%E9%96%8B%E7%89%A9%E6%88%90%E5%8B%99/m0u/（2017年5月6日検索）
Guardian, The（2016）Editorial: The Guardian views on Japan's shrinking population: who will look after the old? Friday 26 February 2016 18:53 GMT. Web edition. https://www.theguardian.com/commentisfree/2016/feb/26/the-guardian-view-on-japans-shrinking-population-who-will-look-after-the-old（Accessed 15 Sept 2016）
蒲生正男（1956）『社會學講義資料Ⅲ』東京：敬文堂。
ゴールドクレスト（2016）「選ばれる街中央区の住みやすさ──データが表す住みごこち」http://www.goldcrest.co.jp/html/chuo-ku/（2016年10月23日検索）
群馬県埋蔵文化財調査事業団（公財）（2009）「歴史を紐解く──条里制ってなんだろう？」http://www.gunmaibun.org/qa/faq/question09.html（2016年11月28日検索）
浜松市（2016）「浜松の歴史」1月26日更新。http://www.city.hamamatsu.shizuoka.jp/koho2/intro/ayumi01.html（2017年5月21日検索）
浜松市（2017）「浜松市平成29年度施政方針」2月27日更新公表。http://www.city.hamamatsu.shizuoka.jp/kikaku/shiseihoushin/documents/shisei29.pdf（2017年5月21日検索）
ハマユウ荘（2016）「ハマユウ荘──北大東島　うふあがり島宿泊施設」ホーム。http://www.hamayuso.com/index.html（2016年11月15日検索）
原俊彦（2016）「日本の人口転換と地域社会の未来」『家族社会学研究』第28巻第1号：11−25頁。
原口隆行（2002）『鉄道唱歌の旅　東海道線今昔』東京：JTB
Hatena Keyword（2016）「平成の大合併」http://d.hatena.ne.jp/keyword/%CA%BF%C

0%AE%A4%CE%C2%E7%B9%E7%CA%BB（2016年9月20日検索）
東川町（2015）「写真文化首都東川町まち・ひと・しごと創生地方人口ビジョン」2015年8月。https://town.higashikawa.hokkaido.jp/administration/plan/pdf/05-01-02.pdf（2017年4月9日検索）
東川町（2017）「東川町——北海道東川町写真の町」https://town.higashikawa.hokkaido.jp/（2017年4月9日検索）
ひがしねあそびあランド（2017）「ひがしねあそびあランド・ホームページ」http://www.asobia.jp/（2017年2月14日検索）
東根市（2012）「子育て支援施策の充実」http://www.city.higashine.yamagata.jp/1844.html（2017年2月14日検索）
東根市（2015a）「東根市子ども・子育て支援事業計画の策定について」4月24日策定。http://www.city.higashine.yamagata.jp/files/20150424144834.pdf（2017年2月14日検索）
東根市（2015b）「東根市人口ビジョン」10月公表。http://www.city.higashine.yamagata.jp/files/20151104141741.pdf（2017年2月14日検索）
東根市（2015c）「東根市総合戦略」10月公表。http://www.city.higashine.yamagata.jp/files/20151104141514.pdf（2017年2月14日検索）
東根市（2015d）「さくらんぼタントクルセンター開館十周年など」2015年9月公表。http://www.city.higashine.yamagata.jp/7883.html（2017年2月14日検索）
東根市（2016）「平成28年度施政方針」http://www.city.higashine.yamagata.jp/?ID=7601&mode=print（2017年2月14日検索）
東根市（2017）「東根市の紹介」http://www.city.higashine.yamagata.jp/4922.html（2017年2月14日検索）
東根市さくらんぼタントクルセンター（2017）「東根市さくらんぼタントクルセンター・ホームページ」http://www.tantokuru.jp/（2017年2月14日検索）
東根市市長の部屋（2015）「さくらんぼタントクルセンター開館十周年など」9月公表。http://www.city.higashine.yamagata.jp/7883.html（2017年2月14日検索）
High School Times（2016）「「平成の大合併」で，市町村の数は半減！！」http://www.highschooltimes.jp/news/cat24/000090.html（2016年9月20日検索）
久繁哲之介（2010）『地域再生の罠』東京：ちくま新書。
日立ソリューションズ・クリエイト（2015）「ドーナツ化現象」『世界大百科事典　第2版』。https://kotobank.jp/word/%E3%83%89%E3%83%BC%E3%83%8A%E3%83%84%E5%8C%96%E7%8F%BE%E8%B1%A1-581910（2016年11月24日検索）
廣嶋清志（2016）「地域人口問題と家族研究」『家族社会学研究』第28巻第1号：56－62

頁。
北海道観光振興機構（2017）「蝦夷地から北海道へ」http://www.visit-hokkaido.jp/info/detail/82（2017年9月19日検索）
北海道総合政策部情報統計局（2016）「平成27年国勢調査人口等基本集計結果の概要（北海道の人口・世帯数の確定結果）」統計課生活統計グループ，11月8日公表。http://www.pref.hokkaido.lg.jp/ss/tuk/001ppc/15fb.htm（2017年4月9日検索）
HOME's PRESS（2016）「ついに日本の人口が減少。1920年の調査開始から初——平成27年国勢調査」3月20日11時00分 Web 版。http://www.homes.co.jp/cont/press/report/report_00143/（2016年9月15日検索）
Honkawa Data Tribune（2016）『社会実状データ図録』http://www2.ttcn.ne.jp/honkawa/（2016年9月13日検索）
堀内重人（2014）「「移動する権利」の保証が地域の可能性をひらく」「特集・生きつづけられる地方都市」『世界』10月号：105‐111頁，東京：岩波書店。
堀内匠（2009）「平成の大合併」の効果としての投票率の低下」『自治総研』通巻第368号 2009年6月号：86‐108頁。http://jichisoken.jp/publication/monthly/JILGO/2009/06/thoriuchi0906.pdf（2016年9月20日検索）
出光興産株式会社（2017）「水素ステーション」http://www.idemitsu.co.jp/nenryo/battery/hydrogen.html（2017年3月15日検索）
飯田泰之・木下斉・川崎一泰・入山章栄・林直樹・熊谷俊人（2016）『地域再生の失敗学』東京：光文社新書。
市川宏雄（2015）『東京一極集中が日本を救う』東京，ディスカヴァートウエンテイワン。
今井照（2010）「市町村合併に伴う自治体政治動向について（2009）——政治的視点からの合併検証」『自治総研』通巻第375号（2010年1月号），1‐45頁。http://jichisoken.jp/publication/monthly/JILGO/2010/01/aimai201001.pdf（2016年9月20日検索）
IMPRESS（2017）「ケータイ用語の基礎知識」http://k-tai.watch.impress.co.jp/docs/column/keyword/1043729.html（2017年3月26日検索）
井村幸治（2014）「近畿で唯一人口が増加している滋賀県，その理由とは？」リクルート住まいカンパニー「SUUMOジャーナル」2014年11月6日号。http://suumo.jp/journal/2014/11/06/72789/（2016年12月11日検索）
伊奈町（2013）「伊奈町の概要」秘書広報課広報係（編）。http://www.town.saitama-ina.lg.jp/0000000338.html（2016年12月21日検索）
伊奈町（2016）「伊奈町まち・ひと・しごと創生総合戦略」2016年3月公表，伊奈町企画課（編）。http://www.town.saitama-ina.lg.jp/cmsfiles/contents/0000002/2742/senryaku.

pdf（2016年12月23日検索）
伊奈町役場（2016）「バラのまち伊奈町へようこそ——伊奈町ホームページ」http://www.town.saitama-ina.lg.jp/（2016年12月23日検索）
iso-labo（2016）「Ｉターン」「Ｕターン」「Ｊターン」と「Ｏターン」の意味とは？ http://iso-labo.com/wakaru/business/turn.html（2016年10月23日検索）
印西市（2015）「印西市勢要覧2015年版」2015年3月公表，秘書広報課（編）。http://www.city.inzai.lg.jp/cmsfiles/contents/0000004/4086/inzai2015.pdf（2016年12月28日検索）
印西市（2016a）「まち・ひと・しごと創生総合戦略【平成27〜31年度】」2016年3月公表，企画財政部企画政策課（編）。http://www.city.inzai.lg.jp/cmsfiles/contents/0000005/5095/sougousenryaku.pdf（2017年1月3日検索）
印西市（2016b）「データいんざい2015」2016年3月公表，総務部 情報管理課 文書統計班（編）。http://www.city.inzai.lg.jp/cmsfiles/contents/0000000/501/2015_DataInzai_All.pdf（2017年1月3日検索）
印西市（2017）「印西市ホームページ——市の紹介」http://www.city.inzai.lg.jp/category/2-1-0-0-0.html（2017年1月2日検索）
印西市観光協会（NPO法人）（2017）「新・印西八景」http://www.inzaikankoukyokai.com/hakkei/index.html（2017年1月4日検索）
石破茂（2017）『日本列島創生論——地方は国家の希望なり』東京：新潮社。
ITmediaエンタープライズ（2018）「情報システム用語辞典」http://www.itmedia.co.jp（2018年3月11日検索）
岩波書店（編）（2014）「特集・生き続けられる地方都市」『世界』10月号，9月8日発行。東京：岩波書店。
岩手県（2016）「「平成27年国勢調査 人口等基本集計 岩手県の要約」岩手県政策地域部調査統計課（編）http://www3.pref.iwate.jp/webdb/view/outside/s14Tokei/bnyaBtKekka.html?C=B0201&R=I011（2017年2月9日検索）
Jタウンネット（2016）「害鳥対策にドローン出撃！「音で驚かす」「猟銃の発射音を鳴らす」「巣にドライアイスを運ぶ」」10月9日。http://j-town.net/tokyo/news/localtv/233260.html（2017年3月27日検索）
Japan Times, The（2016）Japan's population drops at fastest pace on record. Jul 13, 2016 web edition. http://www.japantimes.co.jp/news/2016/07/13/national/japans-population-drops-fastest-pace-record/#.V9oe8kvr1zl（Accessed 15 Sept 2016）
JTB総合研究所（2017）「用語集・インバウンド」http://www.tourism.jp/tourism-database/glossary/inbound/（2017年3月3日検索）

参考文献

事業構想（2016a）「プロジェクトニッポン　岩手県・デザインで町の「稼ぐ力」を育む地域づくりデザインプロジェクト」細井洋行（西和賀町長）『月刊事業構想』1月号。https://www.projectdesign.jp/201601/pn-iwate/002658.php（2017年2月10日検索）

事業構想（2016b）「ドローンを使って「御用聞き」　過疎地を救う宅配サービス」鯉渕美穂（MIKAWAYA21　代表取締役社長）『月刊事業構想』8月号。https://www.projectdesign.jp/201608/healthcare/003063.php（2017年3月15日検索）

事業構想（2016c）「保育の課題解決に挑──ICTで保育士の働き方に変革　NTT西日本の登降園管理システム」『月刊事業構想』9月号。https://www.projectdesign.jp/201609/childcare/003134.php（2017年3月28日検索）

事業構想（2017a）「海士町地方創生プロジェクト　光ブロードバンドを「地方創生」の基盤に」西日本電信電話株式会社『月刊事業構想』4月号。https://www.projectdesign.jp/199901/introduction-of-videos/003448.php（2017年3月11日検索）

事業構想（2017b）「ICTで地域の社会課題を解決 事例動画を一挙公開」特別レポート，西日本電信電話株式会社『月刊事業構想』4月号。https://www.projectdesign.jp/201704/specialreport/003505.php（2017年3月27日検索）

事業構想（2017c）「人口増加のまち東川町　意識改革が地域創生のカギ」「地域×デザイン」開催レポート『月刊事業構想』4月号。https://www.projectdesign.jp/201704/local-design/003542.php?utm_source=dailymail&utm_medium=email&utm_campaign=pd20170314（2017年4月8日検索）

株式会社アビー（2017）「CAS技術の進化」https://www.abi-net.co.jp/cas/mechanism.html（2017年3月8日検索）

河北新報（2016）「＜津軽ダム＞水陸両用バスツアー計画」9月6日公表，青森のニュース。http://www.kahoku.co.jp/tohokunews/201609/20160906_23004.html（2017年2月7日検索）

草津市観光物産協会，草津宿（2016）「草津宿・本陣について」http://www.kusatsujuku.jp/about/（2016年12月13日検索）

開成町（2012）「「開成町」ってどんな町？」4月，行政推進部企画政策課（12月13日更新）http://www.town.kaisei.kanagawa.jp/forms/info/info.aspx?info_id=2633（2016年10月31日検索）

開成町（2016a）「開成町まち・ひと・しごと創生人口ビジョン」4月，行政推進部企画政策課。http://www.town.kaisei.kanagawa.jp/div/kikaku/pdf/sousei/sousei-vision.pdf（2016年10月31日検索）

開成町（2016b）「開成町まち・ひと・しごと創生総合戦略」4月，行政推進部企画政策

課。http://www.town.kaisei.kanagawa.jp/div/kikaku/pdf/sousei/sousei-plan.pdf （2016年10月31日検索）

開成町役場（2015）「町長の部屋――就任のご挨拶」（5月20日更新）http://www.town.kaisei.kanagawa.jp/forms/info/info.aspx?info_id=3315（2016年10月31日検索）

亀田博子ホームページ（2016）「東根市の子育て支援策を学びました」11月9日公表，新座市議会議員。http://www.komei.or.jp/km/hiro/2016/11/09/（2017年2月14日検索）

神奈川県（2016）「神奈川県人口ビジョン」政策局政策部総合政策課（編），2016年3月公表。http://www.pref.kanagawa.jp/uploaded/life/1071832_3635346_misc.pdf（2016年10月27日検索）

神奈川県知事室（2016）「神奈川県の概要・神奈川県内の市町村」（2016年6月13日更新）http://www.pref.kanagawa.jp/cnt/f530001/p780102.html#（2017年6月8日検索）。

神奈川県統計センター（2012）「ランキングかながわ（地域編）――統計指標でみる神奈川」平成24年版，企画分析課（9月28日公表）。http://www.pref.kanagawa.jp/cnt/f420360/（2016年11月1日検索）

神奈川県統計センター（2013）「統計指標でみる神奈川（時系列編」平成26年版，企画分析課（9月30日公表）。http://www.pref.kanagawa.jp/cnt/f480433/（2016年11月1日検索）

神奈川県統計センター（2014）「ランキングかながわ――統計指標でみる神奈川」平成26年版，企画分析課（9月30日公表）。http://www.pref.kanagawa.jp/cnt/f531047/（2016年11月1日検索）

環境省（2003）「エコツーリズムとは」http://www.env.go.jp/nature/ecotourism/try-ecotourism/about/index.html（2017年2月5日検索）

環境省（2005）「【類型1】豊かな自然の中での取り組み」2月8日報告。https://www.env.go.jp/nature/ecotourism/try-ecotourism/env/seminar/pdf/ori02/r1.pdf（2017年2月5日検索）

環境省（2015）「平成26年度エコツーリズム推進アドバイザー派遣事業事例集」2015年3月。https://www.env.go.jp/nature/ecotourism/try-ecotourism/env/chiiki_shien/haken/h26/report/pdf/h26haken_all.pdf（2017年3月13日検索）

環境省（2017）「ISO14001」https://www.env.go.jp/policy/j-hiroba/04-iso14001.html（2017年2月14日検索）

環境省地方環境事務所（2011）「日本におけるエコツーリズムの取組について」平成23年2月報告。http://yacho.net/test/env/review/pdf/03.pdf（2017年2月5日検索）

環白神エコツーリズム推進協議会（2018）「環白神エコツーリズムについて」http://ecoshirakami.net（2018年3月8日検索）

稼ぐ地域推進委員会（2016）（公社）日本青年会議所稼ぐ地域創出委員会，「先進事例和歌山県高野山」3月15日公表。http://kasegu-chiiki.com/example-db/example73/（2017年3月1日検索）

粕屋町役場（2015）「町の概要（人口）」総務部（編）。https://www.town.kasuya.fukuoka.jp/gyosei/johokokai/keikaku/miraidukuripurojekuto/sougoukeikakushingikai/documents/shiryou8.pdf（2017年1月10日検索）

粕屋町役場（2016）「粕屋町人口ビジョン」経営政策課（編），2016年3月。http://www.town.kasuya.fukuoka.jp/gyosei/johokokai/keikaku/chihousousei/machi-hito-shigoto/files/H28vision.pdf（2017年1月10日検索）

粕屋町役場（2017）「町のあらまし」総務部　協働のまちづくり課（編）。http://www.town.kasuya.fukuoka.jp/chiiki/machinoshokai/aramashi/index.html（2017年1月10日検索）

金子勝（2014）「「地方創生」という名の「地方切り捨て」――地方に雇用を生み出す産業戦略を」「特集・生きつづけられる地方都市」『世界』10月号，74-80頁。東京：岩波書店。

川崎市（2013）「川崎市プロフィール」総務企画局シティプロモーション推進室，4月15日更新。http://www.city.kawasaki.jp/miryoku/category/63-1-0-0-0-0-0-0-0.html（2017年5月5日検索）

川崎市（2016）「川崎市まち・ひと・しごと創生総合戦略」平成28年3月，川崎市総合企画局都市経営部企画調整課編。http://www.city.kawasaki.jp/templates/press/cmsfiles/contents/0000075/75980/senryaku.pdf（2016年10月27日検索）

川崎市総務企画局（2017）「川崎市総合計画第2期実施計画の策定に向けた将来人口推計について――改正版」平成29年5月25日公表。http://www.city.kawasaki.jp/templates/press/cmsfiles/contents/0000087/87604/shiryou2.pdf（2017年6月8日検索）

肝付町役場（2015）「共創のまち・肝付プロジェクト――ロボットやIT製品の共同開発及び実証実験フィールドの提供」企画調整課情報政策係，7月1日公表。http://kimotsuki-town.jp/item/9913.htm（2017年3月29日検索）

木下斉（2015）『稼ぐまちが地方をかえる』東京：NHK出版新書。

木下斉（2018）『福岡市が地方最強の都市になった理由』京都：PHP研究所。

岸本啓（2013）「今後の人口減少社会における政策のあり方」『かながわ政策研究・大学連携ジャーナル』No. 4②，3月：109-132頁。http://www.pref.kanagawa.jp/uploaded/attachment/776295.pdf（2016年11月3日検索）

北九州市（2015）「北九州市スマートシティ創造特区の提案について」企画調整局地方創生推進室，2015年7月31日公表。http://www.kantei.go.jp/jp/singi/tiiki/kokusentoc_wg/h27/150731kitakyusyu_shiryou02.pdf（2017年1月10日検索）

北九州市（2016）「北九州市の国家戦略特区について」企画調整局地方創生推進室，2016年4月12日公表。http://www.city.kitakyushu.lg.jp/files/000733944.pdf（2017年1月10日検索）

北九州市（2017）「生涯現役夢追塾」保健福祉局地域福祉部長寿社会対策課。http://www.city.kitakyushu.lg.jp/ho-huku/file_0346.html（2017年1月10日検索）

北九州市社会福祉協議会・里山を考える会 共同事業体（2017）「夢追塾 SOCIAL MASTER SCHOOL」「夢追塾」事務局。http://www.yumeoi.org/（2017年1月10日検索）

国土交通省（2013）「国土交通省におけるコンパクトシティの取組について」平成25年8月26日，都市局長石井喜三郎（発表者）。https://www.mlit.go.jp/common/001018163.pdf（2016年11月29日検索）

国土交通省（2016）「平成27年度国土交通省白書—コラム ダムを観光資源に地域活性化——ダムツーリズム」3月。http://www.mlit.go.jp/hakusyo/mlit/h27/hakusho/h28/html/n1312c03.html（2017年2月6日検索）

国土交通省（2017a）「ダムツーリズム」http://www.mlit.go.jp/river/dam/dam_tourism.html（2017年2月6日検索）

国土交通省（2017b）「岩木川ダム統合管理事務所」http://www.thr.mlit.go.jp/tugaru/（2017年5月16日検索）

国土交通省・観光庁（編）（2015）「日本を元気にする地域の力——観光地域づくり事例集2015」第1章インバウンドへの取組。http://www.mlit.go.jp/common/001091992.pdf（2017年4月5日検索）

国土交通省・観光庁（2016a）「明日の日本を支える観光ビジョン」平成28年3月30日策定。http://www.mlit.go.jp/kankocho/topics01_000205.html（2017年4月7日検索）

国土交通省・観光庁（2016b）「訪日旅行促進事業（ビジット・ジャパン事業）」11月4日更新。http://www.mlit.go.jp/kankocho/shisaku/kokusai/vjc.html（2017年4月5日検索）

国土交通省・観光庁（2016c）「広域観光周遊ルートについて」11月8日更新。http://www.mlit.go.jp/kankocho/shisaku/kankochi/kouikikankou.html（2017年4月7日検索）

国土交通省・観光庁（2017a）「訪日外国人旅行者の国内における受入環境整備に関するアンケート」結果」2017年2月7日公表。http://www.mlit.go.jp/common/001171594.

pdf（2017年4月8日検索）

国土交通省・観光庁（2017b）「【訪日外国人消費動向調査】平成28年（2016年）年間値（確報）」，2017年3月31日公表。http://www.mlit.go.jp/common/001179539.pdf（2017年4月8日検索）

国土交通省・観光庁（2017c）「平成27年度ICTを活用した訪日外国人観光動態調査事業実施報告書」

国立社会保障・人口問題研究所（社人研）（2013a）2013年1月推計「日本の世帯数の将来推計（全国推計）」（概要）。http://www.ipss.go.jp/pp-ajsetai/j/HPRJ2013/gaiyo_20130115.pdf（2016年9月17日検索）

国立社会保障・人口問題研究所（社人研）（2013b）「日本の地域別将来推計人口——平成22（2010）～52（2040）年」（2013年3月推計）http://www.ipss.go.jp/syoushika/bunken/data/pdf/208521.pdf（2016年6月21日検索）

国立社会保障・人口問題研究所（社人研）（2017）「日本の将来推計人口（平成29年推計）」（2017年4月10日公表）。http://www.ipss.go.jp/pp-zenkoku/j/zenkoku2017/pp_zenkoku2017.asp（2017年4月22日検索）

国立社会保障・人口問題研究所（社人研）（2018a）「人口統計資料集——2018年版」http://www.ipss.go.jp/syoushika/tohkei/Popular/Popular2018.asp?chap=0（2018年3月22日検索）

国立社会保障・人口問題研究所（社人研）（2018b）「日本の地域別将来推計人口（平成30〔2018〕年推計）——平成27（2015）年～平成57（2045）年」http://www.ipss.go.jp/pp-shicyoson/j/shicyoson18/t-page.asp（2018年3月31日検索）

小林隆一（2016）「県民性や地域性は，風土・歴史によって育まれる——今に残る藩制度の名残」http://www2s.biglobe.ne.jp/~kobayasi/cha/kenmin0.htm（2016年9月19日検索）

コトバンク（2016）「ベッドタウン」https://kotobank.jp/word/ベッドタウン-129632（2016年12月8日検索）

高知大学農学部公式ブログ（2016）「焼酎乙類　地キビ焼酎　八畝（ようね）」1月18日公表。http://ku-nougakubu.blogat.jp/faceblog/2016/01/post-f834.html（2017年2月22日検索）

高知県産業振興推進部計画推進課（2016）「市町村の人口ビジョン・総合戦略」2016年11月9日現在。http://www.pref.kochi.lg.jp/soshiki/120801/sicyouson-senryaku.html（2017年2月20日検索）。

高知県総務部統計課（2016）「平成27年国政調査・高知県版人口等基本集計結果の概要」人口統計担当（編）10月27日公表。http://www.pref.kochi.lg.jp/soshiki/111901/

files/2011102700109/H27jinkou.pdf（2017年2月20日検索）
高知新聞（2015）「クラウドファンディングで棚田に花を　高知大生ら挑戦」＜地域ニュース　てくてく高知＞4月25日公表。http://www.47news.jp/smp/localnews/hotnews/2015/04/post_20150425133259.php（2017年2月22日検索）
高知新聞（2017）「高知大生の地域貢献に大賞　大豊町のキビ焼酎開発を評価」＜地域ニュース　てくてく高知＞2月19日公表。http://www.47news.jp/smp/localnews/hotnews/2017/02/post_20170219123321.php（2017年2月22日検索）
厚生労働省（2013）「平成22年市区町村別生命表」2013年7月31日公表。http://www.mhlw.go.jp/toukei/saikin/hw/life/ckts10/（2017年1月28日検索）
厚生労働省（2014）「平成20年〜24年　人口動態保健所・市町村別統計」平成26年2月13日公表。http://www.mhlw.go.jp/toukei/saikin/hw/jinkou/other/hoken14/（2017年1月28日検索）
厚生労働省（2016a）「健康日本21（第二次）の推進に関する研究（平成25〜27年度）」2016年3月15日公表。https://nk.jiho.jp/servlet/nk/release/pdf/1226749675370（2017年2月4日検索）
厚生労働省（2016b）「平成28年（2016）人口動態統計の年間推計」2016年12月22日公表。http://www.mhlw.go.jp/toukei/saikin/hw/jinkou/suikei16/dl/2016suikei.pdf（2017年1月20日検索）
厚生労働省（2017）「平成28年人口動態統計月報年計（概数）の概況」6月2日公表，政策統括官付参事官付人口動態・保健社会統計室。http://www.mhlw.go.jp/toukei/saikin/hw/jinkou/geppo/nengai16/dl/gaikyou28.pdf（2017年6月5日検索）
厚生労働省愛知労働局（2016）「最近の雇用情勢—平成28年9月分」職業安定課。10月28日公表。http://aichi-roudoukyoku.jsite.mhlw.go.jp/var/rev0/0116/9839/2016102894747.pdf（2016年11月7日検索）
高野町（2010a）「高野町バイオマスタウン構想」平成22年3月8日公表，高野町環境整備課　今井俊彦，中西健担当。http://www.maff.go.jp/kinki/kikaku/baiomass/pdf/kouyatyou.pdf（2017年2月28日検索）
高野町（2010b）「歴史と文化を守り伝える"こころ"豊かな高野町——平成21年度〜平成30年度総合計画」平成22年5月。http://www.town.koya.wakayama.jp/documents/town/koukai_choukei_ol_03.pdf（2017年2月28日検索）
高野町（2015）「高野町人口ビジョン」平成27年9月。https://www.town.koya.wakayama.jp/img_data/2015/09/d6a8b7ef3e3d422c5fc5731098301019.pdf（2017年2月28日検索）
高野町（2016）「まち・ひと・しごと創生——高野町総合戦略」平成28年3月。https://www.town.koya.wakayama.jp/img_data/2015/09/2378f1569dadce29f09122507b2d

6c20.pdf（2017年2月28日検索）

高野町（2017）「高野町の概要」高野町ホームページ，https://www.town.koya.wakayama.jp/town/profile/540.html（2017年2月28日検索）

クライナー，J.（編）（1996）『地域性からみた日本——多元的理解のために』東京：新曜社。

Kumagai, Fumie (1983) "Changing divorce in Japan." Journal of Family History, 8, 1 (Spring): 85-108.

熊谷文枝（1986）「日本の家族の二重構造」『社会学論評』第36巻第4号：406-423頁。

熊谷文枝編著（1987）『過疎と過密に生きる三世代の日本人——将来の社会システム構築への施策』トヨタ財団助成研究報告書004（番号84-Ⅱ-161）。

Kumagai, Fumie (1996) *Unmasking Japan Today: The Impact of Traditional Values on Modern Japanese Society*. Westport, Conn: Praeger.

熊谷文枝編著（1997）『日本の家族と地域性』上下巻。京都：ミネルヴァ書房。

Kumagai, Fumie (2008) *Families in Japan-Changes, Continuities, and Regional Variations*, Lanham, MD: University Press of America.

熊谷文枝編著（2011）『日本の地縁と地域力——遠隔ネットワークによるきずな創造のすすめ』京都：ミネルヴァ書房（八木橋宏勇，石黒妙子各1章執筆担当）

Kumagai, Fumie (2015) *Family Issues on Marriage, Divorce, and Older Adults in Japan: With Special Attention to Regional Variations*. Singapore: Springer.

熊谷文枝（2016）「婚姻と人口減少の地域性——青森県・秋田県・東京都・沖縄県の地域分布を例に」G-Census プレゼンテーション資料作成コンテスト・優秀賞受賞。Pp.58-60 in ESTRELA, No.265, April.

クラウド Watch（2014）「富士通，オープンデータで地域特性を発見するツール「EvaCva」公開—地域ごとの「経済」「社会」「環境」が分かる」クラウド Watch ニュース。12月11日 13：23．http://cloud.watch.impress.co.jp/docs/news/679888.html（2016年9月28日検索）

クラウドワークス（2017）「クラウドワークス」http://crowdworks.co.jp（2014年4月15日検索）

草津市観光物産協会（2016）「草津まるごとガイド」http://kanko-kusatsu.com/spot/kouryu/（2016年12月11日検索）

救急医療・災害対応無人機等自動支援システム活用推進協議会（一社）（2017）「IoT，ウエアラブル，クラウド…そしてドローン。これら最先端のテクノロジーを命を救うために活用します！」（2月6日更新）．http://www.edac.jp/index.html（2017年3月27日検索）

ラシック（LASSIC）HOME（2016）「丸森町と『高度ICTを利活用した移住・定住・交流促進に係るパートナーシップ協定』を締結」10月17日公表。http://www.lassic.co.jp/info/2612/（2017年3月31日検索）

LOVE-DRONE（2017）「ドローン操縦士に優しい？「日本のドローン特区」地域まとめ」http://love-drone/ドローン特区-2525/（2017年3月14日検索）

マチノコト（2015）「全国の古民家をつないでネットワーク型の村を作る――秋田県五城目町の古民家から始まる「シェアビレッジ」プロジェクト」2月27日公表，トピクス。http://machinokoto.net/sharevillage/（2017年1月23日検索）

MACHI LOG（2017）「田舎の古民家を第二の故郷に――シェアビレッジが秋田から香川へ進出」http://giftstotheearth.com/?p=38899&page=2（2017年1月26日検索）

毎日新聞デジタル（2016）「シェアリングシティ宣言，ITでシェア，千葉など5市発表」11月26日公表。http://mainichi.jp/articles/20161126/k00/00e/040/203000c（2017年5月20日検索）

前田大作（2003）「Active Agingをめざして――社会参加・相互扶助の可能性と進め方を考える」『老年精神医学雑誌』第14号：847-852頁。

マガジンハウス（2016a）「シャクヤクよ，棚田に咲き誇れ。限界集落がつないだ100人以上の「大家族」の挑戦」（高知県大豊町），コロカル・COLOCAL Webマガジン，vol. 087，5月20日公表。http://colocal.jp/topics/think-japan/local-action/20160520_73188.html（2017年2月20日検索）

マガジンハウス（2016b）「のどかな五城目町に子育て世代が集まるワケとは？」「子どもが朝市に出店？」コロカル・COLOCAL Webマガジン，vol. 40，12月。http://colocal.jp/topics/lifestyle/people/20161216_88267.html（2017年1月26日検索）

マガジンハウス（2017）「岩手県西和賀町・ユキノチカラプロジェクト」コロカル・COLOCAL Webマガジン，vol. 1〜6。http://colocal.jp/topics/think-japan/yukinochikara/（2017年2月10日検索）

まなびあテラス（2017）「東根市公益文化施設・まなびあテラス」http://www.manabiaterrace.jp/（2017年2月16日検索）

松谷明彦（2009）『人口流動の地方再生学』東京：日本経済新聞出版社。

松谷明彦／藤正巌（2002）『人口減少社会の設計――幸福な未来への経済学』東京：中公新書。

marketing Bank「ソーシャルリスニングってなに？」https://www.marketingbank.jp/special/cat01/15.php（2017年4月3日検索）

MARKETPLACE（2016）Japan's population is plunging, so where are the babies? By Sally Herships April 20, 2016|3:58 PM web edition. https://www.marketplace.

org/2016/04/18/world/babies（Accessed 15 Sept 2016）

松尾順介（2014）「クラウドファンディングと地域再生」『証券経済研究』第88号12月：17-39頁。http://www.jsri.or.jp/publish/research/pdf/88/88_02.pdf（2017年4月3日検索）

まるもり移住・定住サポートセンター（2016）「まるもり移住・定住サポートセンター（愛称：じゅーぴたっ）」4月1日開設。http://www.help-marumori.jp/（2017年3月31日検索）

丸森町役場（2016）「まるもり移住・定住サポートセンターの開設について」4月1日。http://www.town.marumori.miyagi.jp/kosodate/t10/suport_center.html（2017年3月31日検索）

丸森町役場（2017）「宮城県丸森町ホームページ」http://www.town.marumori.miyagi.jp/（2017年3月31日検索）

増田博也（編）（2014）『地方消滅――東京一極集中が招く人口急減』東京：中公新書。

益田市（2017）「益田市の中山間地域におけるICTを活用した持続可能な地域運営のモデル構築の実証実験成果報告会について」平成29年2月1日報道発表資料，人口拡大課，岡崎健次担当。http://www.city.masuda.lg.jp/uploaded/life/38288_84788_misc.pdf（2017年3月30日検索）

MC Catalog+（2016）「温泉XFITがもたらす地方へのインバウンド波及」ニュース・コラム，9月30日公表。https://www.mccatalog.jp/news/column/20160930_251/（2017年4月7日検索）

MC Catalog+（2017a）「インバウンドの波が地方へと広がる2017年」ニュース・コラム，1月10日公表。https://www.mccatalog.jp/news/column/20170110_303/（2017年4月7日検索）

MC Catalog+（2017b）「【専門家コラム Vol. 11】ビッグデータを活用する」ニュース・コラム，2月20日公表。https://www.mccatalog.jp/news/column/20170220_327/（2017年4月8日検索）

御蔵島観光協会（2015）「御蔵島の人口増加の理由」（10月22日私信）

御蔵島村（2016a）「御蔵島村人口ビジョン――まち・ひと・しごと創生長期人口ビジョン計画書」総務課企画財政係（編）。平成28年3月。http://www.mikurasima.jp/data/gyosei/jinkou.pdf（2016年10月23日検索）

御蔵島村（2016b）「御蔵島村まち・ひと・しごと創生長期人口ビジョン・総合戦略＜概要版＞」総務課企画財政係（編）。平成28年3月。http://www.mikurasima.jp/data/gyosei/jinkou_gaiyou.pdf（2016年10月23日検索）

ミエルカ・ラボ（2016）「人口増加都市・神奈川県足柄上郡開成町」http://www.

visualization-labo.jp/machi1.php?new_town=143669（2016年10月31日検索）
宮西悠司（1986）「地域力を高めることがまちづくり──住民の力と市街地整備」『都市計画』第143号：25‐33頁。
宮西悠司（2004）「「地域力」を高めることが「まちづくり」につながる」『都市計画』第247号：72‐75頁。
藻谷浩介（2007）『実測ニッポンの地域力』東京：日本経済新聞社。
文部科学省（2016年）「平成28年版 科学技術白書──IoT／ビッグデータ（BD）／人工知能（AI）等がもたらす「超スマート社会」への挑戦──我が国が世界のフロントランナーであるために」http://www.mext.go.jp/b_menu/hakusho/html/hpaa201601/1362981.htm（2017年2月15日検索）
むらやま子育てナビ（2013）「東根市子どもの遊び場「ひがしね　あそびあランド」」9月。http://murayama-ouendan.jp/modules/webphoto/index.php/photo/17/（2017年2月14日検索）
中原純（2006）「Productive Aging の概念とその可能性に関する検討──デモグラフィックデータの分析から」『生老病死の行動科学』第11号：131‐138頁。
中村真由美（2016）「日本の人口転換と地域社会の未来」『家族社会学研究』第28巻第1号：26‐42頁。
中山徹（2016）『人口減少と地域再編　地方創生・連携中枢都市圏・コンパクトシティ』東京：自治体研究社。
National Interest, The（2016）Japan's greatest challenge (and it's not China): massive population decline. By Shiro Armstrong. May 16 2016 web edition. http://nationalinterest.org/blog/the-buzz/japans-greatest-challenge-its-not-china-massive-population-16212（Accessed 15 Sept 2016）
内閣府（2013a）「地方創生総合情報サイト」発足，2013年5月31日公表。http://www.cao.go.jp/chihousousei_info/（2016年9月18日検索）
内閣府（2013b）「まち・ひと・しごと創生本部の設置について」2013年9月3日閣議決定。http://www.kantei.go.jp/jp/singi/sousei/pdf/konkyo.pdf（2016年9月18日検索）
内閣府（2017）地方創生に向けた事例集，秋田県「古民家を「村」に見立てて再生！──1000人の「村民」が地域を元気にする（秋田県五城目町）」http://www.cao.go.jp/chihousousei_info/jireisyu/akita/akita.html（2017年1月23日検索）
内閣府 Kreiner, Josef（編）（1996）『地域性からみた日本──多元的理解のために』
内閣府（2015a）「選択する未来──人口推計から見えてくる未来像」経済財諮問会議，選択する未来委員会（編）10月28日公表。http://www5.cao.go.jp/keizai-shimon/kaigi/special/future/sentaku/index.html（2017年2月12日検索）

参考文献

内閣府（2015b）「生涯活躍のまち」構想（最終報告）」日本版 CCRC 構想有識者会議，まち・ひと・しごと創生本部，12月11日公表。http://www.kantei.go.jp/jp/singi/sousei/meeting/ccrc/h27-12-11-saisyu.pdf（2017年1月10日検索）

内閣府（2017）「PPP/PFIとは」http://www8.cao.go.jp/pfi/pfi_jouhou/aboutpfi/aboutpfi_index.html（2017年2月14日検索）

内閣府まち・ひと・しごと創生本部（2016）「愛知県」http://www.kantei.go.jp/jp/singi/sousei/moving/23000/index.html#all_area（2016年11月5日検索）

中城村（2009）『中城村制施行100周年記念誌——百年の軌跡』中城村役場企画課（編）。http://iss.ndl.go.jp/books/R100000001-I010076784-00（2016年11月16日検索）

中城村（2016a）「中城村ホームページ」http://www.vill.nakagusuku.okinawa.jp/index.jsp 中城村役場企画課（2016年11月16日検索）

中城村（2016b）「中城村人口ビジョン及び総合戦略」中城村役場企画課（編）平成28年3月。http://www.vill.nakagusuku.okinawa.jp/UserFiles/File/nakagusuku_jinnkou_vision2016_03.pdf（2016年11月16日検索）

長久手市（2012）「長久手古戦場物語——小牧・長久手の戦いとは」長久手市ホームページ，歴史文化情報（1月4日更新）。https://www.city.nagakute.lg.jp/gakushu/rekishi/kosenjyo.html（2016年11月8日検索）

長久手市（2013）「平成24年1月4日長久手市誕生！」（12月11日更新）。http://www.city.nagakute.lg.jp/keiei/sogo_seisaku/shisei.html（2016年11月9日検索）

長久手市（2016）「長久手市人口ビジョン まち・ひと・しごと創生総合戦略——一人ひとりに役割と居場所があるまちづくり」市長公室政策秘書課（編）2016年3月公表。http://www.city.nagakute.lg.jp/seisaku/documents/sougousenryaku_honpen.pdf（2016年11月9日検索）

長久手市観光交流協会事務局（2016）「長久手市観光案内"いま"を楽しむ」http://nagakute-kankou.com/sp/ima.html（2016年11月9日検索）

名古屋市（2016）「名古屋駅周辺まちづくり構想—世界に冠たるスーパーターミナル・ナゴヤ——国際レベルのターミナル駅を有する魅力と活力にあふれるまち」住宅都市局 都心開発部リニア関連・名駅周辺まちづくり推進室（編）平成28年9月公表。http://www.city.nagoya.jp/jutakutoshi/cmsfiles/contents/0000059/59705/matidukurikousou_gaiyouban.pdf（2016年11月8日検索）

那賀町（2011）「町のプロフィール」4月27日公表。http://www.town.tokushima-naka.lg.jp/docs/2011041300187/（2017年3月12日検索）

那賀町（2015a）「那賀町人口ビジョン」10月。http://www.town.tokushima-naka.lg.jp/docs/2015111100011/files/vision.pdf（2017年3月12日検索）

那賀町（2015b）「那賀町まち・ひと・しごと創生総合戦略」10月。http://www.town.tokushima-naka.lg.jp/docs/2015111100011/files/senryaku.pdf（2017年3月12日検索）

那賀町ドローン推進室（2016）「那賀町ドローン推進室（旧：ナカ町おこしドローンラボ）について」1月27日公表。

那賀町観光協会（2017）「拝宮農村舞台公演」http://www.newsnaka.blog6.fc2.com/（2017年3月12日検索）

那賀5町合併協議会（2005）「那賀町概要」11月7日公表。http://www.city.kinokawa.lg.jp/naga5town/gaiyou/naga/naga.htm（2017年3月12日検索）

NECソリューションイノベータ（2017）「顔認証防犯／入退管理システム」http://www.nec-solutioninnovations.co.jp（2017年8月1日検索）

NEXCO西日本（2018）「新名神高速道路・開通情報」http://corp.w-nexco.co.jp/activity/branch/kansai/shinmeishin/situation/index.html（2018年3月7日検索）

日刊建設工業新聞（2015）「ダムツーリズムってなに？／国交省が旅行会社と企画／ダムカードも密かな人気」3月20日公表 http://nikkankensetsukogyo2.blogspot.jp/2015/03/blog-post_63.html（2017年2月7日検索）

日本気象協会（2016）「日本気象協会，ドローン（UAV・無人航空機）による 高層気象観測技術の研究開発内容と実験結果を発表」5月12日公表。https://www.jwa.or.jp/news/2016/05/post-000667.html（2017年3月27日検索）

日本気象協会（天気予報）（2017）「各地のピンポイント天気・気候」http://www.tenki.jp/（2017年2月4日検索）

日本経済新聞（2018）「住宅の容積率緩和廃止，人口増抑制へ 東京都中央区」3月5日夕刊3版1頁。

日本経済新聞社（2016）「クラウドファンディング，34道府県が活用 本社調査」7月30日電子版。http://www.nikkei.com/article/DGXLASFB25H9R_Q6A730C1MM0000/（2017年4月4日検索）

日本経済新聞社（2017）「観光競争力ランキング，日本最高の4位 今年，世界経済フォーラム調査」4月8日付。http://www.nikkei.com/article/DGKKASGM08H0B_Y7A400C1MM0000/（2017年4月8日検索）

日本の郷文化（2017）「日本の郷文化――輝く地域の文化＆地域の産業文化」http://jpsatobunka.net/index.html（2017年2月4日検索）

日経BP社（2016a）「地方自治体発・本格的デジタルマーケティング！宮城県丸森町はクラウド活用で人口減少に立ち向かう」http://special.nikkeibp.co.jp/atcl/BPN/15/DTrans/000051/（2017年3月30日検索）

日経BP社（2016b）「CCRC/日本版CCRC（生涯活躍のまち）」新・公民連携最前線・

用語集，2月11日公表。http://www.nikkeibp.co.jp/atcl/tk/15/433786/021100012/（2017年1月10日検索）
日経BP社（2016c）「クラウドで「旅行者の声」を分析　北海道ではじまった地域活性化対策」『Digital Transformation』8月号。http://special.nikkeibp.co.jp/atcl/BPN/15/DTrans/000029/?P=1（2017年4月8日検索）
日経BP社（2016d）「地方自治体発・本格的デジタルマーケティング！　宮城県丸森町はクラウド活用で人口減少に立ち向かう」『Digital Transformation』11月号。http://special.nikkeibp.co.jp/atcl/BPN/15/DTrans/000051/?P=1（2017年3月29日検索）
日経BP社（2018）「小池百合子・東京都知事インタビュー（前編），『新技術でも常にイニシアティブを取りたい』小池都知事に技術観やビジョンを聞く」日経XTECH（3月14日）。http://tech.nikkeibp.co.jp/atcl/nxt/column/18/00129/031100023/（2018年3月14日検索）
日経BP総合研究所（2016）「シティブランド・ランキング——住んでみたい自治体編」『新・公民連携最前線——PPPまちづくり』11月8日公表。http://www.nikkeibp.co.jp/atcl/tk/PPP/101100049/102400001/?ST=ml（2016年11月8日検索）
日経BP総合研究所（2017a）「ICTで高齢化の課題解決，実証フィールドとして地域活性化を目指す肝付町」小谷卓也，日経デジタルヘルス『新・公民連携最前線—PPPまちづくり』2月10日公表。http://www.nikkeibp.co.jp/atcl/tk/PPP/083000048/020600004/?ST=ppp-print（2017年3月27日検索）
日経BP総合研究所（2017b）「人口増加の勢いがある自治体ランキング2015‒17——全国TOP3は，倶知安，印西，苅田」社会インフラ研究所＋新・公民連携最前線，協力：フィールドリサーチセンター，執筆：茂木俊輔＝ライター（10月24日）。http://www.nikkeibp.co.jp/atcl/tk/PPP/072800063/100600004/?ST=ppp-print（2017年11月2日検索）
日経BP総合研究所（2017c）「人口増減率ランキング2017——全国TOP50・人口規模・都道府県別」社会インフラ研究所＋新・公民連携最前線（8月1日公表）。http://www.nikkeibp.co.jp/atcl/tk/PPP/report/071200060/（2017年8月10日検索）
西目屋村（2009）「白神・観光情報」「見どころ」http://www.nishimeya.jp/shirakami/index.html　http://www.nishimeya.jp/shirakami/shirakamisanti/about/post-33.html（2017年2月1日検索）
西目屋村（2015a）「西目屋村人口ビジョン」西目屋村総務課（編）平成27年10月。http://www.nishimeya.jp/sonsei/files/jinkouvision.pdf（2017年2月4日検索）
西目屋村（2015b）「西目屋村まち・ひと・しごと創生総合戦略」西目屋村総務課（編）

平成27年10月。http://www.nishimeya.jp/sonsei/files/souseisougou.pdf（2017年2月4日検索）
西目屋村（2016a）「村の沿革」http://www.nishimeya.jp/nishimeya/item.asp?g=2&c=105&i=10268「白神山地と世界遺産」http://www.nishimeya.jp/sightseeing/item.asp?g=5&c=129&i=10832「若者定住促進」http://www.nishimeya.jp/news/item.asp?g=1&c=100&i=10881（2016年6月21日検索）
西目屋村（2016b）「世界遺産と水源の里——西目屋村取り組み内容」2016年11月19日，自治体間連携フォーラム。http://www.city.setagaya.lg.jp/kurashi/107/157/722/772/d00150013_d/fil/nishimeya.pdf（2017年2月6日検索）
西目屋村役場（2017）「暗門渓谷ルート」7月18日公表。http://www.nishimeya.jp/shirakami/shirakamisanti/saishin/post-41.html（2018年11月19日検索）
西日本新聞（2018）「『豊かさ』人口増に生かせ 新国富指標——九州7県全市町村算出」3月26日公表。https://www.nishinippon.co.jp/nnp/national/article/403701/（2018年3月27日検索）
西の社会目録（2016）「なぜ滋賀は人口が増えたのか」11月25日公表。http://e-kansai.net/2016/05/25/%E3%81%AA%E3%81%9C%E6%BB%8B%E8%B3%80%E3%81%AF%E4%BA%BA%E5%8F%A3%E3%81%8C%E5%A2%97%E3%81%88%E3%81%9F%E3%81%AE%E3%81%8B/（2016年12月11日検索）
西日本高速道路エンジニアリング四国株式会社（2014）「地域と連携した活性化への取り組み——高知県大豊町での事例紹介」2014年8月公表。http://corp.w-nexco.co.jp/activity/related_bus/relation/（2017年2月20日検索）
西和賀町（2008）「西和賀町ってどんなところ」8月1日更新。http://www.town.nishiwaga.lg.jp/index.cfm/10,0,70,14,html（2017年2月9日検索）
西和賀町（2012）「湯田温泉峡の泉質と特徴」8月30日更新。http://www.town.nishiwaga.lg.jp/index.cfm/13,10128,41,html（2017年2月9日検索）
西和賀町（2014）「西和賀町の概要・プロフィール」9月17日更新。http://www.town.nishiwaga.lg.jp/index.cfm/8,421,11,html（2017年2月9日検索）
西和賀町（2015a）「町長あいさつ」西和賀町長・細井洋行，3月6日公表。http://www.town.nishiwaga.lg.jp/index.cfm/8,4403,11,html（2017年2月6日検索）
西和賀町（2015b）「西和賀町人口ビジョン」http://www.town.nishiwaga.lg.jp/index.cfm/8,20617,135,397,html（2017年2月9日検索）
西和賀町（2015c）「西和賀町まち・ひと・しごと創生総合戦略」http://www.town.nishiwaga.lg.jp/index.cfm/8,20617,135,397,html（2017年2月9日検索）
西和賀産業公社（2017）「西和賀ネット—ユキノチカラ」http://www.nishiwaga.jp/

（2017年2月12日検索）

日本大百科全書（ニッポニカ・プラス）（2016）東京：小学館。

日本デザイン振興会（公益）（2015）「古民家［シェアビレッジ］」2015年グッドデザイン賞受賞。https://www.g-mark.org/award/describe/43279（2017年1月26日検索）

日本の森・滝・渚全国協議会（2017）「日本の森・滝・渚100選」http://www.mori-taki-nagisa.jp/#（2017年3月14日検索）

日本能率協会（JMA）（2017）（一般社団法人）「国際ドローン展」d（International Drone Expo）

日本経済新聞（2014a）「東京圏への人口集中加速」2014年1月30日付け電子版。http://www.nikkei.com/article/DGXNASFS30041_Q4A130C1EA2000/（2016年9月15日検索）

日本経済新聞（2014b）エコノ探偵団.「日本は隠れた無人ヘリ大国　農業分野で普及」2014年2月11日付。http://style.nikkei.com/article/DGXDZO66503390X00C14A2W14001?channel=DF210220171905&style=1（2017年3月14日検索）

日本経済新聞（2016a）「人口減少，33道府県で拡大　15年国勢調査」2016年2月26日 09：51（電子版）。http://www.nikkei.com/article/DGXLASFS25H7P_W6A220C1EAF00（2016年9月15日検索）

日本経済新聞（2016b）「「人口が増える町」首位は意外にも宮城県のあの町」新・公民連携最前線第2回公民連携・人口総合ランキング。http://www.nikkei.com/article/DGXMZO02700800U6A520C1000000/（2016年5月30日検索）

日本経済新聞（2016c）。「千葉県人口2年連続増加・流山や印西，家族連れ流入」7月14日 7：00（電子版）。http://www.nikkei.com/news/print-article/?R_FLG=0&bf=0&ng=DGXLASFB13HJ2_T10C16A7L71000&uah=DF161220092264（2016年12月28日検索）

日本民営鉄道協会（2016）「鉄道豆知識」http://www.mintetsu.or.jp/knowledge/index.html（2016年12月21日検索）

日本政府観光局（JNTO）（2017）「訪日外客数（年表）国籍／月別 訪日外客数（2003年～2017年）」平成29年2月15日公表。http://www.jnto.go.jp/jpn/statistics/since2003_tourists.pdf（2017年3月3日検索）

日本テレビジョン（2015）「ドローン特区で林業にドローン使う実験」日テレNEWS24, 12月2日22時05分。http://www.news24.jp/articles/2015/12/02/07316372.html（2017年3月15日検索）

農業協同組合新聞（2006）「今村奈良臣の地域農業活性化塾」2006年10月26日公表。http://www.jacom.or.jp/archive02/document/column/kora114/kora114s06102503.

html（2017年5月4日検索）

NHK（2016～2017）「地域づくり情報局――地域の誇り・ふるさとの宝」https://www.nhk.or.jp/chiiki-blog/1000/263503.html（2017年10月15日検索）

Nippon.com（2017）「日本の世界遺産一覧」https://www.nippon.com/jp/features/h00166/（2017年7月15日検索）

NPO法人てほへ（2010）「NPO法人てほへ――みんなで奥三河を元気にしよう！　志多ら・奥三河応援隊」http://tehohe.com/（2017年5月15日検索）

NTT西日本（2016）「独居高齢者宅を見守るICT！――IP版緊急通報端末と安否センサー導入により高齢者が安心して暮らせる環境を提供」3月31日公表。https://www.ntt-west.co.jp/ad/company/casestudy10.html（2017年3月27日検索）

OECD（Organization for Economic Co-operation and Development）（2014）OECD Health Statistics 2014, Families and Children Database　http://www.oecd.org/els/family/database.htm（Accessed 23 Apr 2017）

小川全夫（2003）「わが国の高齢化の現状」『老年精神医学雑誌』第14号：841‐846頁。

岡眞人（2003）「高齢者の職業と家計」古谷野亘・安藤孝敏（編）『新社会老年学』83‐108頁。東京：ワールドプランニング。

小田切徳美（2014）『農山村は消滅しない』東京：岩波新書。

おいらせ町（2016）「おいらせ町ホームページ」http://www.town.oirase.aomori.jp/（2016年6月23日検索）

岡田知弘（2014）「ポスト構造改革時代の地域再生と基礎自治体の役割」『全国町村会論説』第2708号，2010年2月8日。

岡田知弘（2014）「さらなる「選択と集中」は地方都市の衰退を加速させる」「特集・生きつづけられる地方都市」『世界』10月号：64‐73頁，東京：岩波書店。

沖縄県（2015）「沖縄県人口増加計画（改定版）（沖縄県まち・ひと・しごと創生総合戦略）――沖縄21世紀ビジョンゆがふしまづくり」2015年9月。http://www.pref.okinawa.jp/site/kikaku/chosei/documents/02-1honbun.pdf（2016年11月14日検索）

沖縄県（2016）「平成27年国勢調査人口等基本集計結果の概要――沖縄県の人口と世帯数（平成27年10月1日現在）（確定数）2016年11月11日公表，沖縄県企画部統計課（編）。http://www.pref.okinawa.jp/toukeika/pc/2015/h27gaiyo_kr.pdf（2016年11月14日検索）

沖縄県企画部統計課（2016）「平成27年国勢調査速報――沖縄県の人口と世帯数（要計表による市町村別人口・世帯数）」2016年2月26日公表。http://www.pref.okinawa.jp/toukeika/pc/H27sokuhou.pdf（2017年6月12日検索）

大潟村（2016a）「大潟村について――大潟村の歴史」大潟村役場。http://www.ogata.

or.jp/outline/polder.html（2016年6月23日検索）
大潟村(2016b)「大潟村人口ビジョン」2016年2月。http://www.ogata.or.jp/administration/pdf/population_vision.pdf（2017年1月23日検索）
大潟村（2017c）「大潟村コミュニティ創生戦略」2016年2月29日。http://www.ogata.or.jp/administration/pdf/community_creation_strategy.pdf（2017年1月23日検索）
大淵寛・森岡仁（編著）（2006）『人口減少時代の日本経済』＜人口学ライブラリー5＞東京；原書房。
大江正章（2014）「魅力あふれた「消滅する市町村」」「特集・生きつづけられる地方都市」，『世界』10月号，81-92頁，105-111頁，東京：岩波書店。
大野晋（1981）「付　日本の東部と西部と」253-280頁，大野晋・宮本常一他著『東日本と西日本』東京：日本エディタースクール出版部。
大阪府（2015a）「大阪府人口ビジョン――人口減少・超高齢社会における持続的な発展をめざして」政策企画部企画室（編）2015年8月。http://www.pref.osaka.lg.jp/attach/25389/00000000/8.31_visionsoan.pdf（2016年11月21日検索）
大阪府（2015b）「大阪府まち・ひと・しごと創生総合戦略――まち・ひと・しごとの創生と好循環の確立をめざして」政策企画部企画室（編），2015年8月。http://www.pref.osaka.lg.jp/attach/25389/00000000/8.31_senryakusoan.pdf（2016年11月21日検索）
大阪府（2016）「大阪府ホームページ」http://www.pref.osaka.lg.jp/（2016年11月21日検索）
大阪府総務部統計課（2016）「大阪府〜平成27年国勢調査〜人口等基本集計結果――平成27（2015）年10月1日現在」人口・労働グループ（編），2016年11月30日公表。http://www.pref.osaka.lg.jp/attach/1891/00210094/27jinkoutoukihon.pdf（2016年11月30日検索）
大阪府観光局（2016）「大阪について――大阪ってどんなところ？」http://www.osaka-info.jp/jp/discover/learn/beginners.html（2016年11月21日検索）
大阪府田尻町（2016a）「田尻町人口ビジョン」総務部企画人権課（編），2016年3月。http://www.town.tajiri.osaka.jp/ikkrwebBrowse/material/files/group/4/jinkobijon.pdf（2016年11月26日検索）
大阪府田尻町（2016b）「田尻町まち・ひと・しごと創生総合戦略」総務部企画人権課（編），平成28年3月。http://www.town.tajiri.osaka.jp/ikkrwebBrowse/material/files/group/4/sogosenlyaku.pdf（2016年11月26日検索）
大田区ホームページ（2017）「大田区国家戦略特別区域外国人滞在施設経営事業（特区民泊）」5月11日更新。http://www.city.ota.tokyo.jp/kuseijoho/kokkasenryakutokku/

ota_tokkuminpaku.html（2017年5月19日検索）

大豊シャクヤクの会（2013）「大豊シャクヤクの会ホームページ」10月設立　https://www.otoyopeony.com/（2017年2月20日検索）

大豊町（2015）「プロフィール」総務課，6月15日公表．http://www.town.otoyo.kochi.jp/prof/（2017年2月20日検索）

大豊町（2016）「大豊町まち・ひと・しごと創生総合戦略——平成27年度～31年度」（平成28年6月改訂版），おおとよ創生推進プロジェクト担当．

Open Knowledge International（2016）https://okfn.org/ Accessed 25 Sept 2016.

Open Knowledge Japan（2016）http://okfn.jp/ Accessed 25 September 2016.

PR TIMES（2016）「日本初，朝市に子どもが出店！自分で企画した商品を売り，マーケット感覚を養うキッズクリエイティブマーケット」プレスリリース，2016年9月3日公表．http://pressrelease-zero.jp/archives/99605（2017年1月30日検索）

READYFOR（2015）「Readyforとは」https://readyfor.jp/（2017年12月20日検索）

林野庁東北森林管理局（2015）「白神山地周辺地域の自然再生をめざして」津軽白神森林生態系保全センター発行『白神山地だより』No. 28，秋号．http://www.rinya.maff.go.jp/tohoku/syo/tugarusirakami/attach/pdf/index-2.pdf（2017年2月5日検索）

埼玉県（2012）「安心・成長・自立自尊の埼玉へ——埼玉県5か年計画・地域別版」https://www.pref.saitama.lg.jp/a0102/5-keikaku/documents/530242.pdf（2016年12月20日検索）

埼玉県総務部統計課（2016a）「平成27年国勢調査速報（要計表による人口）——埼玉県の概要～」人口統計担当，2016年6月29日公表．http://www.pref.saitama.lg.jp/a0206/documents/h27censussokuhou.pdf（2016年12月17日検索）

埼玉県総務部統計課（2016b）「平成27年国勢調査人口等基本集計の結果——埼玉県の概要」人口統計担当，2016年10月26日公表．http://www.pref.saitama.lg.jp/a0206/documents/gaiyou2.pdf（2016年12月17日検索）

埼玉新都市交通株式会社（2016）「ニューシャトルあれこれ」http://www.new-shuttle.jp/guide/（2016年12月21日検索）

坂本誠（2015）「「地方創生」政策の問題点と方向性」「特集「地方消滅」と「地方創生」を超えるヴィジョンを」生活経済政策・「生活経済政策」編集委員会（編），15-20頁，東京：生活経済政策研究所．

産経ニュース（2015）「首相官邸にドローン　ヘリポートに墜落か」http://www.sankei.com/affairs/news/150422/afr1504220016-n1.html（2017年3月14日検索）

産経ニュース（2016a）「過疎地の高齢者宅配，ドローンでサービス　特区の徳島県那賀

参考文献

町で実験」産経WEST2月24日14時12分配信。http://www.sankei.com/west/news/160224/wst1602240067-n1.html（2017年3月15日検索）

産経ニュース（2016b）「子育て世代誘致成功——神奈川県内で面積最小も人口増加率トップの開成町」4月6日付インターネット版。http://www.sankei.com/region/news/160406/rgn1604060061-n1.html（2016年11月2日検索）

シェアリングエコノミー協会（Sharing Economy Association, Japan）（2017）「小池都知事に代表理事が"シェアリング・シティ東京"を提案」12月26日公表。https://sharing-economy.jp/activity/tokyometropolitangovernment/（2017年12月20日検索）

シェアリングエコノミーラボ（Sharing Economy Lab）（2016）「シェアリングエコノミーとは？ 基本ビジネスモデルとサービス内容」http://sharing-economy-lab.jp/share-regional-revitalization（2017年5月18日検索）

シェアリングエコノミーラボ（Sharing Economy Lab）（2017）「「所有」から「共有」へ，地方課題の解決や地方創生を担うシェアリングエコノミーのカタチ」5月9日公表。http://sharing-economy-lab.jp/share-regional-revitalization（2017年5月18日検索）

SHARE VILLAGE（2017）「SHARE VILLAGE 年貢を納めて村民になろう」http://sharevillage.jp/（2017年1月26日検索）

滋賀県草津市役所（2013）「草津市シティセールス戦略基本プラン」滋賀県草津市総合政策部草津未来研究所・草津市総合政策部企画調整課（編），2016年3月。https://www.city.kusatsu.shiga.jp/shisei/seisaku/citysales/sakutei.files/51591faa002.pdf（2016年12月8日検索）

滋賀県草津市役所（2015）「草津市の概要・位置」7月28日更新。http://www.city.kusatsu.shiga.jp/shisei/shokai/gaiyo.html（2016年12月13日検索）

滋賀県草津市役所（2016a）「草津市人口ビジョン」滋賀県草津市総合政策部草津未来研究所・草津市総合政策部企画調整課（編），2016年3月。https://www.city.kusatsu.shiga.jp/shisei/seisaku/shikeikaku/sousei/kikaku320160328.files/bijyon.pdf（2016年12月8日検索）

滋賀県草津市役所（2016b）「草津市まち・ひと・しごと創生総合戦略」滋賀県草津市総合政策部草津未来研究所・草津市総合政策部企画調整課（編），2016年3月。https://www.city.kusatsu.shiga.jp/shisei/seisaku/shikeikaku/sousei/kikaku320160328.files/senryaku.pdf（2016年12月8日検索）

滋賀県草津市役所（2016c）「草津市まち・ひと・しごと創生総合戦略——資料編」滋賀県草津市総合政策部草津未来研究所・草津市総合政策部企画調整課（編），2016年3月。https://www.city.kusatsu.shiga.jp/shisei/seisaku/shikeikaku/sousei/kikaku320160328.

files/siryouhen.pdf（2016年12月 8 日検索）

滋賀県総合政策部（2015）「人口減少を見据えた豊かな滋賀づくり総合戦略——本編」企画調整課，2015年10月。http://www.pref.shiga.lg.jp/a/kikaku/ginkogensho/files/001honpen.pdf（2016年12月 8 日検索）

滋賀県総合政策部（2016）「平成27年国勢調査 滋賀県・市町別人口（速報値）」2016年 2 月26日，統計課人口統計係（編）。http://www.pref.shiga.lg.jp/c/toukei/kokuchou/2015/files/kouhyou_ken.pdf（2016年12月 8 日検索）

島根県立隠岐島島前高等学校（2017）「島前高校魅力化プロジェクト——地域活性化の一翼を担う高校づくり」http://miryokuka.dozen.ed.jp/（2017年 3 月11日検索）

島根県政策企画局統計調査課（2016）「平成27年国勢調査—人口等基本集計—島根県分」2016年12月 公 表。http://pref.shimane-toukei.jp/upload/user/00019507-NRNKPp.pdf（2017年 2 月26日検索）

清水浩昭（2013）『高齢化社会日本の家族と介護——地域性からの接近』東京：時潮社。

白神公社（2017）「世界遺産と水源の里青森県西目屋村」http://www.kumagera.net/（2016年11月19日検索）

指定都市市長会（2017）「指定都市とは」http://www.siteitosi.jp/about/about.html（2017年 5 月 5 日検索）

小学館（編）（2017）『デジタル大辞泉』。

首相官邸（2012a）「電子行政オープンデータ戦略」（2012年 7 月 4 日発表）http://www.kantei.go.jp/jp/singi/it2/pdf/120704_siryou2.pdf および，http://www.kantei.go.jp/jp/singi/it2/pdf/120704_gaiyou.pdf（2016年 9 月26日検索）

首相官邸（2012b）「電子行政オープンデータ実務者会議第 1 回データ・ワーキンググループ　議事次第」http://www.kantei.go.jp/jp/singi/it2/densi/wg/dai1/gijisidai.html（2016年 9 月26日検索）

首相官邸（2013a）「平成26年 9 月 3 日 安倍内閣総理大臣記者会見」http://www.kantei.go.jp/jp/96_abe/statement/2014/0903kaiken.html（9 月 3 日公表）（2016年 9 月18日検索）

首相官邸（2013b）「まち・ひと・しごと創生」（9 月12日公表）（2016年 9 月18日検索）

首相官邸（2016）「日本再興戦略2016——第 4 次産業革命に向けて」6 月 2 日閣議決定。http://www.kantei.go.jp/jp/singi/keizaisaisei/pdf/2016_zentaihombun.pdf（2017年 5 月20日検索）

首相官邸まち・ひと・しごと創生本部（2016）「愛知県」http://www.kantei.go.jp/jp/singi/sousei/moving/23000/index.html（2016年11月 6 日検索）

損保ジャパン日本興亜（2017）「日本初・ドローンを活用した超高層ビル街での災害対

応実証実験の実施——災害時の情報収集・滞留者誘導を目的とした「チーム・新宿」の取組み」プレスリリース，2月6日公表．

総務省（2000）「過疎地域自立促進特別措置法」（平成十二年三月三十一日法律第十五号，最終改正：平成二七年六月二四日法律第四六号）http://law.e-gov.go.jp/htmldata/H12/H12HO015.html（2016年11月10日検索）

総務省（2008）「地域資源を活用したまちづくり（島根県海士町）」地域力創造優良事例集——平成20年度優良事例集—Ⅰ地場産品発掘・ブランド化．http://www.soumu.go.jp/main_content/000063232.pdf（2017年3月7日検索）

総務省（2010）「『平成の合併』について」の公表」平成22年3月5日付報道資料。http://www.gappei-archive.soumu.go.jp/heiseinogappei.pdf（2016年9月20日検索）

総務省（2012）『平成24年版情報通信白書』http://www.soumu.go.jp/johotsusintokei/whitepaper/ja/h24/pdf/index.html（2016年9月25日検索）

総務省（2014）「「SAQ2（サクサク）JAPAN Project」の公表」2014年6月12日公表。http://www.soumu.go.jp/menu_news/s-news/01kiban03_02000260.html（2017年4月8日検索）

総務省（2015）「住民基本台帳に基づく人口，人口動態及び世帯数（平成28年1月1日現在）」2016年7月23日公表．http://www.soumu.go.jp/menu_news/s-news/01gyosei02_02000122.html（2016年9月28日検索）

総務省（2016a）「平成27年版情報通信白書」第2部ICTが拓く未来社会．http://www.soumu.go.jp/johotsusintokei/whitepaper/ja/h27/html/nc242110.html（2017年5月19日検索）

総務省（2016b）「市町村合併資料集——市町村数の変遷と明治・昭和の大合併の特徴」http://www.soumu.go.jp/gapei/gapei2.html　2016年10月「市町村数の推移表（詳細版）」http://www.soumu.go.jp/main_content/000283329.pdf（2016年10月20日検索）

総務省（2016c）「平成27年国勢調査人口等基本集計結果の概要」10月26日公表．http://www.stat.go.jp/data/kokusei/2015/kekka/kihon1/pdf/gaiyou1.pdf（2016年10月28日検索）

総務省（2017a）「2017年版情報通信白書——データ主導経済と社会改革」（平成29年7月公表）http://www.soumu.go.jp（2017年8月1日検索）

総務省（2017b）「統計トピックス No. 103　統計からみた我が国の高齢者（65歳以上）——「敬老の日」にちなんで」平成29年9月17日公表．http://www.stat.go.jp/data/topics103.pdf（2017年10月15日検索）

総務省統計局（2012）e-Stat「平成22年国勢調査——小地域集計（各都道府県，市町村別，町丁・字等）https://www.e-stat.go.jp/SG1/estat/GL08020101.do?_toGL080201

01_&tstatCode=000001039448&requestSender=search（2016年9月26日検索）
総務省統計局（2015a）「統計で見る市区町村のすがた2015，住民基本台帳——政府統計の総合窓口 GL02020101，日本人人口，および人口・世帯・婚姻」。http://www.e-stat.go.jp/SG1/estat/List.do?bid=000001061194&cycode=0（2015年11月15日検索）
総務省統計局（2015b）「人口推計（平成26年10月1日現在）——全国一年齢（各歳），男女別人口・都道府県別一年齢（5歳階級），男女別人口—（2015年4月17日公表）http://www.stat.go.jp/data/jinsui/2014np/index.htm（2016年9月26日検索）
総務省統計局（2016a）e-Stat「地域別統計データベース」（市区町村データ）（2016年7月15日更新）http://www.e-stat.go.jp/SG1/chiiki/ToukeiDataSelectDispatchAction.do;jsessionid=B5m1Xy2ShhFPkQYls6QVDKqnYjnJPQz1vLQDQn9Hw83DTS1kjvnF!-433518934!61449314（2016年9月26日検索）
総務省統計局（2016b）e-Stat「都道府県・市区町村のすがた」http://www.e-stat.go.jp/SG1/chiiki/Welcome.do（2016年9月26日検索）
総務省統計局（2016c）「平成27年国勢調査・人口速報集計結果——全国・都道府県・市町村別人口及び世帯数」2016年2月26日公表。http://www.stat.go.jp/data/kokusei/2015/kekka/pdf/gaiyou.pdf（2016年6月21日検索）
総務省統計局（2016d）「平成27年国勢調査・抽出速報集計結果——結果の概要」2016年6月29日公表。http://www.stat.go.jp/data/kokusei/2015/kekka/pdf/gaiyou1.pdf（2016年6月30日検索）
総務省統計局（2016e）e-Stat「都道府県・市区町村のすがた——地域統計データベース #A人口・世帯」（2016年7月15日更新）http://www.e-stat.go.jp/SG1/chiiki/CommunityProfileTopDispatchAction.do?code=2（2016年9月26日検索）
総務省統計局（2016f）「平成27年国勢調査・人口等基本集計結果——全国・都道府県・市町村別人口及び世帯数」（2016年10月26日公表）。http://www.stat.go.jp/data/kokusei/2015/kekka/kihon1/pdf/gaiyou1.pdf（2016年10月27日検索）
SPACEMARKET（2016）「SPACEMARKET」https://spacemarket.com（2017年4月15日検索）
須賀正志（2016）「ダムを観光資源に地域活性化——ダムツーリズムの推進」「特集　地域活性化の推進——魅力ある郷土（ふるさと）の創生に向けて」『月刊建設』vol. 60，5月：6-9頁，。
鈴木良介（2011）『ビッグビジネスの時代』東京：翔泳社。
高松旅ネット（2017）「高松市無料公衆無線LANサービス「かがわ Wi-Fi 高松」のご案内」http://www.takamatsu-kankou.net/about/detail/14（2017年4月1日検索）
宝島社（2017）「田舎暮らしの本——特集第5回日本「住みたい田舎」ベストランキン

グ」2月号。http://tkj.jp/read/index/magazine/inaka/month/201702/maxpage/24/pagedir/2/（2017年1月14日検索）

多久市役所（2016）「シェアリングシティ宣言──ローカルシェアリング事業」商工観光課　商工観光係。https://www.city.taku.lg.jp/main/9042.html（2017年5月21日検索）

田尻町役場（2016）「観光─町の概要─歴史・地勢」http://www.town.tajiri.osaka.jp/kanko/gaiyou/1292561393665.html（2016年11月26日検索）

たびらい沖縄・沖縄観光情報（2015）「中城村探訪──歴史と文化が残る村」http://www.tabirai.net/sightseeing/tatsujin/0000394.aspx（2016年11月16日検索）

平修久（2005）『地域に求められる人口減少対策──発生する地域問題と迫られる対応』埼玉：聖学院大学出版会。

玉城隆雄（1997）「伝統と変革の中で揺れる沖縄県の家族」熊谷文枝（編著）『日本の家族と地域性・下巻』第8章, 189-210頁。京都：ミネルヴァ書房。

寺田学（2014）「大潟村だけ若者が増える，は本当か？」衆議院議員寺田学オフィシャルウエブサイト，6月2日。http://www.manabu.jp/blog-entry/2014/06/02/200/（2017年1月23日検索）

東栄町町役場（2016）「東栄町わが町ガイド──東栄町とは」http://www.town.toei.aichi.jp/side/guide/01_toei/01_outline/outline.html（2016年11月10日検索）

東北農政局統計部（2015）「平成25, 26年第61次山形農林水産統計年報」2015年3月農林水産省。http://www.maff.go.jp/tohoku/stinfo/toukei/nenpo/61_yamagata.html#3（2017年2月15日検索）

東洋経済新報社（2016）「最新！「住みよさランキング2016」トップ50──トップ3は印西、長久手、砺波」東洋経済『都市データパック』編集部，6月21日公表。http://toyokeizai.net/articles/print/122614（2016年11月9日検索）

徳島県（2016）「課題解決先進モデル・とくしま特区──地方創生に向けた地域課題を最前線で解決」連携団体─徳島市・阿南市・石井町・那賀町・美波町・板野町「国家戦略特区ワーキンググループヒアリング資料」2016年9月5日公表。http://www.kantei.go.jp/jp/singi/tiiki/kokusentoc_wg/h28/teian/160905_shiryou_t_4_1.pdf（2017年3月14日検索）

徳島県地方創生推進課（2015）「徳島県における小型無人機の活用への取組みについて」2015年12月9日公表、「小型無人機（ドローン）における電波の利活用セミナー」加藤貴弘担当。http://www.soumu.go.jp/main_content/000393867.pdf（2017年3月14日検索）

徳島県統計戦略課（2016a）「徳島県市町村別指標2016」3月24日公表。http://www.

pref.tokushima.jp/statistics/city-indicators/（2017年3月12日検索）
徳島県統計戦略課（2016b）「平成27年国勢調査　人口等基本集計結果の概要――徳島県分」10月26日，総務省統計局公表。http://www.pref.tokushima.jp/statistics/census/index05.html（2017年3月12日検索）
徳島県ドローン安全協議会（一般社団法人）（2016）「那賀町ドローンマップ　テスト版　有効期限 2016.5.8.」http://tokushima-d-s.info/map.html（2017年3月15日検索）
トラベルボイス・観光産業ニュース（2017）「長崎県島原市が観光分野でシェアリングエコノミー実践へ，地元体験のマッチングサイトと連携，コスプレ撮影会も開催」4月7日公表。https://www.travelvoice.jp/20170407-86203（2017年5月21日検索）
都市計画協会（公財）（2015）「クラウドファンディングを活用したまちづくり入門」11月。http://www.tokeikyou.or.jp/research/doc/nyuumon-crowdfunding.pdf（2017年4月3日検索）
東京中央ネット（2016）「下町情緒と近代都市の混在するウォーターフロント」中央区の地域コミュニティ・月島地域連合会，第9回特集「中央区の地域コミュニティ・京橋地域連合会」http://www.tokyochuo.net/（2016年12月4日検索）
東京都総務局統計部（2016）「平成27年国勢調査 人口及び世帯数（速報）」人口統計課人口調査（編），2月26日公表。http://www.toukei.metro.tokyo.jp/kokusei/2015/kd15s-data.htm（2016年11月24日検索）
東奥日報 Web（2016）「津軽ダム完成祝う／西目屋で竣工式」10月16日公表。http://www.toonippo.co.jp/news_too/nto2016/20161016018771.asp（2017年2月6日検索）
津軽ダム工事事務所（2016）「津軽ダムにおける「水源地ビジョン」について――地域活性化の取り組み」2016年3月1日公表。http://www.thr.mlit.go.jp/Bumon/B00097/K00360/happyoukai/H28/list3/3-1.pdf（2017年2月7日検索）
津軽ダム工事事務所（2017）「津軽ダム竣工までの道のり――津軽ダム建設のあゆみ」国土交通省東北地方整備局『津軽ダムだより』第203号，1月20日発行。http://www.thr.mlit.go.jp/tugaru/jimusyo/damdayori/pdf/2017/tayori203.pdf（2017年2月6日検索）
統計メモ帳（2016）https://ecitizen.jp/（2016年10月23日検索）
トラベルjp（2016）「大木の桜並木が絶景！　埼玉県伊奈町・無線山桜祭り3つの魅力」http://guide.travel.co.jp/article/16675/（2016年12月25日検索）
UNICEF (2016) Japan's population declines for first time since 1920s-official census. Friday 26 February 2016 0508 GMT web edition. https://www.theguardian.com/world/2016/feb/26/japan-population-declines-first-time-since-1920s-official-census (Accessed 15 Sept 2016)

United Nations World Population Prospects（2017）https://esa.un.org/unpd/wpp/ Download/Standard/Population/ Tables on Total Population, and on Population Growth Rate（Accessed 17 Sept 2017）

和歌山県企画部企画政策局調査統計課（2016）「平成27年国勢調査結果——人口等基本集計および移動人口の男女・年齢等集計結果（2015年10月1日現在）——和歌山県」http://www.pref.wakayama.lg.jp/prefg/020300/kokusei/2015/pdf/h27zinkou.pdf http://www.pref.wakayama.lg.jp/prefg/020300/kokusei/2015/pdf/h27idozinkou.pdf（2017年月27日検索）

和歌山県ホームページ（2017）「県内市町村」http://www.pref.wakayama.lg.jp/link/shichoson.html（2017年2月26日検索）

Washington Post, The（2016）It's official: Japan's population is dramatically shrinking. By Adam Taylor, February 26. https://www.washingtonpost.com/news/worldviews/wp/2016/02/26/its-official-japans-population-is-drastically-shrinking/（Accessed 15 Sept 2016）

渡邊杉菜（2014）『スギナの島留学日記——島が温かい心と学ぶ姿勢をはぐくんでくれた！』東京：岩波新書。

Weblio（2016）「ハッカソン」「ユイマール」http://www.weblio.jp/（2016年10月9日検索）

World Economic Forum（2016）Japan's population is shrinking: What does it mean for the economy? Friday 26 February 2016. Web edition. https://www.weforum.org/agenda/2016/02/japans-population-is-shrinking-what-does-it-mean-for-the-economy/（Accessed 15 Sept 2016）

八雲会（2012）「ラフカディオ・ハーン「知られぬ日本の面影」への旅——高嶋敏展写真展」http://yakumokai.org/4729（2017年3月4日検索）

Yahoo! ニュース（2017）「日本初，高層ビル街でドローン災害訓練」2月13日公表。https://headlines.yahoo.co.jp/article?a=20170213-00010000-riskts-soci（2017年3月26日検索）

山形経済新聞（2016）「山形・東根市に文化施設「まなびあテラス」 図書館，美術館など併設」11月4日公表。http://yamagata.keizai.biz/headline/356/（2017年2月16日検索）

山形新聞（2015）「名称はまなびあテラス東根・来年11月開館の公益文化施設」12月19日公表。http://yamagata-np.jp/news/201512/19/kj_2015121900390.php（2017年2月16日検索）

山形県企画振興部（2016）「平成27年国勢調査・人口等基本集計結果・山形県の概要」統計企画課・生活統計担当（編），10月26日公表。http://www.pref.yamagata.jp/

ou/kikakushinko/020052/data/koku/H27_kokutyo/h27kokucho/jinnkoutoukihonn.pdf（2017年2月10日検索）
山内道雄・岩本悠・田中輝美（2015）『未来を変えた島の学校——隠岐島前発 ふるさと再興への挑戦』東京：岩波書店．
山下一仁（2015）「実は農業は魅力的？ 秋田県大潟村の奇跡」『日経BizGate』10月7日掲載．http://bizgate.nikkei.co.jp/article/92103815_2.html（2016年6月23日検索）https://www.town.yamakita.kanagawa.jp/cmsfiles/contents/0000002/2848/jinkoubizyonsenryaku.pdf（2016年11月3日検索）
山田昌弘（2007）「結婚したいなら婚活のすすめ」『アエラ』（11月5日号），東京：朝日新聞社．
山田昌弘・白河桃子（2008）『「婚活」時代』東京：ディスカヴァー携書．
山田昌弘・白河桃子（2013）『「婚活」症候群』東京：ディスカヴァー携書．
矢野経済研究所（2016）「クラウドファンディング市場——矢野経済研究所市場調査レポート」ICT・金融ユニット，9月1日公表．http://www.yanoict.com/report/12494.html?gclid=Cj0KEQjwwoLHBRDD0beVheu3lt0BEiQAvU4CKgjusAlElCLgRwH6n9SVMnPA8OWGSlmNHSi6QuT_B5caAlOn8P8HAQ（2017年4月3日検索）
米沢日報デジタル（2011）「山形県東根市 土田正剛市長に聞く」http://www.yonezawa-np.jp/html/interview/2011/10tsuchida.html（2017年2月14日検索）
結城登美雄（2016）「自分たちの地域を考えていく大きなヒントに」『BIGインタビュー・地域づくりへの提言』4月1日公表．http://www.nhk.or.jp/chiiki-blog/900/241195.html（2016年9月19日検索）
吉岡雅光（2002）「過疎地域における人口還流の可能性」「立正大学人文科学研究所年報」，第39号：30‐45頁．
吉田良生・廣嶋清志（編）（2011）『人口減少時代の地域政策』＜人口学ライブラリー9＞東京：原書房．
吉田燿子（2015）「高野山のまちづくり①祈りの聖地にゲストハウスが誕生」HOME'S PRESS，10月18日公表．http://www.homes.co.jp/cont/press/reform/reform_00272/（2017年3月1日検索）
吉田燿子（2016a）「高野山のまちづくり②外国人観光客であふれる高野山。今，密教の聖地で何が起きているのか」HOME'S PRESS，2月4日公表．http://www.homes.co.jp/cont/press/reform/reform_00272/（2017年3月1日検索）
吉田燿子（2016b）「高野山のまちづくり③1200年の仏都を揺るがす，寺院の老朽化問題．世界遺産の木造建築群は守られるのか」HOME'S PRESS，2月11日公表．http://www.homes.co.jp/cont/press/reform/reform_00313/（2017年3月1日検索）

用語集「倫理」編集委員会（編）（2016）『用語集　倫理　新訂第2版』東京：清水書院。

全国町村会（2010）「いのちを語り継ぐまちづくり——すこやかに生まれ，すこやかに育ち，すこやかに老いる，が実感できる町——岩手県西和賀町」全国町村会広報部　横山泉，11月8日公表。http://zck.or.jp/forum/forum/2739/2739.htm（2017年2月10日検索）

全国町村会（2012）「伊奈町プチ自慢——埼玉県町村会長　埼玉県伊奈町長　野川和好」http://www.zck.or.jp/essay/2812/2812.html（2016年12月20日検索）

全国町村会（2012b）「「国道，鉄道，上水道」がないが「北海道」がある—ふるさと納税を活用した「ひがしかわ株主制度」～「写真の町」東川町」東川町長　松岡市郎「町村の取り組み」第2807号（2012年7月16日公表）http://zck.or.jp/teigen/jirei/2807.htm（2017年4月8日検索）

全国町村会（2014a）「世界遺産と水源の里——白神山地×エコツーリズム～青森県西目屋村」西目屋村長　関　和典「町村の取り組み」2881号（2014年6月2日公表）http://zck.or.jp/forum/forum/2881/2881.htm（2017年2月1日検索）

全国町村会（2014b）「愛知県東栄町——Ｉターンの若者たちが受け継ぐ地域文化と新たな地域創造への挑戦」東栄町役場企画課。「町村のとりくみ」第2901号。http://www.zck.or.jp/forum/forum/2901/2901.htm（2016年11月9日検索）

全国町村会（2015）「島根県海士町——『ないものはない』の精神で飽くなき挑戦——持続可能な未来をつくる"学びの島"へ」「町村の取り組み」第2913号（3月16日公表）海士町役・総務課。http://zck.or.jp/forum/forum/2913/2913.htm（2017年3月8日検索）

全国町村会（2016a）「高野町におけるインバウンドの取り組み」「町村の取り組み」2949号（2016年2月8日公表）高野町・産業観光課。http://www.zck.or.jp/forum/forum/2949/2949.htm（2017年2月28日検索）

全国町村会（2016b）「みどりせせらぎ風の音　Tokyo檜原村」「町村独自の取り組み・平成28年度」2063号（2016年6月20日公表）http://zck.or.jp/forum/forum/2963/2963.htm（2016年10月25日検索）

人名索引

あ行

浅井建爾　19
飯田泰之　17, 18
石破　茂　ii
市川宏雄　60
伊奈備前守忠二　88
今井　照　25
岡田和弘　26
小田切徳美　17
小田島長義　168
小野　篁　194

か行

蒲生正男　19
木下　斉　17, 120
グード（Goode, William）　253
Kumagai, Fumie　29, 31, 56, 102, 253, 254, 255
熊谷文枝　17, 18, 19, 23, 27, 41, 42, 56, 102, 161, 164, 168, 182, 254, 255
クライナー , J.（Kreiner, Joseph）　19
小池百合子　241
小泉八雲（ラフカディオ・ハーン）　194
弘法大師空海　186
後鳥羽上皇　194

さ・た・な行

嵯峨天皇　186
清水浩昭　19
白河桃子　31
鈴木良介　35
武田昌大　144
田中角栄　ii
玉城隆雄　56, 102

津軽為信　148
徳川家康　73, 88
豊臣秀吉　73
中原　純　76
中村真由美　19

は・ま行

バーナーズ・リー（Berners-Lee, Tim）　38
バトラー（Butler, N.R.）　76
原　俊彦　19
久繁哲之介　17
廣嶋清志　19
藤　正巌　5
藤本建夫　60
藤山　浩　17
藤原内記　141
ポロック（Pollock, Rufus）　36
増田寛也　i, 1, 16, 18, 60, 225
松尾順介　228
松谷明彦　5
源　順　141
宮西悠司　27
藻谷浩介　18
森岡清美　253, 254

や・ら・わ行

山内道雄　198
山田昌弘　31
結城登美雄　17
吉田燿子　189
吉田由生　19
ライシャワー（Reischauer, Edwin O.）　253
渡邊杉菜　198

事項索引

アルファベット

AI　220, 221, 226
Airbnb（エアビーアンドビー）　239
AsMama（アズママ）　241
BABAME BASE　2
CAS（Cells Alive System）　198
CMR（Customer Managed Relationships）　225, 226
e-Stat　40
EvaCva　2, 40, 48, 54, 98, 181, 255, 256
G-Census　2, 40, 45, 46, 54, 57, 255, 256
GPS 情報　237
ICT（情報通信コミュニケーション技術）　ii, 1, 2, 77, 92, 99, 126, 172, 177, 209, 215, 218-224, 226, 236-239, 242
IoT　219-221, 223, 226
JNTO　188, 190, 229, 230
Kintone（キントーン）　224, 225
LCC　230
Pepper　223
SAQ2　236
SNS　227, 228, 237, 239
TABICA　243
UAV　206, 207
UIJ 現象　69
Wi-Fi　236, 237

あ行

IP 版緊急通報端末　221
アウトバウンド　228, 229
アカガサレ病　220
赤潮対策　220
鰺ヶ沢町　148
あじさいっこ　85
新しい地域づくりを試みる市町村　48
アッシジ市　189, 191
海士町（島根県）　2, 177, 191, 193-201, 203, 217, 245
海士乃塩　200
有明海域　220
あるものはある　197
安否センサー　221
暗門の滝　148, 155
憩い集落　183
意識改革　2, 209, 215, 243, 246
伊豆諸島　64, 68
率浦郷　141
五十目　141
一揆（IKKI）　143
田舎モダン　85
伊奈町（埼玉県）　86, 88-92
　　——の特産物　91
　　——バラ園　91
いのちの作法　161
いのちの山河　161
岩木川ダム統合管理事務所　154
岩手県立自然公園　159
印西市（千葉県）　92, 95-99
インサイト　238
インバウンド　2, 183, 186, 188, 191, 217, 228-232, 234-238
印旛沼　95, 98
ウォーターフロント　67
「受身姿勢」から「積極姿勢」　245
エコツーリズム　2, 145, 150-153, 172, 217
おいしい水，うまい空気，豊かな大地　245
大釜の滝　209
大阪市地域　128, 130
置　賜　163, 165, 166

297

隠岐島島前高等学校　198, 199
隠岐牛　200
奥三河　79
近江八幡市　110
大潟村（秋田県）　137, 140, 141
大津ジャンクション　110
大豊町（高知県）　2, 177-183, 217
大豊シャクヤクの会　177, 179, 182, 217, 227
オープン・ナレッジ・ファウンデーション　36
オープンデータ　1, 35-40, 57, 60, 254, 256
大森工業団地　167
オールド・ミーツ・ニュー（Old meets New）　241
オプティムホーク　220
尾太金山　148
尾張地域　72
温泉入浴　235

か　行

外国人旅行者数　188, 228, 230-232, 234, 236
開成町（神奈川県）　79, 80, 83-85
害鳥対策　220
街道文化　112
核家族化　14
かずさ・臨界　95
粕屋町（福岡県）　116, 118, 120-126
過疎化　ii, 2, 3, 17, 24, 56, 68, 104, 150, 172, 181, 182, 187, 196, 206-208, 215, 217, 221, 240
過疎地域自立促進特別措置法　77
上小阿仁村（秋田県）　138, 139
カモ被害　220
駕与丁池　121, 124, 126
駕与丁公園　124-126
川崎市（神奈川県）　79-83
観光立国　230
関西国際空港　131-133, 232
関東ローム層　95
紀伊山地の霊場と参詣道　189
企業誘致　ii, 1

木沢村地域　204
北九州地域　120
君の椅子プロジェクト　244, 245
肝付町（鹿児島県）　222, 223
休耕地　217
京橋地域　66, 67
錦秋湖　159
キンニャモニャの変　197
草津市（滋賀県）　107, 108, 111-115
草津宿　111, 115
草津ブランド　111, 115
草津納涼まつり　115
九十九里　95
クラウドサービス　2, 223-225
クラウドファンディング　2, 144, 182, 217, 226-228
クラウドワークス　242
栗駒国定公園　159
グローカル人材育成　199
グローバル社会　ii, iii, 253, 255
景観行政団体　190
けやきホール　171
限界集落　2, 17, 18, 24, 77-79, 88, 95, 99, 118, 128, 160, 179, 181-183, 187, 201, 204-206, 208, 215, 217, 222, 223
甲賀地域　108
耕作放棄地　182, 183
広域観光周遊ルート　231, 232
後期高齢者　17, 64, 73, 78, 80, 102, 108, 138, 146, 158, 160, 166, 169, 178, 184, 192, 203
合計特殊出生率（TFR）　ii, 8, 28, 29, 41, 59, 60, 114, 124, 132, 161, 188
高層気象観測技術開発　220
高野山　186-191
高野町（和歌山県）　2, 177, 183, 184, 186-191, 217, 228
高野詣　189
高齢化　i, ii, 2, 3, 5, 9, 10, 15, 17, 18, 24, 25, 28, 56, 62, 64, 65, 68, 72, 73, 75-78, 80, 82, 85, 87, 97, 99, 104, 107, 108, 113, 118, 121, 123, 128,

298

事項索引

138, 139, 142, 144, 146, 147, 153, 158, 161, 166, 169, 172, 178, 180-182, 187, 192, 193, 195, 196, 203-208, 215, 217, 221, 222, 240, 254
高齢社会　9, 10
高齢人口　9, 10, 64-66, 73, 74, 80, 82, 87, 88, 90, 93, 95, 97, 102, 105, 108, 113, 118, 119, 123, 127, 128, 131, 138, 139, 142, 150, 160, 169, 178, 181, 184, 187, 192, 195, 203, 205
ゴールソン　144
ゴールデンルート　190, 231, 232, 235
小型無人航空機　206
五畿七道　19, 23
克雪　159
国内総生産（GDP）　5
60歳以上の村民と乳児の医療費を無料化　161
五城目町（秋田県）　2, 139-144, 172, 217
五城目朝市　143
五城目城　143
個人旅行（FIT）　231
子育て島　199
子育てするなら東根市　171, 217
子団塊の世代　7, 10
湖東三山スマートインターチェンジ　110
湖北地域　108
小牧・長久手の戦い　73
古民家　143, 144, 238
婚姻率（CMR）　i, 1, 18, 28, 42, 45, 48, 53, 54, 56, 59-61, 63, 71, 79, 86, 92, 96, 97, 101, 104, 107, 116, 122, 138, 145, 156, 163, 170, 177, 183, 191, 201, 205, 218, 219
婚外子（非嫡出子）　29
婚活　31, 170
勤行　190
金剛峰寺高野山　186

さ 行

西国三十三箇所巡り　189
サイボウズ　224
相模湾　83
佐賀海苔　220
サクセスフルエイジング　76
さくらんぼタントクルセンター　2, 171, 172, 217
さくらんぼ東根駅　167
さざえカレー　198, 200
佐藤錦　168
里帰り（SATOGAERI）　143
砂ゆっこ　159
サンチアゴ・デ・コンポステーラへの巡礼路　189
三平の家　143
シェアビレッジ　2, 137, 142-145, 172, 217
シェアリングエコノミー　2, 238-243
シェアリングシティ　240, 241
市区町村のすがた　40
四国八十八箇所巡礼　189
静岡県遠州地域　79
次世代型徘徊者捜索　22
下町情緒　67
志多ら　78
市町村合併　25
市町村　i, 2, 24, 35, 40, 41, 53, 54, 56, 57, 63, 86, 92, 116, 117, 121, 215, 255
シティプロモーション事業　133
シティホテル　234
自動車産業　75
地場産業の振興　227
死亡数　i, 93, 142, 196, 205
死亡率　5, 8, 9, 60, 62, 161
島ならではのヒトづくり　197
島留学　198, 201, 217
若年女性人口　17, 205
写真甲子園　244
写真の町宣言　243
斜面ゾーン　171
じゅーぴたっ　→　まるもり移住・定住サポートセンター
宿坊　189, 190
首相官邸ドローン落下事件　207

出国日本人数　　229, 230
出産適齢女性　　1, 16,
出生数　　i, 5, 9, 10, 28, 29, 93, 142, 170, 182, 196, 205
出生率　　5, 7-9, 18, 56, 59, 61, 62, 85, 102, 121, 124, 125, 132, 169, 219
巡礼の文化　　189
生涯未婚者　　i
生涯未婚率　　31
少子化　　i, ii, 1, 3, 5, 28, 72, 80, 182, 193, 197, 198, 203, 218
少子高齢社会　　5, 9, 10, 18, 66, 88, 95, 104, 128, 138, 219
小地域統計　　1, 35, 38-40, 46, 255
庄内　　163, 165, 166, 168
小藩分立　　165
消滅可能性都市（自治体）　　i, ii, 1, 2, 16, 78, 139, 195, 208, 209, 215, 224
条里地割　　131
昭和の大合併　　24
知られぬ日本の面影　　194
白神山地　　149-153, 155
新・印西八景　　98
「新・婚姻届」・「新・出生届」　　244, 245
人口減少社会　　i, ii, 5, 6, 27, 35, 39, 46, 108, 121, 218, 219, 243, 245
人口自然増減率　　5, 8, 9
人口増減率　　i, 1, 3, 6, 8, 40-42, 45, 46, 48, 53, 54, 56, 57, 59-64, 70, 79, 86, 87, 92, 96, 101, 102, 104, 106-108, 122, 127, 130, 145, 146, 156, 163, 166, 170, 177, 183, 191, 193, 201, 215, 218, 219
人口ピラミッド　　2, 9, 10, 40, 54, 93, 104, 108
人口密集地　　219-221
人口流出　　5, 78
真言密教　　186, 189
新宿駅周辺防災対策協議会　　219
親雪　　159
シンボルゾーン　　171
新名神高速道路　　110-112
水陸両用バスツアー　　155

スペースマーケット　　242
住みよさランキング　　91, 98, 111, 113
生産年齢人口　　61, 62, 64, 65, 69, 73-75, 80, 82, 84, 89, 90, 93, 97, 105, 113, 118, 119, 123, 124, 127, 131, 142, 149, 150, 160, 169, 178, 187, 192, 195, 203, 205
政令指定都市　　80, 82, 83, 119, 126, 129,
世界自然遺産　　149-151, 153
世界文化遺産　　189
絶滅危惧種　　182
扇状地　　83, 167
全人教育　　199
泉州空港中　　131
泉南地域　　130
泉北地域　　130
村民　　143-145, 172

　　　　　　　た　行

第二次ベビーブーム　　ii, 7, 9
第4次産業革命型水産業　　220
大都市圏人口集中　　ii
高島地域　　108
多久市（佐賀県）　　242
多言語での情報提供　　236
田尻町（大阪府）　　126, 130-133
タヌキノショクダイ発生地　　204
棚田　　180, 182
単独世帯　　15, 41
ダムツーリズム　　2, 150, 153-155, 172, 217
団塊の世代　　7, 10, 82
タントクル　　→　さくらんぼタントクルセンター
地域
　——おこし　　ii, 2, 99, 196, 206, 207, 209, 217, 227
　——格差　　18, 24, 28, 31, 46, 87
　——活性化　　ii, 17, 31, 79, 154, 155, 182, 191, 209, 215, 228, 236, 245
　——再生　　i-iii, 1, 3, 17, 26, 27, 31, 79, 115, 116, 126, 158, 183, 204, 206, 209, 215, 216, 218, 228,

事項索引

　　245, 246
　——資源の蓄積力　27
　——社会　ii, 16-18, 26, 31, 56, 102, 151, 218, 223, 240, 245, 246
　——住民の意識改革　2, 145
　——性　2, 19, 24, 26, 35, 48, 66, 68, 128, 130, 165, 253, 255
　——の自治力　27
　——の見守りシステム　221
　——ブロック　19, 35, 71, 80, 128-130
　——への関心力　27
　——力　i-iii, 1-3, 18, 26, 27, 31, 39, 73, 74, 77, 78, 80-83, 85, 88, 91, 95, 99, 104, 106, 116, 119, 120, 125, 130, 132, 142, 143, 155, 158, 161, 165, 167, 194, 196, 197, 205-209, 215, 217, 221, 243, 245, 246
筑後地域　119, 120
筑豊地域　119, 120
知多半島　73
ちばしファミリー・サポート・センター　242
千葉ニュータウン　96, 97
知夫里島　194, 198
地方活性化　ii
地方創生　ii, 153, 155, 162, 200, 218, 227
中央区（東京都）　64-68
中学校の木製の椅子と机　245
中山間地域　204, 206, 219, 221
超高齢社会　1, 9, 10, 66, 113, 150
津軽
　——穀倉地帯　148
　——白神湖　154, 155
　——ダム　149, 150, 154
　——地域　148
月島地域　66, 67
対馬暖流　194
剣山国定公園　204
てほへ　78, 79
出羽国　165
田園回帰　17

電子行政オープン戦略　37
東栄町（愛知県）　73, 77-79
東京
　——一極集中　ii, 14, 24, 60-62, 209, 215, 221
　——首都圏　61
　——都全62市区町村　64, 68
島後　194
登降園管理システム　222
島嶼部　18, 215
同棲婚（コハビテーション）　29
島前研修交流センター　199
島前高校魅力化プロジェクト　199, 200
ドーナツ化現象　110
豊島区（東京）　215
徳島ドローン特区　206
都道府県のすがた　40
利根川　95, 98
土曜学校　85
豊田市（愛知県）　75, 76
豊永郷　180
豊能地域　130
ドローン　2, 126, 206-209, 217, 221

な 行

ないものはない　191, 193, 197, 200, 217
中河内地域　130
中城城跡　104
中城村（沖縄県）　104-107
長久手市（愛知県）　73, 75-77
那賀町（徳島県）　2, 177, 201, 203-209, 217
中ノ島　194, 198
長野県南信州地域　79
名古屋地域　72
七色畑　98
成田国際空港　95, 96, 98
南部地区土地区画整理事業　84
新潟県南魚沼郡大和町　254
仁尾町（香川県三豊市）　145
西津軽郡岩崎村　148
西ノ島　194, 198

301

西三河地域　72
ニシメヤ・ダムレイクツアー　155
西目屋村（青森県）　2, 147-155, 161, 172, 217
二条里づくりの会　225
西和賀町（岩手県）　2, 156, 158-163, 172
2015年国勢調査　6, 12, 14, 16, 63, 81, 82, 87, 95, 101, 107, 110, 111, 113, 116, 118, 119, 122, 127, 128, 130, 141, 145, 149, 156, 160, 165, 168, 215, 225
日伊世界遺産都市の文化・観光相互促進協定　189, 191
日本政府観光局（JNTO）　→　JNTO
日本創生会議　16, 224
日本帝国統計年鑑　253
日本統計年鑑　253
日本のアッシジ　189
日本の原風景　143, 144, 190
日本の地域別将来推計人口　16, 46
日本橋地域　66, 67
日本列島改造計画　ii, 218
ニューシャトル・埼玉新都市交通伊奈線　88, 90
ニュータウン　137
丹生谷　203
乳幼児死亡率ゼロ　161
年貢（NENGU）　143
年少人口　9, 10, 17, 61, 62, 64-66, 69, 73-75, 80, 84, 89, 90, 93, 97, 105, 108, 110, 111, 113, 118, 119, 123, 127, 131, 138, 140, 142, 146, 149, 150, 160, 166, 169, 178, 181, 187, 192, 195, 203, 205
農家民宿　144
農業体験ゾーン　171
農薬散布　206
ノリ養殖　220

は 行

ハートビル法　171
拝宮農村舞台　204
廃藩置県　19, 20, 220
幕藩体制　19

八郎潟　139
花祭　78
バブル崩壊　25
浜松市（静岡県）　242
バリカン症対策　220
ビーバー館　204
東葛飾　95
東川町（北海道）　2, 215, 243-245
ひがしねあそびあランド　2, 171, 172, 217
東根市（山形県）　2, 57, 166-172
東根城　168
東三河地域　72, 79
光ブロードバンド　200
ビジット・ジャパン　188, 229
ビジネス全体をデザイン　162
ビジネスホテル　234
ビッグデータ　35, 237
ヒトづくりの島　199
檜原村（東京都）　64, 215
琵琶湖　10, 115
ファサード　190
ファムトリップ　190
福岡インターチェンジ　121, 124
福岡地域　119, 120
福岡都市計画区域　124
福岡都市高速道路　121
副都心　215
富士箱根伊豆国立公園　68
ブナ原生林　149, 159
府藩県三治制　20
プレイリーダー　171
プロダクティヴ・エイジング　76
ブロンソン　144
ベイエリア　95
平成の大合併　24-26
ベッドタウン　74, 75, 97, 104, 110, 112, 120, 122, 124, 137, 215, 244
冒険広場ゾーン　171
訪日外国人旅行者　189, 228-231, 234, 235, 237
北総　95

干しアワビ　194
ほっとゆだ駅　158, 159
翻訳アプリ　231

ま　行

益田市（島根県）　223-225
増田レポート　16
マタギ　152
まちづくり　ii, 27, 78, 85, 89, 111, 133, 142, 219, 223, 226-228, 243, 244
町文化　ii, 245
まなびあテラス　2, 171, 172, 217
丸森町（宮城県）　223, 225
まるもり移住・定住サポートセンター（じゅーぴたっ）　225, 226
三河山間部　73
御蔵島村（東京都）　64, 68-70
御食つ國　194
三島地域　130
3つのCha（Change, Challenge, Chance）　245
3つの道　243
南房総　95
南本内岳　159
未来志向　i, 247
民泊　240, 242
武蔵小杉（神奈川県）　82
無線山桜並木　91
陸奥国　165
村山　163, 165-167
明治の大合併　24
名水百選　194
メディアゲートひがしね　172
目谷　148
最上　163, 165, 166
藻が湖　167
木簡　194
木工関連の産業　244
もてなしの精神　194

や・ら・わ行

野生鳥獣対策　220
山形空港　167
山形新幹線　167
山形藩　165, 167, 168
山の正倉院　187
ユイマール　56, 102
Uターン　69, 70
ユキノチカラプロジェクト　2, 156, 161, 162, 172, 217
湯沢市（秋田県）　240, 241
湯田温泉峡　159
湯田ダム　159
幼児広場ゾーン　171
八畝地区　182
寄合（YORIAI）　143, 145
ラ・フランス　168
ラジコンヘリ　206
リーマン・ショック　25, 230
利雪　159
立命館大学BKC　112
律令制　19, 23
リニモ（愛知高速交通東部丘陵線）　75
琉球大学　106
旅館宿泊の魅力　235
リンゴの里　148
ル・モンド紙　189
ルンビニ　191
レーダーチャート　2, 48, 54, 69, 75, 82, 91, 98, 114, 125, 130, 160, 169, 181, 188, 195, 205
労働力　5
六次産業化　70
6者間連携協定　220
ワーキングサポートセンター　242
若者流出　182
和賀岳　159
鷲敷ライン　204
和名類聚抄　141

《著者紹介》

熊谷文枝（くまがい・ふみえ）

1976年　アメリカ・ニューハンプシャー大学大学院社会学部博士課程修了（Ph. D. 社会学博士）
現　在　杏林大学名誉教授。
主　著　*Unmasking Japan Today*, Praeger, 1996.
　　　　『日本の家族と地域性（上・下）』（編著）ミネルヴァ書房，1997年。
　　　　『21世紀アメリカの社会問題』勁草書房，2004年。
　　　　『アメリカの家庭内暴力と虐待』ミネルヴァ書房，2005年。
　　　　Families in Japan, University Press of America, 2008.
　　　　『日本の地縁と地域力』（編著）ミネルヴァ書房，2011年。
　　　　Family Issues on Marriage, Divorce, and Older, Adults in Japan, Springer, 2015.
　　　　Family Violence in Japan, Springer, 2016.
　　　　ほか邦文・英文書多数。

「地域力」で立ち向かう人口減少社会
――小さな自治体の地域再生策――

2018年6月30日　初版第1刷発行　　　　　　〈検印省略〉

定価はカバーに
表示しています

著　者　　熊　谷　文　枝
発行者　　杉　田　啓　三
印刷者　　中　村　勝　弘

発行所　株式会社　ミネルヴァ書房
607-8494　京都市山科区日ノ岡堤谷町1
電話代表　(075)581-5191
振替口座　01020-0-8076

© 熊谷文枝，2018　　　　　　　　中村印刷・新生製本

ISBN978-4-623-08339-8
Printed in Japan

日本の地縁と地域力
――遠隔ネットワークによるきずな創造のすすめ――
熊谷文枝 編著　八木橋宏勇・石黒妙子 著
Ａ５判／284 頁／本体 4000 円

人口減少時代の地域福祉
――グローバリズムとローカリズム――
野口定久 著
Ａ５判／328 頁／本体 3200 円

「無理しない」地域づくりの学校
――「私」からはじまるコミュニティワーク――
岡山県社会福祉協議会 監修　竹端　寛・尾野寛明・西村洋己 編著
Ａ５判／244 頁／本体 2500 円

自分たちで創る現場を変える地域包括ケアシステム
――わがまちでも実現可能なレシピ――
竹端　寛・伊藤健次・望月宗一郎・上田美穂 編著
Ａ５判／210 頁／本体 2400 円

住民と創る地域包括ケアシステム
――名張式自治とケアをつなぐ総合相談の展開――
永田　祐 著
Ａ５判／228 頁／本体 2500 円

横浜発 助けあいの心がつむぐまちづくり
――地域福祉を拓いてきた５人の女性の物語――
横浜市社会福祉協議会 企画・監修　西尾敦史 著
Ａ５判／272 頁／本体 1800 円

―― ミネルヴァ書房 ――
http://www.minervashobo.co.jp/